看世界·强国教育

德国高等教育

陈 正 主编

中国科学技术出版社
·北 京·

图书在版编目（CIP）数据

德国高等教育 / 陈正主编 . -- 北京：中国科学技术出版社，2023.3

（看世界·强国教育）

ISBN 978-7-5236-0063-4

Ⅰ.①德… Ⅱ.①陈… Ⅲ.①高等教育 – 研究 – 德国 Ⅳ.① G649.516

中国国家版本馆 CIP 数据核字（2023）第 036159 号

总 策 划	秦德继
策划编辑	王晓义　赵　晖
责任编辑	王晓义
正文设计	中文天地
封面设计	锋尚设计
责任校对	焦　宁
责任印制	徐　飞

出　　版	中国科学技术出版社
发　　行	中国科学技术出版社有限公司发行部
地　　址	北京市海淀区中关村南大街 16 号
邮　　编	100081
发行电话	010-62173865
传　　真	010-62173081
网　　址	http://www.cspbooks.com.cn

开　　本	710mm×1000mm　1/16
字　　数	225 千字
印　　张	14.5
版　　次	2023 年 3 月第 1 版
印　　次	2023 年 3 月第 1 次印刷
印　　刷	北京荣泰印刷有限公司
书　　号	ISBN 978-7-5236-0063-4 / G·1002
定　　价	79.00 元

（凡购买本社图书，如有缺页、倒页、脱页者，本社发行部负责调换）

丛书编委会

主　编：马燕生　张力玮

编　委：魏礼庆　车伟民　宗　瓦　宋晓枫　成协设
　　　　张地珂　陈　正　阚　阅　陈晓清　朱安新

本书编委会

主　编：陈　正

编　委：陈洪捷　徐理勤　孙　进　殷　文　赵文平
　　　　秦咏红　秦　琳　谢莉花　任　平　巫　锐
　　　　王世岳　王兆义　王可欣　陈　囡　金　乙
　　　　叶帅奇

总　序

欣悉马燕生老友——中国驻法国大使馆原公使衔教育参赞，近年来牵头主编了《法国高等教育》，将其纳入《看世界·强国教育》系列丛书，并诚邀笔者为本系列丛书作序。其实，笔者并非比较教育研究界专家，若给这一领域的学术专著作序肯定是很难的。不过，比较吸引笔者的是该系列丛书以"观察"为主旨，采用"通览"或"透视"的方式认识国外高等教育。由于专职从事宏观教育政策研究30余年，我一直十分关注世界各国及其国际组织的教育政策走势，经常通过不同渠道了解教育动态信息，现在对非学术性的该系列丛书也发表些点评，还是可以尽些微薄之力的。

现代意义上的高等教育，在不同国家中的制度形态分化十分明显。暂不细议高等教育的法律定义和学界的主要共识，仅从联合国教科文组织2011年修订的《国际教育标准分类》来看，高等教育是建立在中等教育之上、为专业化教育学科领域提供的学习活动，以高度复杂和专业化的学习为目标，包括学术教育、高级职业或专业教育。实际上，这一集各成员国"最大公约数"的定位，还不是高等教育的全部功能，仅在19世纪至今的两百多年间，在高层次知识技能传授的基础上，就有很多显著的拓展，在许多领域发生了重大变革。因此，各国制定的高等教育政策，既在学制设置等方面参照了《国际教育标准分类》，又不仅限于上述定位。

综观全球范围内的高等教育，从20世纪八九十年代到21世纪前20年，普遍呈现规模显著增长的态势，至少在新型冠状病毒肺炎疫情暴发前，毛入学率超过50%、进入所谓的"普及化"阶段的国家和地区已经超过60个，是20世纪90年代初的 10 多倍。在学龄人口及其他公民对高等教育的量与质的要求不断提高的形势下，许多国家，尤其是发达国家的高等教育，都在寻求适应本国乃至国际上多元多样需求的发展路径。其中，部分发达国家的高等教育，在布局结构、办学特色、育人模式、科研开发、社会服务以及国际交流合作等方面，进行了许多政策调整和实践探索，收到不同的成效，形成各具特色的经验，也为其他发展水平国家的高等教育提供了参考。

该系列丛书的各卷，分国别谋篇布局，沿着多方位视角，述介高等教育改革发展现状和经验，但因所涉国情不同，"通览"或"透视"维度不同，各卷的板块章节设置亦各异。该系列丛书遵循"兼收并蓄""海纳百川"的精神，既选取了长期关注某一国家或相关领域的学者的研究成果，又汇集了曾在外交一线工作过的专家的专题分析结论；部分文章系从直接观察和亲身经历概括而成，从而形成了有别于学术专著的特色与风格。特别是在网络日益发达、信息早已过载的当下，在传统媒体、网络媒体、新媒体、自媒体纵横交错的生态中，该系列丛书各卷展示了理性分析和感性认识融洽交织的鲜明特点，相信会使读者朋友们感到开卷有益。

奋斗长征路，铸就新辉煌。中国特色社会主义进入新时代以来，教育事业在全面建设社会主义现代化国家中的基础性、先导性、全局性的作用更为突出，取得了新的历史性成就，发生了新的历史性变革，教育对外交流合作也迈上了新台阶。党中央、国务院发布的《中国教育现代化2035》战略规划，围绕"开创教育对外开放新格局"提出了总体要求，党的二十大报告对新时代新征程高等教育的使命任务作出了新的战略部署。总之，站在"两个一百年"奋斗目标的历史交汇点上，我国高等教育的现代化，对标的是中国式现代化。高等教育的改革发展，正在融入加快建设教育强国、科技强国、人才强国的洪流之中，奔向中华民族伟大复兴中国梦的宏伟目标。笔者希望，该系列丛书能够为专家学者从事国别教育研究提供参考，同时为社会各界人士了解有关国家和地区高等教育的基本面提供帮助。

国家教育咨询委员会秘书长

教育部原教育发展研究中心主任　　张　力

2022 年 12 月

序

陈正博士主编出版《德国高等教育》一书，邀笔者作序，笔者感到非常高兴。德国高等教育在世界上具有重要地位和影响。该书对当下德国高等教育的政策动态、科教体制、育人模式、特色优势进行了精练的介绍和分析，为我们进一步推动高等教育的改革和发展提供了可以攻玉的他山之石。

同时，阅读该书，也使我们切实感受到我国高等教育发展之迅猛，从过去对发达国家的远望、仰视到逐步地平视，从跟跑、并跑到在某些领域的领跑。德国精英大学计划与我国世界一流大学和一流学科建设，德国高等教育应对人工智能时代与我们刚刚闭幕的2022年世界慕课大会，德国强化博士生导师指导与我国首次全国研究生教育会议精神的落实，各有特色，精彩纷呈，可谓各美其美。陈正博士主编《德国高等教育》，正是在文化自信基础上的美人之美，践行"文明互鉴超越文明冲突、文明共存超越文明优越"，从而实现各国高等教育领域的美美与共。该书内容丰富，重点突出，思路清晰，好文荟萃，读之甚喜。

陈正博士是德国高等教育研究的知名学者，毕业于德国的柏林洪堡大学教育学院，师从著名教育学家于尔根·享策（Jürgen Henze）教授，长期从事国际比较研究和教育外事工作，学术成果和驻外经历丰富，是在博学笃行中探究德国教育理论真知、在跨文化浸润中体味德国教育实践精髓的研究者。陈正博士曾为德国弗莱堡大学的福格尔教授和笔者主编的《中德形象报告——德语国家文化学、媒体学与语言学视角下的中国形象》赐稿，曾在笔者主持的教育部高等教育司委托项目"世界慕课发展报告"中承担了德国慕课发展研究的部分。每次愉快的合作都留下了美好的印象。《德国高等教育》各章各篇的作者，如陈洪捷教授、孙进教授等都是笔者熟悉和敬重的学者，疫情3年，久未谋面，然文如其人，见字如面，细细读来，倍感亲切。

读这本书感到亲切，还有一个原因，是因为书中对德国高等教育的探讨再次激活了笔者对在德国学习和工作的许多难忘的回忆。《德国高等教育》对德国综合性大学、应用科学大学、人才培养机制、跨文化教育历史及现状等的阐述，使笔者在德国的日日夜夜如幻灯片一样在眼前一幕幕闪过，笔者深深怀念严肃而又充满关爱之心的敬爱的导师博尔滕（Bolten）教授，想念读博时与来自好几个国家的同学在一起如切如磋、如琢如磨、共同进步的情景。因此，笔者认为中德两国人民没有理由不成为互相欣赏的伙伴。

2021年6月，笔者和哥廷根大学副校长何艾烨（Hiltraud Casper-Hehne）教授共同创办了德文期刊《中德跨文化论坛》（*Interkulturelles Forum der deutsch-chinesischen Kommunikation*），旨在打造中德跨文化交流研究学术平台，对中德跨文化交流中的问题、误解与冲突进行分析，以科学的方法探寻原因及解决路径，贴近实践进行理论探讨，在理论引导下改进实践，从而更好地推动中国与德语国家人民之间的理解与合作。笔者的导师博尔滕教授欣然应允担任名誉主编。陈正博士致力于推动中德两国高等教育界的相知与交流，笔者所做的许多工作与陈正博士不谋而合。我们已经共同做了许多事情，愿继续携手，为推动中德两国人民的人文交流与合作做出力所能及的贡献。

最后，让我们共同重温习近平总书记在党的二十大报告中的重要论述，作为我们踔厉奋发、砥砺前行的指引："我们所处的是一个充满挑战的时代，也是一个充满希望的时代。中国人民愿同世界人民携手开创人类更加美好的未来！"

是为序。

北京外国语大学党委副书记、副校长，教授
全国高校黄大年式教师团队"全球治理与国际组织人才培养团队"负责人
贾文键
2023年1月8日

前　言
PREFACE

德国高等教育历史悠久，也是世界上高等教育发达的国家。1949年以来，德国高等教育先后经历了战后重建、扩张和民主化改革、20世纪80年代中期以来的新公共管理改革。德国高等教育规模持续扩大，形成了以公立高校为主体、拥有不同类型高校的差异化高等教育体系。近20年来，德国高等教育需求显著增长。德国现有423所高校。其中，公立综合性大学120所，公立应用科学大学205所，艺术类院校57所，管理类院校34所，其他类高校7所。除了高等学校，校外科研机构也是德国高等教育体系的重要组成部分。德国通过积极推动高等教育改革、改善高等教育治理、保障高等教育质量，以应对经济社会发展和科技进步的新变化。无论是政策举措和科教体制，还是育人模式和特色办学，德国高等教育改革发展的做法与经验都值得观察和研究。本书以通览德国高等教育为首要目的，抓住国人关心的德国高等教育改革的重要问题，夹叙夹议，逐一展开。

一是适度推进高等教育分层发展，积极抢抓人工智能发展的关键机遇。德国注重高等教育体系与全球发展趋势的相互作用，着力打造了一批具有国际透明度和可比性的世界知名大学，且重视以"卓越集群"为基础，打破组织和学科壁垒，共享资源，围绕某一重大问题组建研究团队。这符合现代知识生产模式中跨学科或交叉学科研究的需求。同时，面对人工智能技术的全球发展，德国加大人工智能学科、学位建设与人才培养，推进人工智能领域产学研合作与成果转化，以期培养更多与人工智能发展相适应的高层次技术人才，进而提高德国在该领域的全球竞争力。

二是持续重视高等实践型人才培养，实现学术型与应用型大学并存并荣。专门从事应用型高等教育的应用科学大学（FH）是现代高等教育体系的重要组成部分，也是德国高等教育的重要标志。德国应用科学大学的核心任务是应用型研究和实践型教学，"不同类型，同等重要"是对德国应用科学大学与综合性大学间关系的理想表达。德国以学位设置为突破口，进一步加强了学术型与应用型高等教育之间的衔接和交流，为两类高校之间的学生流动创造了制度性条件，激发了应用型高等教育的活力，保证了德国社会人才结构的均衡，共同推动德国高等教育水平不断提高。

三是直面高等教育质量改革要求，创新关键体制机制与培育质量文化并举。德国高等教育领域的改革逻辑整体呈现"演进式"特点，注重历史的延续性，着力破解体制机制障碍，打造高等教育质量保障新文化。近年来，德国高等教育围绕质量保障问题，在高等工程教育、博士生教育、教师教育、跨境教育等领域的改革举措引人关注，且与我国高等教育关注的改革议题有较高重合度。自新型冠状病毒肺炎疫情暴发以来，德国高校作为重要的社会子系统，借助成熟的数字化媒体技术，建立了较为有序的教学科研秩序，以线上教学推动教学创新。这得益于德国高等教育主动应变求变的质量保障文化。这也说明，德国高等教育与国际高等教育质量保障新变革同频共振，通过关键体制机制改革开创高等教育质量保障新局面。

党的二十大报告指出，"我们要坚持教育优先发展、科技自立自强、人才引领驱动，加快建设教育强国、科技强国、人才强国"。高等教育在其中发挥了关键作用。我国高等教育在传统、体制、发展状况上，与德国高等教育存在差异。而德国作为高等教育传统深厚且改革步伐较快的国家，其体制与实践、经验与教训，值得重点关注、深入透视。我国正走近世界舞台的中央，作为最大的发展中国家，我国的高等教育与德国高等教育相互影响，与世界高等教育同频共振，必须乐于借鉴、加快发展、深化改革。本书的内容体现了国内德国教育研究者的真实感受和独特视角，既有理论性，又具有可读性。相信这本书的出版一定会对读者有所启发，有助于推进其进一步深入观察和研究德国高等教育，既见贤思齐，又批判分析。

目 录
CONTENTS

政策举措篇

德国精英大学计划：特点与特色 ································ 2

德国资格框架构建：策略与启示 ································ 7

人工智能时代：德国高等教育应对举措 ······················ 30

科教体制篇

德国高等教育和研究体系概览 ································ 38

趋同与特色：德国应用科学大学"应用型研究"的机遇与挑战 ············ 58

德国高等工程教育：传统、特色与创新发展 ····················· 76

育人模式篇

德国应用科学大学的人才培养模式及其启示 ····················· 100

学徒制：产教协同育人的德国模式 ····························· 123

"增量"改革：德国强化博士研究生导师指导的新举措 ············· 139

德国高校跨文化教育历史溯源、实践路径与现实启示 ············· 153

特色办学篇

跨学科与实践性：德国劳动教育教师培养模式探析 …………… 168
德国学习工厂产教融合的特点及启示 …………………………… 185
行业自律：德国行会与教育规范建设研究 ……………………… 198

主要参考文献 …………………………………………………… 213
后记 ……………………………………………………………… 217

政策举措篇

德国精英大学计划：特点与特色

德国的精英大学计划启动于 2005 年，旨在通过重点资助的方式，增强德国大学的实力和国际竞争力，打造德国的世界一流大学。该计划迄今已实施 10 年，对德国大学的发展产生了深远的影响。该计划出台时，国内不少人都认为德国这一计划是受到我们的"985 计划"的启发，而且，国内不少研究者比较注重中德两国一流大学计划的共同性。但是，稍加比较便可看出德国的精英计划有着自己的特点和特色。以下从四方面加以说明。

一、精英大学计划是基于学术自治原则的政府行为

该计划虽然由联邦政府提出，所需经费也由联邦和各州政府提供，但具体的实施与操作过程则由德国科学基金会（DFG）和科学审议会（Wissenschaftsrat）具体负责。德国科学基金会是大学和科研机构自己的机构，从法律上看是一个私人法人团体（privatrechtlicher Verein）。科学审议会是德国联邦政府、各州政府及学术界在高等教育和科学领域的合作机构和决策咨询机构。它由 54 名成员组成，分为学术组（32 名成员）和行政组（22 名成员）两个组。学术组的成员由德国总统任命，其中 24 名科学家由若干大型科研及学术机构（如德国科学基金会、马克斯·普朗克研究协会和高等学校校长联合会等）提名，8 名社会人士由联邦和各州政府共同提名。

联邦和各州政府虽然提供经费,但哪一所大学进入精英大学名单,并不由联邦教育部决定,而是由德国科学基金会组织评审委员会来决定。按照协议规定,整个计划的实施由德国科学基金会和德国科学审议会共同承担。德国科学基金会负责执行第一条和第二条资助路线的实施,即研究生院和科研集群项目,而未来构想项目则由科学审议会负责审核。所有大学均可提出申请。申请书由各州主管科学的行政机构提交给德国科学基金会。每所大学可以申请一个或者多个研究生院项目、一个或者多个卓越集群项目,以及第三条资助线。

德国科学基金会和科学审议会联合组建共同委员会,成立审批委员会。共同委员会由专家委员会和战略委员会构成,专家委员会由德国科学基金会评议会任命,有14位成员;战略委员会由科学审议会的科学理事会任命,有12位成员。两个委员会的成员半数以上是在科学研究、高校管理或者是经济界具有长年海外经验的专家。审批委员会则由共同委员会和联邦与州负责科学的部长组成。

在专家科学评估基础上,共同委员会将对所有申请做出最终推荐意见。审批委员会根据推荐意见做出决定。共同委员会的成员每人拥有1.5票,各州部长分别拥有1票,联邦教育与科研部部长拥有16票。最终的资助决定将由联邦和各州负责科学的部长联合公布。

总之,联邦政府和各州政府在最后的决策中虽然占据主导地位,但项目运行的过程并不受政府控制。

二、精英计划是基于评选和竞争的资助计划

一般人都知道,德国的大学精英计划仅资助了10所左右的精英大学,但是,由于此计划的执行是一个评选和竞争的过程,参与竞争的远远不止这10余所大学。比如在2006年第一轮的评选过程中,有74所大学提交了319份预项目申请,经过专家评审,90份申请进入第二轮评审,其中有39个研究生院项目、41个科研集群项目和10个未来构想项目。经过第二轮的评审,来自22所大学的38个项目获得资助,其中有18个研究生院项目、17个科研集群项

目和3个未来构想项目。

第二期资助（2010—2017年），有64所大学提出了227个申请项目，其中有98个研究生院项目、107个科研集群项目、22个未来构想项目。DFG组织了20个国际专家小组对205个研究生院和科研集群项目进行了评审。科学审议会对22个未来构想项目进行评审。在专家评审的基础上，由DFG和科学审议会组成的共同委员会通过投票评选出32所大学的59项申请进入最终一轮的评选（25个研究生院项目、27个科研集群项目和7个未来构想项目）。在最终一轮的评选中，以上候选项目与第一期接受资助的项目一起接受专家的评审。最终评选出44所大学的99个项目，其中包括45个研究生院项目（33个是原有的，12个是新增的）、43个科研集群项目（其中31个是原有的、12个是新增的）和11个未来构想项目（6个是原有的，5个是新增的）。

也就是说，提交申请的大学，不管最终是否被批准，在申请的过程中其实都已经或多或少地朝着精英大学计划所引导的方向迈进了一步。

作为一个公开评选和竞争的过程，精英大学计划不仅体现了公正和透明的原则，更主要的是带动了更多的大学参与到了提升人才培养和科研质量的行列中来。目前，德国共有100余所大学，而参与申请的大学通常达到70余所，最终进入精英计划的大学也只有几十所。

由于精英大学计划是建立在竞争的基础上，所以入选的精英大学不存在终身制的问题。该计划不搞论资排辈，实行能进能出的原则。比如2006年第一批3所大学出笼，慕尼黑工业大学、慕尼黑大学、卡尔斯鲁厄工业大学；2007年第二批大学选出，亚琛工业大学、海德堡大学、弗莱堡大学、哥廷根大学、柏林自由大学和康斯坦茨大学入选。其中，康斯坦茨大学创建于20世纪60年代，属于新建大学。

而2012年第三批精英大学评选结果则显示，第一批和第二批中的哥廷根大学、弗莱堡大学和卡尔斯鲁厄工业大学3所大学遭到淘汰。同时新增了5所大学，即柏林洪堡大学、德累斯顿工业大学、不莱梅大学、科隆大学和图宾根大学。

三、精英大学计划是基于项目的资助计划

德国的精英大学计划不是笼统针对大学的，而是以具体的项目为中心的。项目分为3类，这也就是精英大学计划所谓的3条资助线路。第一条线路是研究生院项目，其实就是博士研究生的培养项目，或者说是以课题为基础的博士生培养项目。第二条线路是所谓卓越集群，就是指跨学科、跨单位的研究项目。第三条线路是所谓未来构想，即大学未来有特色、有国际竞争力的科研和学科方向。精英大学计划所资助的就是这3条线路中的具体项目，大学需要在这3条线路中去分别申请项目。有的大学可能只是申请到了第一或第二条线路中的一个或两个项目，比如博士培养项目或科研集群项目。而只有当一所大学在3条线路中同时得到了资助，才被称为精英大学。显然，除了精英大学，还有一批大学的不同项目也获得了资助。

我们通常所说的10余所精英大学，其实是指在3条资助线路中均得到了资助的大学。或者说，所谓精英大学，其实是得到资助项目最多的大学。

就是说，能否进入精英大学计划，取决于一所大学所申请到资助的项目的多寡。按此逻辑，一所大学无论如何优秀，也不可能所有的学科和专业都同时达到一流的水平，有若干出色的项目（学科），就足以跻身精英大学的行列。同时，对一所精英大学而言，也不意味着要追求将所有学科一律建成世界一流的目标。

四、精英大学计划既重视科研，也重视人才培养

现代研究型大学起源于德国，同时现代研究生教育也起源于德国。教学与科研的统一一直是德国大学的精髓所在。精英大学计划秉承这一传统，把科研和人才培养列为精英大学计划的核心内容。如前所述，精英计划具体包括3个组成部分：研究生院建设、卓越集群建设，以及突出大学发展特色的未来构想。

研究生院旨在资助一些优秀的博士研究生培养项目，培养年轻的科研后

备人员，为博士研究生进行国际化、跨学科的研究提供良好的科研环境，从而提高德国博士研究生培养的总体水平。在3轮的资助中，分别有18所、21所和45所研究生院得到资助。从总体看，精英大学计划虽然有3条资助路线，其实每条路线中都包含有博士研究生培养的内容。从经费上看，3条资助路线的总经费中，有50%以上的费用是用在了博士研究生身上。所谓研究生院其实就是博士研究生培养的一种新模式。这种比较新的模式，目的在于加强导师以及导师组与博士研究生的联系，基于特定的项目，让博士研究生获得参与科研的更多机会，让导师的指导更加规范化。总之，精英大学计划的一个核心目标是提高博士研究生培养的水平。

{原文刊载：陈洪捷.德国精英大学计划：特点与特色[J].华东师范大学学报（教育科学版），2016，34（3）：4-6.}

（作者简介：陈洪捷，北京大学中国博士教育研究中心主任，教授，洪堡学者，博士研究生导师）

德国资格框架构建：策略与启示

从全球视野看，为构建高质量职业教育体系进而保障职业教育促进国家经济发展、社会稳定等功能的实现，国家资格框架的建立与优化成为诸多国家的共同选择。作为拥有完整职业教育体系和高质量职业教育发展的少数国家之一，德国历来将国家资格框架构建视为夯实职业教育体系的基石，在相关领域展开了多种形式的探索，并积累了丰富的制度与实践经验。通过将不同类型的教育资格证书与职业资格证书纳入统一框架中，在谋求二者等值与互认的基础上，一方面，将职业教育与普通及学术教育纳入平等的视野下，消除不同教育类型间森严的渗透壁垒，提高现有各种资格的透明度，促进不同资格间的交流沟通，弥合职业学校教育与职业培训之间、职业教育与普通及学术教育之间互认融通的鸿沟；[1]另一方面，从本源上破解终身教育的制度瓶颈，在顶层设计的高度上加速教育生态布局，既是为公民打造一条无障碍的、可以自由流动的终身学习体系的应然之路，也是践行学习型社会的应有之义。[2]

---

[1] European Centre for the Development of Vocational Training, European Training Foundation, United Nations Educational, Scientific and Cultural Organisation, and UNESCO Institute for Lifelong Learning. Global Inventory of Regional and National Qualifications Frameworks 2019, Volume II: National and Regional Cases [R]. 2019: 49.

[2] 李玉静.资格框架制度：内涵与意义[J].职业技术教育，2015，36（1）：1.

对我国来说，国家资格框架是现代职业教育体系构建的有效途径和重要抓手[1]，也是建设现代职业教育体系过程中有待深入挖掘与研究的热点和焦点[2]。德国资格框架构建所体现的思想内核与我国新《职业教育法》中"国家建立健全各级各类学校教育与职业培训学分、资历以及其他学习成果的认证、积累和转换机制，促进职业教育与普通教育的学习成果融通、互认"的要求[3]不谋而合。受制于文化背景和经济形态等因素，德国的国家资格框架呈现一定的个性特征，因而在联系我国实际的过程中，透过个性发掘出其一脉相承的思想内核才是第一要义。他山之石，可以攻玉，在我国国家资格体系尚待优化与完善的背景下，德国经验在一定程度上值得学习与借鉴。

一、德国资格框架的构建内容及理念

（一）框架内容

1. 资格框架定义

2005 年，由欧洲资格框架小组专家组成员组成的委员会提出了基于学习成果（learning outcomes）的以促进资格透明性和迁移性，以及加强终身学习为目标的欧洲资格框架蓝图。[4] 2007 年 10 月 24 日，欧洲议会通过了适应欧洲公民终身学习需求、含有 8 个级别的《欧洲终身学习资格框架》（*The European Qualifications Framework for Lifelong Learning*，EQF）。其中将资格框架定义为基于学习成果指标对各级各类资格进行等级划分的工具。其目的在于建成完整的资格体系，保障与就业市场和公民社会有关的各类资格的透明度、融通性、

---

[1] 梁鹤. 现代职业教育体系视域下澳大利亚资格框架制度研究［D］. 西安：陕西师范大学，2016.
[2] 林克松，石伟平. 改革语境下的职业教育研究——近年中国职业教育研究前沿与热点问题分析［J］. 教育研究，2015，36（5）：89-97.
[3] 邓宝山.《职业教育法》修订解读［EB/OL］.（2022-06-10）［2022-06-30］. http://www.mohrss.gov.cn/xxgk2020/fdzdgknr/zcjd/zcjdwz/202206/t20220610_452815.html.
[4] European Communities.The European Qualifications Framework for Lifelong Learning（EQF）［R］. Luxembourg：Office for Official Publications of the European Communities，2008：3.

等值性和可获取性[①]。这一框架的核心要素是基于学习成果的 8 个等级的"共同参照标准"（common reference levels），用以作为各国不同教育与培训体系中资格证书横向比较的转换器。参考该"元框架"（Meta-Framework），德国资格框架（Deutscher Qualifikationsrahmen für lebenslanges Lernen，DQR）基于德国国情，对其进行了适宜的本土化改造与升级，将其作为统一性的国家级工具，从而在学习效力、资格和经验评估透明化方面迈出了重要的一步。

2. 资格框架结构

总体来说，DQR 是一个跨领域的综合性国家资格框架，覆盖普通教育、高等教育、职业教育与培训等不同教育领域。由于其以欧洲资格框架（EQF）为蓝本，故其所有资格均能够与 EQF 的 8 个资格等级形成对照。作为依据学习成果对德国教育体系资格进行分类的工具，DQR 大致由纵向上划分的 8 个"资格等级"（Niveau）和横向上归入的 30 多种"资格类型"（Qualifikationstyp）构成（表 1[②③]）。

表 1 DQR 等级描述符及资格类型

等级	资格（Qualifikation）	等级描述符（Niveauindikator）
等级 1	· 职业准备教育（BvB, BvB-Reha；BVJ）	在清晰和稳定结构化的学习领域/工作领域中，完成简单要求。该任务通过引导而完成
等级 2	· 全日制职业学校（职业基础教育） · 职业准备教育（BvB, BvB-Reha；BVJ；EQ） · 学校毕业证书（ESA）/主体中学毕业证书（HSA）	在清晰和稳定结构化的学习领域/工作领域中，专业地完成基本要求。该任务尽可能地通过引导而完成

---

① European Communities.The European Qualifications Framework for Lifelong Learning（EQF）[R]. Luxembourg：Office for Official Publications of the European Communities，2008：4.
② BLK DQR Bund-Länder-Koordinierungsstelle für den Deutschen Qualifikationsrahmen für lebenslanges Lernen.Handbuch zum Deutschen Qualifikationsrahmen.Struktur- Zuordnungen- Verfahren- Zuständigkeiten [R]. Bundesministerium für Bildung und Forschung，2013：17-22.
③ BLK DQR Bund-Länder-Koordinierungsstelle für den Deutschen Qualifikationsrahmen für lebenslanges Lernen.Liste der zugeordneten Qualifikationen [R/OL].（2021-08-01）[2022-06-23]. https://www.dqr. de/dqr/de/service/downloads/downloads_node.html.

（续表）

等级	资格（Qualifikation）		等级描述符（Niveauindikator）
等级3	·全日制职业学校（中学毕业证书） ·双元制职业教育（2年制） 中学毕业证书（MSA）		在相对清晰和部分开放的结构化学习领域/职业活动领域中，独立完成专业要求
等级4	·双元制职业教育（3—3.5年制） ·全日制职业学校（州法律规定的职业教育；针对健康和老年护理职业的联邦法定培训规章；依据BBiG/HwO的完整资格化职业教育） ·根据BBIG的职业转行教育（等级4）——航空地面交通服务人员（通过考试） ·一般高校入学资格（AHR） ·有专业限制的高校入学资格（FgbHR） ·应用科学大学入学资格（FHR）		在广泛且处于变化中的学习领域/职业活动领域中，独立计划和实施专业任务
等级5	·IT专长者（通过认证的） ·服务技术员（通过考试的） ·依据BBIG§53/HwO§42的其他职业进修教育资格（等级5） ·依据BBIG§54/HwO§42的职业进修教育资格（等级5）	经考试认定的职业行家	在复杂、专业且处于变化中的学习领域/职业活动领域中，独立计划和实施广泛的专业任务
等级6	·专科学校（州法律规定的继续教育） ·师傅 ·商务专家（Fachkaufmann）（通过考试的） ·商业管理人（Fachwirt）（通过考试的） ·操作型专长者（IT领域）（通过考试的） ·依据BBIG§53/HwO§42的其他职业进修教育资格（等级6） ·依据BBIG§54/HwO§42的职业进修教育资格（等级6）	专业学士	在学术专业的子领域或者在职业活动领域中，计划、实施和评价广泛的专业任务和问题，以及自我负责地管控整个过程。其要求具有复杂性和经常变化的特点
	·学士和同等学力		
等级7	·策略型专长者（IT领域）（通过考试的） ·依据BBIG§53/HwO§42的其他职业进修教育资格（等级7） ◦职业教育人员（通过考试的） ◦根据BBIG的企业经营人员（通过考试的） ◦根据HwO的企业经营人员（通过考试的） ◦技术型企业经营人员（通过考试的）	专业硕士	在学术专业领域或者在策略导向的职业活动领域中，实施新的、复杂的任务和问题，以及自我负责地管控整个过程。其要求具有经常变化且不可预见的特点
	·硕士和同等学力		

（续表）

等级	资格（Qualifikation）	等级描述符（Niveauindikator）
等级8	·博士和同等艺术类毕业证书	在学术专业领域中获取研究性认知，或者在职业活动领域中开发革新性的方案和方法。其要求具有新颖性和不明确性的特点

依据8个等级归入的学历资格与职业资格的等级排列尤为关键，这是确保学历与职业资格等价的一种制度标尺。除了纵向级别划分，DQR在资格的横向上通过等级描述符对资格要求进行概览性描述，针对普通教育、职业教育两类教育资格的特点，利用"学习领域"（指向普通教育）或"工作领域"（指向职业教育）等术语区别和具体描述计划、处理和评估不同任务，以及相关问题所需的能力。尤其值得注意的是，在等级6和等级7上，学历/学术资格与职业资格得到完全平等的体现，术语区别体现为"学术专业的子领域或职业活动领域"中的任务和问题。由此可见，DQR虽然将职业资格和学历/学术资格归为不同类，但两者是等值的。总体来说，横向上资格类型多元并存、纵向上资格等级有序递进，共同勾勒出DQR的基本概貌。

就横向的资格类型来看，DQR依据资格来源及应用范畴多样化的属性，对照所在部门或学科/专业/职业不同的类型对资格进行划分。总体上涉及两类资格：学历资格和职业资格。前者涉及普通教育、高等教育和正规的职业教育领域，其名称中的"学历"即个体的学习经历，在教育和就业语境中，该经历特指个体接受的正规教育经历，学历资格即意味着个体经由学习经历且达到了所在学历阶段完整的学习成果要求，并表现在个体所掌握的知识、技能及能力各方面。职业资格主要涉及职业教育与培训领域，被理解为"人们学到的能力与职业任务"的系统化结合，是从事一种职业活动时能够应用和通过学习获取的能力或潜力，包括知识、技能和技巧。

就纵向的资格等级来看，DQR依据资格的纵向发展属性，对资格进行从低到高的等级水平的划分。它将教育与培训领域中所有可获取的资格划分为8个级别，个体通过一段时间学习所掌握的学习成果只有满足了各个资格等级水平对个体应掌握学习成果的标准化要求（这种要求即个体所掌握的学习成果，且该学习成果可以进一步划分为对个体知识、技能及能力等不同维度的要求），才算是达到某一资格等级。具体说来，普通教育领域资格类型涉及初中、高中、高校入学资格这几种类型，覆盖资格等级2—4级；职业教育与培训领域资格类型数量较多，目前主要涉及正规和非正规教育领域的资格类型，覆盖资格等级1—7级；高等教育领域资格类型与高校学位资格框架（HQR：Hochschulqualifikationsrahmen）相对应，涉及学士、硕士和博士（或同等学力）3种资格类型，覆盖资格等级6—8级。值得注意的是，每个资格等级都有其相应的资格等级描述符，其核心内容是相应资格等级水平达标必须要满足的要求，这种资格等级标准在一定意义上为个体资格的纵向发展提供发展通道和标准参照。这些等级描述符不仅有助于定义和描述特定资格的复杂程度（垂直方向），还有助于澄清其等级内容，如理论知识、实践技能和横贯能力（transversal competences）等（水平方向）。因此，等级描述符是重要的参考点，在加强教育、培训和资格制度的学习成果的定位上起到参照作用。[①]

3. 资格等级内涵

德国资格框架中资格标准制定的依据、内容与路径是资格框架建设的核心，而资格等级描述符的确定则是资格标准制定的重点。具体说来，德国资格标准体系涵盖资格体系、等级标准和资格类型规范3方面的内容：对资格体系和等级标准来说，德国资格框架涉及8个等级，各个等级的标准全面、具体地揭示了各等级资格对毕业生的素质要求，表达了毕业生应该知道什么、怎么去做，以及如何更好地运用与发挥已有的能力（包括个体在

[①] Cedefop European Centre for the Development of Vocational Training.Analysis and overview of NQF level descriptors in European countries［EB/OL］.（2018-08-29）［2022-06-30］.Luxembourg：Publications Office.Cedefop research paper；No 66，2018.http://data.europa.eu/doi/10.2801/566217.

具体情境中的自主性与责任等）。对资格类型描述来说，德国8级资格框架的资格类型涵盖职业教育与培训和普通教育/学术教育两个教育部门，目前共计20多种。各个等级及每一资格类型均从专业能力（含知识与技能）与个体能力（含社会能力与独立性）4个维度进行描述。对资格类型规范来说，它是对各级资格类型的综合规范。德国资格类型规范涵盖了资格类型的能力描述（能力综述和在知识、技能、社会能力和独立性4个维度上的分述）、具体举例（教育专业的名称、学制、法律基础、相关教学文件与决议、毕业证书、资格名称、后续学习/职业渠道和具体化的领域特殊性描述）和该资格类型下具体的资格目录（各个职业/专业领域的职业/专业资格）。

在德国国家资格框架中，"资格"作为一种学习成果的衡量标准，旨在对学习者所具备的知识、技能和能力等作出标准化及规范性的评判，以此作为决定资格等级的主要依据。不依赖于学习过程与学习时间的长短，而以学习成果（outcome）作为资格评判的主要内容是其核心原则。学习成果导向作为德国资格框架的基本思想区别于输入（input）控制的先定的教学计划与内容、过程（process）控制的学习过程组织、输出（output）导向的直接学习效力，而更明确地以学习者在实践中和日常生活中对学习成果的运用为直接判断依据。以学习成果为导向的资格框架有助于透明化地描述德国整个教育体系并建立相互之间的关联，它在整体上将德国教育与培训资格划分为跨教育领域的8个纵向等级和4个横向层面的能力导向矩阵。

（二）基本理念

1. 学历资格与职业资格等值

同一等级的职业教育与普通/学术教育的资格归入基础是DQR的等级描述符（表1），能够胜任同一等级描述符要求的资格可归入到同一等级。这意味着，该资格所要求的任务在复杂程度、广泛程度、应对不确定性变化等方面大致相当。对此，DQR各等级的学习成果具体描述了需要的能力，即必需的知识、所需的技能、社会能力以及自主性。例如同处于DQR等级6，职业资格指向职业教育领域的师傅、专业管理人员等，学术资格指向学术教育领域的学士，两类人群都应达到"在学术专业的子领域或在职业活动领域中计划、实施和评价广泛的专业任务和问题，以及自我负责地管控整个过程"的资格要求。从这个描述上来看，他们尽管分属不同领域——学术专业领域和职业活动领域，但指向的是同等级资格，具有同等的人力资源价值。

2. 学历资格与职业资格不同类

DQR中8个级别的学历资格和职业资格归属首先表明了两种教育类型存在的独立性，同时也表明了同一级别中的等值性。虽然学历资格与职业资格通过学习成果描述符实现了等值，但这并不意味着两者是可以相互简单替代的。同样以DQR等级6为例，师傅与学士等值并不意味着获得师傅资格后不值得去攻读大学学位，也不意味着获取学士资格后无需师傅资格考试便可直接从事师傅类的工作，两者在职业路径与学术路径上各有自身价值。DQR描述的资格等值并不否认这样一个事实，即不同学习地点获得的不同资格指向不同的专长和重点，并不能相互替代，对原先体系中的准入条件也不产生影响。从该意义层面看，师傅与学士所必需的专业能力和个体能力是不同的，这些资格在人员配置时是不可轻易互换的。师傅资格不能"改写"成学士学位，反之亦然。因此，教育路径决策是基于所追求的活动领域而不是基于DQR级别。

3. "不同类但等值"理念下的资格构成

学历资格与职业资格在不同的学习/工作领域中习得，并针对不同的学习/工作任务而进行资格化。仍以DQR等级6为例，该等级中"知识"描述明确规定："具有涉及某一学科专业的科学基础、实践运用，以及重要理论与方法的批判性理解等方面的广泛和综合的知识或者具有涉及当前专业发展的广泛和综合的职业知识""拥有某一学科专业继续发展的知识或者某一职业活动领域的知识"①。在上述描述中,"或者"一词之前的描述对应学术资格,与德国高校学位资格框架(HQR)的等级1(学士水平)相对应;"或者"一词之后的描述对应同等级的职业资格。该例子表明,一方面,在第6等级的学术或职业领域中都需要某种"知识",尤其是"广泛和综合的知识""进一步发展的知识",这是应对不确定性任务和创新发展的基础;另一方面,通过DQR及其表述予以等级的等值性,用"或"的前后句段清晰地呈现两者的领域差异。即使在不同的两个领域:职业教育或学术教育,其资格也可以按照等级标准归入DQR的同一等级。

资格(毕业)证书的等值归入,在欧洲尤其是在德语圈国家中引发了关于职业类毕业证书与学术类毕业证书是否完全相等的争论。"不同类但等值"(Ungleichartig aber gleichwertig)理念旨在强调普通教育与职业教育的多样性。这种观点的支持者认为,大学学习框架主要侧重于获得理论知识,而职业教育旨在发展职业行动能力;批评者则认为,学术教育与职业教育的柱状划界已过时,相反,当今的劳动市场需求(对于学术人员而言)需要同等的理论科学知识和职业实践能力,因此他们主张缩小普通教育与职业教育之间的"价值差距"。②

二、德国资格框架中的高等资格构建分析

在整个教育体系中,德国资格框架中的高等资格主要指向5—8级,其中,第8级为(学术)博士。这些资格既包含学历型资格,如学术学士、学术硕士与博士,也包含非学历的三级高等职业资格(图1③)。针对后者,2020年新修订的联邦《职业教育法》中对其进行了特别规定。

---

① BLK DQR Bund-Länder-Koordinierungsstelle für den Deutschen Qualifikationsrahmen für lebenslanges Lernen.Handbuch zum Deutschen Qualifikationsrahmen.Struktur- Zuordnungen - Verfahren- Zuständigkeiten [R]. Bundesministerium für Bildung und Forschung,2013:20.
② BIBB Bundesinstitut für Berufsbildung.Durchlässigkeit im Bildungssystem – Möglichkeiten zur Gestaltung individueller Bildungswege [R]. Bonn,2017:23.
③ 姜大源.职业教育学位设置:文本分析与模式识别——基于比较视野的职教法律法规相关条款的释解[J].中国职业技术教育,2020(16):5-24.

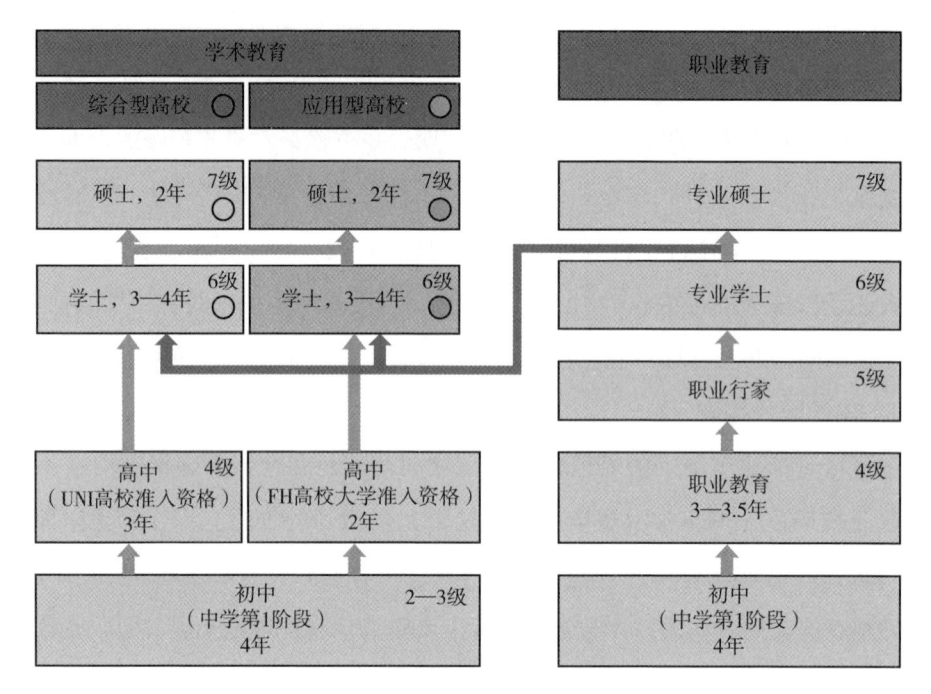

图 1　德国教育类型及资格等级

（一）高等学术资格

资格框架是正式教育资格的系统表达，其中根据特征（"描述符"）区分和解释不同级别。资格框架以学习成果为导向，并描述在一定水平上获得资格的能力。对于学术资格来说，"高校资格框架"（HQR）具有重要作用，该框架于 2005 年由大学校长联席会议（HRK）、州文教部长联席会议（KMK）和联邦教育与研究部（BMBF）首次共同制定，并于 2017 年进行了修订和扩展。HQR 描述了毕业生在学士、硕士或博士学位水平上应该知道、理解和能够做的事情。它从两个层面对不同等级水平所应具备的核心能力展开了描述：一方面是在科学认知的基础上采取反思性和创新性行动的能力，另一方面是应用科学方法从而产生新知识的能力。这里区分了反思性的知识运用（树立科学认知）和批判性的知识产生（使用科学方法）。

- 16 -

2017年修订版的高校资格框架（HQR）构成了制定资格目标、设计和认证大学培养方案的基础。为了提高大学对HQR的认可度进而实现其在更大范围内的推广，HRK在2019年10月发布了相关使用手册，对不同学位水平上的能力要求进行了详细阐释和重点区分。此外，HQR中围绕专业特定内容的描述对大学人才培养方案的设计还有相当大的助益作用。总的来说，作为颇受欧洲高等教育区认可的资格框架，HQR在提升大学培养方案的可比性和增强学生在不同大学之间切换的流动性方面都功不可没。①

根据HQR，学术教育资格共划分为3级资格：学术学士、学术硕士与博士（图1左半部分）。其入学要求、学习期限、毕业选择、与职教的转换、授予资格描述如表2所示。

表2　高等教育学位资格概述

高等教育学位资格	第1级：学士学位	第2级：硕士学位	第3级：博士学位
（1）入学要求	拥有高等教育入学资格（一般或特定学科的高等教育入学资格；应用科学大学入学资格；根据联邦各州的规定，经由特定流程审核以"确定资格"，为具有职业资格但没有高等教育入学资格的申请人提供高等教育入学资格）；根据联邦各州针对没有在中学获取高校准入资格的职业资格的相关规定进行流程操作	Ⅰ.对本硕一体化学业［传统Diplom（理科硕士），Magister（文科硕士），国家考试］：拥有高等教育入学资格；根据联邦各州"申请者的大学准入"的相关规定进行流程操作。 Ⅱ.硕士级别：第一高等教育资格（至少学士水平）"申请者的大学准入"，再加上由各高等教育机构自主定义的其他（额外）入学要求	硕士（普通大学；应用科学大学），Diplom证书文凭（普通大学），Magister，国家考试，优秀学士学位或优秀Diplom文凭（FH）。额外的入学要求由各教育机构自主制定

---

① HRK.Qualifikationsrahmen［EB/OL］.［2022-06-30］. https://www.hrk.de/themen/studium/qualifikationsrahmen/.

（续表）

高等教育学位资格	第1级：本科学位	第2级：硕士学位	第3级：博士学位
（2）学习期限	3年、3.5年或4年（包含论文撰写）（分别对应180、210或240学分）；学士学位是进入某一（学术）职业的第一资格	硕士学位课程：1年、1.5年或2年（分别对应60、90或120个ECTS学分）；对本硕一体化学业：4年、4.5年或5年（包括论文撰写，分别对应240、270或300个ECTS学分）	
（3）毕业选择	接续硕士学位课程（若成绩优异，甚至可以直接攻读博士学位课程）；选择其他继续教育	继续直至完成博士学位；选择其他继续教育	无
（4）从"职业教育与培训"的过渡	高等教育机构以外取得的并经同层级的考核程序认可的资格和能力，只要符合有关学习课程的要求，便可计入学分（即先前在其他地方积累的学分可以得到有效换算与认可）+最高可以替代50%的大学学业	初始的职业资格化毕业证书仍然是被要求的，高等教育机构以外取得的并经同层级的考核程序认可的资格和能力，只要符合有关学习课程的要求，便可计入学分（即先前在其他地方积累的学分可以得到有效换算与认可）+最高可以替代50%的大学学业	
（5）高等教育机构授予的资格//高等教育学位和国家考试	B.A.；B.Sc.；B.Eng.；B.F.A.；B.Mus，LLB；Diplom（FH）；国家考试（Staatsexamen）	M.A.，M.Sc.，M.Eng.，M.F.A.，M.Mus.，LLM，etc.；Diplom（Univ.），Magister，国家考试；为继续教育而设的硕士学位课程①	博士学位

（二）高等职业资格

在获取"高等职业资格"的职业晋升教育（berufliche Aufstiegsfortbildung）中，在职业（初始）教育过程中获得的职业行动能力通过进一步的进修得以扩展。先前的职业进修文凭有200多种，如"服务型技术员""过程管理者""专业管理者""专家型商务人员""企业管理者"等。通过此次对《职业教育法》的修订，联邦政府计划对职业进修文凭不受控增长的现象进行干预和管控，通过设立透明化的职业进修阶梯，将之前的200多个职业进修文凭名称统一到该阶梯框架下。

---

① 为继续教育而设计的硕士课程的学位名称没有规定，也不限于给定的学位名称，如MBA。

《职业教育法》改进的核心是将职业进修文凭名称统一成进修教育中三阶梯的资格证书名称:"(通过考试的)职业行家"("Geprüfte/r Berufsspezialist/in"),"专业学士"("Bachelor Professional")和"专业硕士"("Master Professional")(表3)。通过有吸引力的、国际衔接的资格证书名称,传递职业教育与学术教育等值的重要信号,增加毕业生的流动机会和生涯发展机会。联邦教育与研究部也想借此来增强德国职业晋升性进修所颁发的高层次职业资格的透明度,增强学术教育与职业教育的等值性,提升职业教育的吸引力[①],因此在DQR开发过程中,上述3个层级的毕业证书也分配给了相应级别,即晋升性进修教育的层级1、2、3分别对应于资格框架的5、6、7级。

表3 德国《职业教育法》修订:促进职业教育资格化体系中的高级资格阶梯化

1	DQR 5级	(通过考试的)职业行家	・例如头衔称谓为:"(通过考试的)职业行家:服务技术员"(Gepruefte Berufsspezialist fuer Servicetechniker); ・以往的称谓为:"(通过考试的)服务技术员""认证的劳动与职业促进专业人员"等
2	DQR 6级	专业学士	・例如头衔称谓为:"专业学士:结算会计"(Bachelor Professional in z.B.Bilanzbuchhaltung); ・以往的称谓为:"师傅""企业管理人员""认证的结算会计"等; ・与高校毕业证书:艺术学士,科学学士,教育学士,州法律规定的专科学校毕业证书(国家认证的技术员,国家认证的教育者)等值
3	DQR 7级	专业硕士	・例如头衔称谓为:"专业硕士:企业经营人员"(Master Professional in z.B.Betriebswirtschaft); ・以往的称谓为"认证的企业经营人员""认证的职业教育者"等; ・与高校毕业证书:艺术硕士,科学硕士,教育硕士等值

德国的双元制职业教育位于德国资格框架(DQR)的等级3—4,高等教育的学士和硕士位于等级6—7,而职业进修教育相应的资格主要分布于8级资格框架(DQR)的5、6、7三级。其中,职业晋升进修的第二和第三阶梯,即职业学士和职业硕士与高等教育的学士和硕士学位等值,分别处于德国资格框架中的等级6和等级7。这也意味着,在德国资格框架中,职业进修教育的

---
① 中国驻德国大使馆教育处. 德国职业教育动态信息[R]. 柏林:中国驻德国大使馆,2018:8-10.

资格等级在纵向上是中等职业（教育）资格的进一步提升，在横向上也能与学术路径中的学历资格等值。

就内部来看，职业进修教育体系的这3级资格之间也存在一些区别与衔接：在职业活动领域上体现了由"复杂性""变化性"到"策略性"的特点；在专业任务上由"广泛性"到"自我负责地管控整个过程"；在独立性上对自主性的要求也越来越高。总体来说，随着资格等级的提升，技术技能人员所面临的职业世界——职业情境、职业活动领域、承担的任务和需要解决的问题的不确定性、专业性以及策略性要求都在不断提升，技术技能人员在职业世界中表现出来的职业知识与技能，包括计划、实施、评价任务与问题的水平在不断提升，对职业活动过程的管控能力等也在不断提升。

三、德国资格框架构建的成就与挑战

（一）成就

1. 资格框架促进人才流动性和终身学习

2000年制订的《里斯本战略》提出："将不同（国家）的教育体系统一到欧洲教育领域的目标，不应通过统一的教育制度实现，而应该通过欧洲资格框架（EQF）实现。"正因如此，EQF的开发初衷便是作为各个国家的国家资格框架蓝本而存在，用以作为各国不同教育与培训体系中资格证书横向比较的转换器。德国资格框架（DQR）是对该"元框架"的本土化改造与升级，在本质上是与EQF一脉相承的，基于学习成果的不同等级的"共同参照标准"也能与EQF大致对应。在欧洲多数国家均以EQF为基准设立本国资格框架的背景下，DQR的构建无疑将"促进资格透明性和迁移性以及谋划终身学习为目标的欧洲资格框架蓝图"[①]提升到新的高度。作为统一性的国家级工具，DQR在学习效力、资格和经验评估透明化方面迈出了重要的一步，对推动欧洲高等

---

① European Communities.The European Qualifications Framework for Lifelong Learning（EQF）[R]. Luxembourg: Office for Official Publications of the European Communities, 2008: 3.

教育区受教人员的流动性和终身学习起着重大深远的作用。

德国资格框架的核心是对能力的跨教育理解，能力矩阵由8个垂直级别和4个水平维度组成，即所谓的"描述符"。作为加强教育、培训和资格制度的学习成果定位的重要参照标准，"描述符"一方面体现了学习成果与职业和工作情境的相关性，加强了与劳动力市场的联系。借由使用可以被教育和培训部门，以及劳动力市场所理解的语言，[1]将重点转向学习者应该知道、理解和能够做什么，对提高劳动力市场利益相关者资格的透明度有极大裨益。另一方面，"描述符"对能力的细致区分，以及对情境和横贯能力的强调（包括知识、技能、社会能力、自主性），也是全方位推进教育和培训体系现代化建设的必然要求。通过"描述符"，德国资格框架显示了职业教育与普通教育或学术教育的等同性，但是它仅是一种增强透明度的工具，而不是教育制度中的准入工具。[2]

2. 资格框架引领职业能力标准系统化构建

围绕职业教育人才培养、人才选拔、人才使用的一系列标准体系构建是德国职业教育高质量发展的关键举措，职业能力标准体系是职业教育领域最核心、最基础的准则与依据，直接关系德国现代职业教育体系的纵向衔接和横向融通的通道构建。而构建国家资格框架、搭建不同教育类型间交互平台，以及实现多种学习成果互认与转化都是该通道构建的重要手段。

从传统来看，德国职业教育学中"能力"的理解一般指向的是职业行动能力。职业教育条例中所要求传授的技能、知识与能力最终是为了使学生获得《职业教育法》第一章第三条中所指向的职业行动能力，尤其涉及独立计划、实施与检查的能力。在州文教部长联席会议（Kultusministerkonferenz，简称

---

[1] Cedefop European Centre for the Development of Vocational Training. Analysis and overview of NQF level descriptors in European countries [EB/OL]. (2018-08-29) [2022-06-30]. http://data.europa.eu/doi/10.2801/566217.

[2] Esser, Friedrich Hubert. Deutscher Qualifikationsrahmen (DQR) und Europäischer Qualifikationsrahmen (EQR) – Ein Thesenpapier des Bundesinstituts für Berufsbildung [R]. Bonn, Bundesinstituts für Berufsbildung (BIBB), 2020.

KMK）所确定的职业学校"框架教学计划"中，同样也强调了所有教学目标与内容都应以发展行动能力为导向。行动能力在此被理解为：个人在社会的、职业的和私人的情境中恰如其分地、深思熟虑地，以及对个人和社会负有责任地进行表现的倾向和能力，具体表现为专业能力、社会能力和个体能力几个维度。① 专业能力是解决任务和问题的能力与倾向，侧重与物质和符号对象的接触；社会能力是社会关系的经历与设计，侧重在不同情境中与人的交流；个体能力是个人生活的设计能力与倾向，侧重于个人行动方式的处理。

例如，汽车维修工需要能够采用一定的程序和方法，利用合适的工具分析和排除汽车故障（专业能力），能够与顾客进行有效交流（社会能力），并能独立获取新的产品知识和在日常工作中进行综合考虑（个体能力）。也就是说，如果汽车维修工不具备过硬的专业知识，那么可能他就很难顺利完成工作，而同时，如果他不能以合适的方式与顾客交流，或者他缺乏对自身学习经验的反思能力的话，那么他的职业工作也会存在问题。这也意味着，专业能力、社会能力、个体能力三维一体的能力模型构成了职业教育促进个人全面发展的完整维度。

但德国资格框架并没有完整地采纳职业教育学意义上对能力的广泛理解，在DQR中，能力概念是指个人利用知识、技能和个人、社会、方法能力进行周全思考和负责任行动的能力和倾向。在DQR能力描述的矩阵中，"能力"一方面作为独立的维度，如专业能力，而另一方面，能力又是子类，如社会能力和自主性。除此之外，行动维度（Handlungsdimensionen，具体包括知识、技能和态度3个维度）中的技能（Fertigkeiten）和知识（Wissen）在DQR的专业能力中被采纳，而态度（Einstellungen）方面则完全没有显现。从整体上看，DQR将"能力"划分为两个维度：专业能力（Fachkompetenz）和个体能力（pesonale Kompetenz），前者包含知识与技能，后者涵盖社会能力

---

① HA BIBB.Empfehlung des Hauptausschusses des Bundesinstituts fuer Berufsbidung vom 26.Juni 2014-geaendert am 21.Juni 2016-zur Struktur und Gestaltung von Ausbildungsordnungen-Ausbildungsberufsbild, Ausbildungsrahmenplan［R］. Bundesanzeiger, 2016: 2-3.

（Sozialkompetenz）与自主性（Selbstständigkeit）。[①] 方法能力则是被理解为跨领域的能力，因此在DQR矩阵维度中没有单独设立，其能力结构如表4所示。

表4 德国资格框架中能力维度与《职业教育法》/《手工业条例》中职业行动能力构造之间对照

专业能力		个体能力	
知识	技能	社会能力	自主性
宽度和深度	工具性和系统性的技能，评价能力	团队合作能力/领导能力，共同设计能力，交流能力	自主性/责任感，反思能力和学习能力

（DQR能力维度；技能、知识和能力）

《职业教育法》/《手工业条例》中的职业行动能力
职业行动能力尤其包括独立计划、实施和检查的能力

相比于德国资格框架制定之前德国职业教育领域对能力的理解而言，德国资格框架中对能力的理解及对能力维度的划分跨出了仅仅将能力作用于职业世界的限制，由着重于对个体职业行动能力的要求转向对个体综合素质及行动能力的要求。职业能力仍旧是德国资格框架对个体要求的核心部分，但同时也增加了更好地促进个体在国家资格框架中横向、纵向流通，实现终身学习的其他能力。除此之外，这一转向对德国职业教育条例的制定及修订也产生了重要影响——后者对能力概念的理解，以及具体到条例中能力标准的开发都在原有职业行动能力的基础上融入了德国资格框架中对能力的理解和要求。

3. 资格框架助推教育融通机制一体化设计

教育体系的建设需要社会各界共同参与，共建的前提条件就是开发对话所

[①] HA BIBB.Empfehlung des Hauptausschuss des Bundesinstituts für Berufsbildung vom 26.Juni 2014 zur Struktur und Gestaltung von Ausbildungsordnungen–Ausbildungsberufsbild, Ausbildungsrahmenplan [R]. Bundesanzeiger, 2014: 2-3.

需的共同语言。在职业教育与学术教育中获得的能力，尽管可以在同一级别上等值，但在性质上是不同的，开发共同语言的目的也是使彼此能够拥有平等的对话权、实现顺畅联系。为了在教育领域成功实现这种沟通和联结，必须能够以可比较的方式描述与记录教育过程中的学习目标、学习内容和学习成果，实现能力的重要换算。由联邦、州政府、社会伙伴、教育领域行动主体等共同开发和实施的德国国家资格框架为此做出了重要贡献，使德国教育体系内各类资格更加透明和易于理解，大大加深了各类主体的相互了解。教育领域的学习成果可视化，使职业教育与学术教育接口显性化，这些接口便是实现更高渗透性的重要工具。

与此同时，德国国家资格框架亦是构建终身学习体系的着力点。终身学习的要义之一是在不同教育和培训系统之间搭建桥梁，即学习者可以在普通教育、职业教育、高等教育、成人教育和继续教育等各类教育系统内部，以及它们之间自由流动[1]。内外融通的终身学习体系以国家资格框架为统筹平台和实施框架，对外连接市场需求，对内依托通用于各教育领域的基准体系开展具体认证与转换活动，并对具体教育领域的标准制订及教育教学活动起到指导与规范的作用。这其中，基准体系的核心内容——资格框架中的资格等级标准，是教育系统内部横向上各领域融通、纵向上各等级贯通及与市场用人标准对接的根本依据。资格等级标准具体涉及学历资格型标准和职业资格型标准，其中，学历资格的等级划分及其标准要求基本通过教育体系和学制要求本身得到较好的照应，而涉及跨职业与教育领域的偏向职业端的资格等级及其标准要求与体系是资格框架建设的难点，也是理论、政策与实践探索的重点。

（二）挑战

1. 资格框架的作用认识不足且质量保障缺乏

总体上，在实施过程中，仍然存在对德国资格框架重要性认识不到位、大众接受度有待进一步提升的问题。同时，作为教育体系中一项可靠的质量参

---

[1] 徐国庆. 职业教育原理[M]. 上海：上海教育出版社，2007：242-244.

照标准，德国资格框架在审查和分配资格的程序方面缺乏应有的约束力。因此，从质量保证的角度来看，通过论证程序实施正式教育领域的归入、结合数字化学习的新发展趋势充分保障跨教育在线供给的质量、开发并引入更多质量保障与程序论证及检测的辅助工具都是亟待改进的方面。在未来，"在DQR基础上开发分类法和考试工具，以支持跨教育领域的比较和相互承认学习成绩"[①] 等举措都值得进一步完善和优化。

2. 非正规、非正式学习成果换算仍有待发展

德国资格框架虽然在正规教育领域对相关资格都进行了有序归入，但仍需进一步重视和发展换算非正规和非正式学习成果的工具和手段，加强终身学习。目前来看，这一进展稍显缓慢。根据联邦职业教育研究所（BIBB）专家的监测，70%的德国教育专家非常重视并承认非正规和非正式能力。然而，DQR工作组的工作才刚刚开始，如何围绕项目试点以制定科学合理的流程规划，真正实现非正规、非正式学习成果的简便、高效换算，仍要通过细节一一落实，其体制的嵌入还有待进一步澄清。在这一过程中，用能力来描述资格被视为实现上述目标的理想举措，但目前来看，在通过资格导向（作为评估和验证过程的正式结果）以直接承认非正规学习方面，DQR还存在明显的短板。其他承认、评估、认证和记分方法在未来应当有所涉及并得到充分体现，这是提高经由不同学习渠道获得能力的透明度和推动学分换算的必要条件。与此同时，鉴于在教育体系中"投入因素"（如培训措施的持续时间）取向仍占主导地位，因而在BBIG的修订中，3个层级的职业晋升教育也基于这一点展开描述，而非参照DQR。

3. 资格框架约束力有限及与政策关联性不够

德国资格框架并不具有强制性和强监管性的特点，这也造成大众对其作用认识不够，认可度欠缺。因而，未来应使DQR更具约束力，并注重与教育

---

① Esser, Friedrich Hubert.Deutscher Qualifikationsrahmen（DQR）und Europäischer Qualifikationsrahmen（EQR）- Ein Thesenpapier des Bundesinstituts für Berufsbildung［R］. Bonn, Bundesinstituts für Berufsbildung（BIBB）, 2020.

政策目标实现相关联，这将使已经取得的成就更加广为人知和合法化。德国资格框架与法律制度的绑定将使已达成共识的长期承诺更有约束力，同时也进一步强化 DQR 的跨教育领域导向。这种绑定是继续加强教育系统等值性和渗透性的必由之路，资格框架合法化的国家（如奥地利、瑞士）已用实践证实这种绑定没有任何负面效应。德国缺乏法律监管只会使 DQR 机构成为利益共同体，而在共同体以外的关注度和重视程度则不够，这也会危及迄今取得的成就。《职业教育法》没有明确界定资格框架意义下的职业行动能力。因此，BIBB 开展的制定职业教育条例的工作也缺乏明确的学习成果导向。[1] 因而，通过进一步提高德国资格框架的约束力，将有助于加强其优势并弥补其弱势，促使 DQR 成为推动终身学习的有力工具，确保不同教育之间的等值性和渗透性，提升职业教育的吸引力。

四、德国资格框架构建的经验及启示

德国资格框架建设以来，其开发流程经历了从最初的目标设立和发展阶段设计到框架体系结果的建设，开发内容呈现了综合能力取向、职普等值不同类、影响具有边界性等特点，为当前和未来我国建设地方、国家或区域资格框架提供了有益的启示。

（一）建设基础：以综合能力为导向的学习成果描述

德国资格框架的一大特色在于体现学习成果的能力原则，它决定框架中学习成果描述内容上的选取重点，在一定程度上也影响了描述结构和用语。DQR 的学习成果描述将对学习者的能力要求划分为专业能力和个体能力，意在打造良好的、能够持续发展的学习和工作环境以及团队，其中，服务于行动、学习和工作的综合能力要求始终是 DQR 学习成果描述的重点。这种以能

---

[1] Esser, Friedrich Hubert. Deutscher Qualifikationsrahmen（DQR）und Europäischer Qualifikationsrahmen（EQR）- Ein Thesenpapier des Bundesinstituts für Berufsbildung [R]. Bonn, Bundesinstituts für Berufsbildung（BIBB），2020.

力为导向的学习成果描述原则，不但能在总体上确立为专业化学习与工作服务的目标，也能为各教育领域建立统一的能力导向的资格标准体系。这符合综合性资格框架构建的大方向，同时也保留了德国的特色和特长。

我国在构建综合性资格框架及其核心的学习成果描述时，在借鉴德国经验的同时也应形成本土化的特色。基于EQF及DQR的建设经验，除了通用的"知识"和"技能"维度，我国在构建相关学习成果标准时如何确定"能力"维度的囊括范围；我国教育教学目标中的"情感、态度、价值观"等是否纳入，以及如何纳入"能力"描述符；在遵循学习成果导向的大方向之下，本土化的资格框架能否以"能力"为主？如何以及在何种程度上实现能力为主？如何实现与我国原有资格体系间的兼容？学习过程性要素是否应该纳入标准体系之中？这些问题都有待深入研究。

（二）建设难点：职业教育与普通教育等值不同类的论证

新出台的《职业教育法》从法律层面确认并捍卫了职业教育与普通教育"等值（但）不同类"的类型定位，在顶层设计的高度上给予职业教育充分的肯定，也为职业教育开拓了更多发展的空间。但一个必须正视的事实是：普通教育无论是在教育发展历史和世界空间范围内都具有天然的优势，如何通过论证职业资格与学历资格的等值来实现资格框架中通过职业教育与培训所获职业资格证明与通过普通教育所获学历资格证明的等值，进而谋求职业教育与普通教育之间的等值，是资格框架建设的难点。德国资格框架的突出优势恰在于对职业资格的广泛认可，框架中职教领域的资格类型不但在数量上占优势，而且在纵向等级的延伸及横向上与其他领域资格间的衔接方面也有明确的制度规定和较为清晰的发展通道。在资格框架的加持下，德国不仅提升和稳固了职业教育层次，确立了职业教育在整个学制体系中的地位，还为职业资格证书与学历资格证书在横向上的等值与互认提供了平台，在保证职业教育自身特色的同时实现了与其他教育领域资格间等值。

21世纪以来，我国的诸多研究与实践项目曾经就双证沟通与衔接的基本理念、双证课程的建设、双证沟通的管理机制等方面做了理论层面与实践层面的深入研究与探索，但到目前为止仍然很难实现真正意义上的双证沟通与衔接，归根结底是缺乏沟通和衔接职业教育与职业资格、学历教育与非学历教育的顶层制度设计。自2012年以来，我国针对现代职业教育体系建设的研究与实践日益丰富，主要集中在对现代职业教育体系建设历程、构建策略、内涵探究、障碍困难等方面的学术研究与实践探讨。就职业教育而言，以国家资格框架为基准，建立职业教育分级制度的研究还有待进一步全面、深入进行。在这方面，德国职业教育与普通教育等值不同类的论证经验值得我国借鉴。

（三）建设边界：沟通但不取代现有教育领域内部资格体系

德国资格框架作为囊括各级各类资格的综合性资格体系，对与之相关的众多实践活动来说，是理念导向，是标准参照，也是可以利用的制度工具，但它在教育、资格乃至劳动市场领域的作用范畴是有边界的，并不具有法律层面的规制作用，发挥的更多是指导性的而非规制的作用。这一综合性的国家资格框架不会取代各教育领域原有的资格及其标准体系，也不会对原有的升学体系产生实质性的影响，各教育领域资格仍会保持其所属领域的能力要求特征。例如，职业教育与普通教育都有自身配套的入学要求、升学体系，以及资格类型及其标准要求，这些方面依据所在领域的特征与要求相对独立地存在。

各个教育领域通过德国资格框架实现衔接，为不同类型的资格及其所包含的差异性特征提供同一性、透明性且可比较的平台，并进行适当程度的归并，归并的依据是资格类型所包含的学习者脑力和体力的输出总量及所处的总体水平。这些不同教育领域资格类型间可归并的共性之处，才是资格框架相关操作能够展开的主要范畴，而资格要求中所固有的领域性特征及各教育领域原有的制度建设及教学实施活动，则是资格框架无法直接作用的部分。因而各教育领域在资格框架下虽有融通（如职业教育中核心素养的培养或普通教育中职业素养的培养）和交叉（如专/本科层次的高技能人才培养），但也是建立在各自保持独立、等值的基础上，各类资格自身所属教育领域的领域性特征并不会被磨灭。我国在构建综合性资格框架的制度设想及具体实践环节中也应具有这样一种边界思想，在最大限度地发挥资格框架对人才培养、评估及聘用活动作用的同时，尤须尊重各教育领域内部原有的制度构建。[①]

（作者简介：谢莉花，同济大学职业技术教育学院副教授；王可欣，同济大学职业技术教育学院硕士研究生）

[①] 谢莉花，余小娟. 德国资历框架内容体系的特点及启示［J］. 中国远程教育，2020（9）：8-15.

人工智能时代：德国高等教育应对举措

德国作为传统的工业强国和欧洲的创新领先国家，在人工智能领域起步较早。20世纪70年代，德国就已着手用机器替代人的部分工作以改善劳动条件；20世纪80年代成立的德国人工智能研究中心至今仍是世界上最大的人工智能研究机构，研究领域涵盖人工智能的各个产业应用方向。当前，德国在人工智能算法和自动驾驶等领域颇有建树，各大科研院所如亥姆霍兹联合会、马克斯·普朗克学会、弗劳恩霍夫协会在人工智能领域也表现突出，无论是基础研究，还是机器人、自动化与自动驾驶方面的应用研究，都处于世界领先地位。德国联邦政府于2018年年底正式发布"人工智能战略（Strategie Künstliche Intelligenz der Bundesregierung）"，按照这一战略，德国政府在人工智能领域制定了3个主要目标：一是通过人工智能战略确保德国和欧洲在人工智能研发与应用方面处于国际领先地位，提高德国在相关领域的竞争力；二是确保人工智能技术的发展与应用旨在造福社会；三是在伦理、法律、文化和制度等方面加强社会对话与政治引导。该战略由德国联邦经济部、联邦教研部和联邦劳动与社会保障部共同牵头实施，以期抢抓人工智能发展的战略机遇，构筑人工智能领域的国际比较优势。[1]

---

[1] BMBF.Ein Jahr Strategie Künstliche Intelligenz der Bundesregierung, Pressemitteilung 139/2019 des Bundesministeriums für Bildung und Forschung und Zwischenberricht Ein jahr KI-Strategie [EB/OL].（2019-11-15）[2019-11-20]. https://www.bmbf.de/ de/ein –jahr –strategie –kuenstliche –intelligenz – der – bundesregierung-10194.html.

特别是在人类历史上少有的长时间、大范围的疫情冲击下，人工智能等新技术向全世界展示了变革教育的巨大潜能。网络和人工智能技术在教育上的广泛应用使全社会共享优质教育资源成为可能。在人工智能时代，德国高等教育的发展无论在硬件设施建设，还是软件人才培养质量上都面临变革与挑战。但其总体目标是，依托新技术向每个人提供更加公平包容有质量的教育，为智能时代实现社会平等与和谐做出贡献。通过大力推进人工智能战略的发展，加大人工智能学科学位建设与人才培养，加大对人工智能的经费支持与投入，加大对人工智能的宣传教育，推进人工智能领域产学研合作与成果转化，加大人工智能的国际科研合作，以期培养更多与人工智能发展相适应的高层次技术人才，进而提高德国在该领域的整体竞争力。

一、加大人工智能学科、学位建设与人才培养

德国发布的《转型中的高等教育》研究报告显示，企业对具有技术技能专业背景人才的需求一直在增长。到2026年，预计将招聘超过78万名专业技术人才，尤其需要数据分析、人工智能、软件开发和信息技术等领域专业人才。

近年来，面对急剧增长的人工智能人才需求，德国高校人工智能相关专业增长迅速。截至2021年2月，全德国的大学设有75个相关本科和硕士专业，220个以人工智能为重点的教席位置，1800多名从事与人工智能相关的教科人员，并计划在未来继续增加人工智能领域的教席。德国各州文教部采取相应措施，加大人工智能领域年轻人才的培养力度。例如，北威州文教部已实施的"人工智能/机器学习"（Künstliche Intelligenz/Maschinelles Lernen）资助计划，为博士生和青年研究人员提供跨学科、跨地域学习的机会，推动扩大该领域的研究与教学规模。获得博士学位后，青年研究人员还有机会独立地主持一项人工智能领域的研究项目，这些项目旨在为机器学习、深度学习和其他相关人工智能方法领域的基础研究做出贡献。巴伐利亚州的慕尼黑工业大学专门设立机器人与机器学习学院、慕尼黑数据科学学院、人工智能伦理学院，构建人工智

能研究的协同研究系统，以支持人工智能领域的教学科研活动。

此外，德国联邦教研部（BMBF）也与洪堡基金会一起采取相关措施，吸引世界优秀人才和科研人员来德国，以促进科研成果的转化。洪堡基金会明确将人工智能领域的人才资助列为2021年基金会年度工作的重点。2022年5月，德国学术交流中心（DAAD）也宣布新计划，进一步支持德国年轻人研究人工智能，以为德国培养更多的人工智能人才，该计划受到德国联邦教研部的财政支持。在未来几年内，联邦教研部将提供2400万欧元，以支持达姆施塔特工业大学、德累斯顿工业大学、慕尼黑工业大学及相关合作方建立3所培养人工智能人才的"康拉德·楚泽学院"（Konrad Zuse School），该类学院旨在建立科学和工业网络，以招募来自世界各地的、人工智能领域的优秀人才。

二、加大对人工智能的经费支持与投入

根据正在推进实施的"人工智能战略"，联邦政府决定在2019年增资5亿欧元[①]，用于促进人工智能发展，重点包括研究、成果转化、社会对话、技术评估、资格认证和数据可用性。其中，约2.3亿欧元的资金将用于促进人工智能科研成果向实际使用的转化。超过1.9亿欧元用于支持科研，促进青年科研人才队伍的建设。另有约5500万欧元用于涉及社会对话和公众参与、技术评估、制度框架，以及促进企业技能培训等相关方面的实施。近期，德国政府决定对2018年版的《人工智能战略》做出修订，计划到2025年，通过经济刺激和未来一揽子计划，把对人工智能的资助从30亿欧元增加到50亿欧元。

德国联邦教研部还在联邦政府"人工智能战略"框架下出台一系列资助计划，对教育领域人工智能研发与应用提供经费支持，如"借助机器学习的

---

① BMBF. Bundesregierung stärkt die Förderung Künstlicher Intelligenz mit zusätzlich 500 Millionen Euro［EB/OL］.（2019-05-23）［2019-11-20］. https://www.bmbf.de/de/bundesregierung-staerkt-die-foerderung-kuenstlicher-intelligenz-mit-zusaetzlich-500-8726.html.

数据自动分析""人工智能方法的实践运用"等项目，从资助目标、资金用途、法律依据、资助对象与条件、资助形式与范围、资助额度及申请流程方面进行了具体说明。2021年2月，联邦教研部还专门出台《联邦—州联合促进高等教育领域人工智能发展的指导意见》，其目标中明确指出："人工智能将对人类社会、经济与生产生活活动产生重大影响，教育与科研主管部门将扩大经济与科学领域人工智能方面的专业人才岗位，同时利用好人工智能优势以促进高等教育发展"。具体来说，一方面，将人工智能相关知识与技能作为高校学术研究人员未来必备的学习内容；另一方面，通过使用人工智能，来改善高等教育的培养质量、教学效果及学习产出。总之，依托新技术向每个人提供更加公平包容有质量的教育，为智能时代实现社会平等与和谐做出贡献。

三、加大对人工智能的宣传教育，努力推进人工智能领域产学研合作与成果转化

德国在2019年宣布启动"人工智能主题科学年"。德国联邦教研部在科学年期间举办了一系列活动，帮助民众了解人工智能技术及其在日常生活中的应用，鼓励讨论如何借助人工智能塑造未来社会，加强对人工智能的普及教育。例如，在环境与可持续性发展、健康与卫生，教育与文化等领域，通过论坛、讲座、研讨和展示等形式增进民众对人工智能的理解，促使他们为新技术、新趋势、新挑战做好充分准备。[1][2]

人工智能不仅为社会也为德国企业提供了巨大的机遇。德国2018年"人工智能战略"的一个重要目标就是通过战略的实施确保德国和欧洲在人工智能研发与应用方面处于国际领先地位，提高德国在相关领域的竞争力，让德国

---

[1] BMBF.KI –wir bestimmen wie![EB/OL].（2019-03-19）[2019-11-20]. https://www.bmbf.de/de/ki---wir–bestimmen-wie-8162.html.
[2] BMBF.Internationale Expertise für "KI made in Germany"[EB/OL].（2019-03-29）[2019-11-20]. https://www.bmbf.de/de/internationale-expertise-fuer-ki-madein-germany-8257.html.

成为本领域经济和研究方面的"领头羊"。德国联邦教研部在与工商界中小企业代表的一次会谈时也特别提到这一点,并表示愿意支持这些中小型企业利用人工智能机遇进行发展。例如,有针对性地资助电脑视觉/图像识别、数字辅助技术、诊断与决策系统等创新研发计划,并支持其科研成果向应用实践的转化;加大在可再生能源、环保与生态经济、物流、生产技术与流程管理,以及面向用户的创新服务业领域与企业的产学研合作;扩展能力中心构建等,以此作为国家研究联盟的核心;发展自动驾驶和生命科学等领域的基础研究和应用研究,并加大资助力度。

四、扩大人工智能领域国际科研合作

在国际合作方面,德国坚持更深更广的开放合作,共同建设好、运用好、发展好人工智能等新技术,以实现国际互利共赢。

一是深入推进跨领域合作与跨学科发展。德国联邦教研部牵头成立的人工智能国际专家顾问委员会,聘请来自法国、意大利、西班牙、奥地利、英国、瑞士和荷兰等国家的 11 位国际专家,其专业涵盖了医学、工程学、通信、自动化等人工智能的各大领域范围,为德国人工智能发展保驾护航。德国人工智能国际专家顾问委员会的任务是评估人工智能中心和网络建设,提出方向性建议,以确保能力中心和网络的质量。莱布尼茨学会主席马蒂亚斯·克莱勒(Matthias Kleiner)教授担任该委员会主席。

二是不断加强国际合作与交流。德国加强了同其他欧洲国家在人工智能领域的合作。例如,2019 年 10 月 16 日,德法经济和科研相关部委签署了合作"路线图"(Roadmap);德国—瑞典创新合作伙伴关系也已扩展到人工智能领域,以促进欧洲人工智能生态系统的发展。2020 年 10 月,德国联邦教研部和法国研究部(MESRI)联合发布人工智能研究合作资助指南,这将使德法两国之间的高质量人工智能研究合作在将来得到支持和资助。此外,德国还加入由美国、法国、加拿大、日本等发达国家"人工智能全球合作组织"

（GPAI），以促进国际范围内的人工智能发展和应用。

{原文刊载：陈正.人工智能时代德国高等教育如何发力［N］.中国教育报，2022-06-23（9）}

（作者简介：陈正，国家教育行政学院教育领导与管理国际比较研究中心主任、教育部中外人文交流中心特聘专家，副教授）

科教体制篇

德国高等教育和研究体系概览

德国的高等教育具有悠久的历史和光荣的传统。最古老的海德堡大学诞生于中世纪与文艺复兴交替期的1368年,科隆、维尔茨堡、美因茨、弗莱堡、图宾根等一系列神圣罗马帝国版图中的重要城市也都在14—15世纪创建了自己的大学。19世纪初,新人文主义教育家,时任普鲁士文教部部长的威廉·冯·洪堡在创办柏林大学时,首次提出教学与科研并重的理念,确立了高等学校在高深知识生产过程中的重要角色,奠定了现代研究型大学发展的重要理论基础。纳粹时期,受困于第三帝国的集权管辖,德国高校的教学和科研自由被压制,大量人才流失海外,高等教育遭受重创。20世纪末期以来,德国高等教育作为一个以公立为主的系统,曾受公共财政经费匮乏、传统单级学制难以参与国际对比、高校运行效率低下等问题困扰。特别是在21世纪初,世界范围内各类大学排行榜兴起,高等教育复杂的绩效评价被简单化地以综合排名展示,给德国古老的高等教育带来了新一轮自我革新的压力和动力。

今天,呈现在我们眼前的德国高等教育体系犹如一面庞大而复杂的多棱镜,每一个平面都形成一个考察视角。本文将从高校这一高教体系的基本单位出发,结合宏观和微观视角进行考察,力求形成一幅更加立体、触及系统运行机理的全面图景。

一、当我们谈起德国高等教育，我们在谈什么？

（一）公立为主的系统

德国的高等教育是一个由多重部门组成的多重公立系统[1]，大多数高校为国家举办，具公法法人主体地位，办学经费主要来自各州政府并接受其监管。目前，德国共有高校427所。其中，公立高校302所，私立高校107所，教会高校18所[2]。从类型上，分为综合性大学，应用科学大学，音乐、艺术类高校，以及行政学院、军校，等等。在校大学生总数约300万人，绝大多数在公立院校就读。

综合性大学是德国高等教育的主心骨，也是洪堡理念忠实的践行者。综合性大学的学科专业开设范围广泛，一般覆盖了人文和自然科学的各门类。学校规模普遍较大，数量虽只占德国高校的1/4，却招收了60%的学生；在办学理念上，强调科研和教学的紧密结合，课程设置更偏向理论研究和方法训练；在科研工作中，追求对新知识的探索，因此相对独立于社会实践和企业生产应用。目前，在绝大多数州只有综合性大学才有权授予博士学位和教师高校授课资格（Habilitation）[3]。今天，为从外界获得更多经费和智力资源，综合性大学必须与校外科研机构和经济界保持密切合作，早已不是传统意义上的"象牙塔"。

应用科学大学以培养高水平技术技能型人才为主要任务。这类高校诞生于19世纪70年代，其开设专业主要集中在技术工程、经济学和社会科学领域，课程设置突出实践性和应用性，一般不具有博士学位授予权。学校面向所在区域劳动力市场和经济界需求开展人才培养和应用型科研，与企业联系紧密，

---

[1] 伯顿·克拉克.高等教育系统——学术组织的跨国研究[M].王承绪，译.杭州：杭州大学出版社，1994：61.
[2] Autorengruppe Bildungsberichterstattung.Bildung in Deutschland 2020[R]. Bielefeld：wbv Publikation，2020：178.
[3] 高校授课资格（Habilitation）是学术人员在申请教授资格以前必须获得的学术资格，而并非指获得了该资格才能在高校授课。一般认为，取得Habilitation的过程类似于再做一篇博士论文。

学生就读期间一般均须在相关行业企业或机构实习。2009年，巴登符腾堡州整合州内10余所职业学院，建立了全德第一所双元制大学（Duale Hochschule Baden-Württemberg），其标志性特征是，学校与周边企业建立有更为稳固的校企合作育人关系，学生在学期内攻读理论课程，利用假期在企业实习，以更高的学习和实践强度与密度取得更佳的职业技能。

军校和行政学院是两种特殊形式的高校。德国军校有两所，分别是慕尼黑联邦国防军大学和赫尔穆特·施密特大学（汉堡联邦国防军大学）[1]，均隶属于国防部。行政学院共33所，任务是受政府委托开展管理后备干部培训。其中3所直属联邦政府管辖，分别是联邦公共管理学院、德国联邦银行学院和联邦劳工署应用科技学院。

（二）办学水平总体均衡

总体上讲，德国高校水平较为均衡，不存在英美体系中的"牛校"和"野鸡大学"之间的巨大鸿沟。究其原因，一是生源水平相对平均。德国高校入学不设竞争选拔性考试，满足入学条件后，理论上每个人都有在任意高校和专业就读的权利。仅对医学等严重供不应求的专业才采取限制性招录措施。二是师资群体良性流动。受"内部任命禁令"限制，德国高校不能直接从本校聘任教授。绝大多数学术人员持非终身制合同，被迫定期在不同高校间交流。三是强调出口把关，人才培养宽进严出。据统计，德国高校27%的本科生和17%的硕士生都无法完成学业。综合性大学学生辍学率显著高于应用科学大学，前者本科和硕士阶段的退学率分别为32%和19%，后者则分别为23%和13%。[2] 四是办学资源分配相对平均。公立高校从国家获得的生均经费差距不大，与英美精英大学在资源获取上赢者通吃的状况不可相提并论。即使是入选"卓越战略"[3] 的13所

---

[1] 赫尔穆特·施密特（Helmut Schmidt）为德国第五任联邦总理（1972—1984年），出生和成长于汉堡。
[2] Autorengruppe Bildungsberichtstattung.Bildung in Deutschland 2020［R］. Bielefeld：wbv Publikation，2020：197-198.
[3] 指德国卓越大学计划的第三期。计划自2005年起实施，前两期名为"卓越倡议"，第三期更名为"卓越战略"，资助期从2019年正式开始。

大学和57个卓越集群,每年获得的总资助也不过5.33亿欧元[1],只占德国全部高校每年预算总额的1%,"卓越"招牌在办学经费方面并不能带给高校明显竞争优势。相比之下,学生数仅为1.6万名的斯坦福大学每年经费预算达70亿美元。

德国社会受过高等教育人群比例总体不高,仅22%的成年劳动人口拥有高等教育学历,在30—35岁年龄段人口中,只有35%拥有高等教育学历,二者均低于欧盟国家平均水平。[2]造成这一现象的重要因素是,德国制造业发达,对技术技能型人才需求大,大量年轻人在高中阶段即分流进入"双元制"职业教育。

(三)世纪之交以来的发展与变化

1. 规模不断扩大

过去20多年来,德国高等教育的体量持续增长。25年前,高校总数还不到330所,在校大学生数也不过180万人。进入21世纪以来,为应对新一轮产业革命对职业技能和适应能力要求的提升,越来越多的年轻人选择上大学而不是进入职业教育体系学习。中等教育毕业生进入高校学习的比例已多年稳定在55%左右。

2. 教育学制改为两级制

高等教育学制从"单级制"转换为"两级制"[3]。自1999年博洛尼亚进程开启以来,德国高校引入学士/硕士两级学制代替传统的单级(Diplom/Magister)学制。目前,全德高校共开设近2.1万门专业,学士专业9300余个,硕士专业9800余个,两级学制占比已超过90%。仅有不到1700个法律、师范、艺术,以及教会学校专业还采用国家考试等传统单级学制。学制改革后,应用科学大学颁发的本科和硕士文凭理论上与综合性大学等值[4],争取博士学位授

---

[1] BMBF.Die Exzellenzstrategie [M/OL].(2019-07-19)[2022-04-15]. https://www.bmbf.de/bmbf/de/forschung/das-wissenschaftssystem/die-exzellenzstrategie/die-exzellenzstrategie.html.
[2] Autorengruppe Bildungsberichterstattung.Bildung in Deutschland 2020 [R]. Bielefeld:wbv Publikation,2020:90-94.
[3] 另有说法是从"两级制"转换为"三级制",这一理解包含了博士研究阶段。但是,德国学术界一般认为博士阶段是从事科研工作,所以本文未将其列为"学制"的一个阶段。
[4] 博洛尼亚进程以前,应用科学大学与综合性大学授予的学位名称同为Diplom,但大学学位证书后括号标注(Uni),以体现两者差异。

予权成为应用型高校发展的新趋势。2016年，黑森州率先修订《高校法》，允许应用科学大学试点与综合性大学合作培养博士。

3. 应用型高等教育受到热捧

源于职业教育"双元制"，成熟于巴登符腾堡双元制大学，并在近10年获得长足发展高校双元制专业是这一趋势的代表。应用型高校与企业合作开设双元制专业，把实践课程放在假期，在不延长学制的同时大大提升毕业生的就业能力。双元制专业课程从无到有，目前在全德国的数量已增加到1600余门，学生数近11万名[1]。实际上，应用科学大学的受欢迎程度也一直在上升。2020年，应用科学大学就读学生总数约为107万名，比1998年增长了145%[2]。与此同期，私立高等教育崛起。20世纪90年代中期以前，德国私立高校一直不显山不露水。但在过去的1/4世纪里，得益于区域性"隐形冠军"企业对高水平应用型人才需求的增长，专注于某一个或几个专业开展高度专门化人才培养的私立高校迎来大发展，数量从不到30所增加到110所左右。2008年，在私立高校就读的学生仅占学生总数的5.9%，2018年这一比例则提升到了10%。

二、科学研究与高等教育体系的交叉融合

德国的科研创新体系由经济界、高校、校外科研机构共同构成。科研创新工作的主体首先是经济界。德国是全球人均研发经费排前5名的国家，每年研发经费支出近1100亿欧元。其中，企业投入占近70%，高校和校外科研机构分别占近20%和15%。科研人员分布比例和研发经费占比相似，全德国共有73万名研发人员，2/3来自企业，还有约20%来自高校。[3]本文主要考察高校和校外科研机构共同构建的公立研究体系。

---

[1] IG Metall.Duales Studium mit neuen Rekordzahlen［EB/OL］.（2020–07–08）[2022–04–16]. https://wap.igmetall.de/ausbildungplus–20354.htm.

[2] Statistisches Bundesamt.Studierende nach Hochschularten, Ländern und Geschlecht［R/OL］.（2022–03–15）[2022–04–16]. https://www.datenportal.bmbf.de/portal/ de/K254.html.

[3] Gemeinsame Wissenschaftskonferenz.Steigerung des Anteils der FU–Ausgaben am nationalen Bruttoinlandsprodukt（BIP）als Teilzeit der Strategie Europa 2020［R］. Bonn：GWK, 2021.

科研是德国高校的核心任务之一。各州的《高校法》均明确规定，高校具有科研、授课、学习三大任务，且科研是首要任务，被视作获取科学知识，为教学和课程持续发展提供科学支撑的重要途径。在国家层面，高教和科研事务往往由同一部门主管，联邦政府侧重支持科研，各州则主要负责高校学校事务。此外，经济界也通过第三方经费（Drittmittel）等方式对高校科研进行资助，高校获取的第三方经费中，约20%来自企业[①]。

德国的校外科研机构包括弗朗霍夫学会、亥姆霍茨联合会、莱布尼茨联合会、马克斯·普朗克学会、柏林科学院、德国自然科学院（Leopoldina）和德国技术科学院（acatech）等。德国科学基金会是德国最大的科研资助组织，每年经费预算超过30亿欧元。该机构2019年资助的约3.4万个科研项目中，2.5万个由高校实施[②]。校外科研机构没有博士授予权，不独立承担人才培养的功能，往往与高校有着密切联系，通过与高校联合设立和实施科研项目、共建研究平台等方式，合作开展博士研究生培养，支持博士后研究，形成科教融合的高层次人才培养模式。这一独特分工也是德国高教和科研体系的重要特征。2008年，马克斯·普朗克学会试图在与美因茨大学共建的校外研究生中心独立授予博士学位，引起学术界轩然大波，最后不得不公开表示绝无觊觎博士学位授予权之心。近年，德国社会也普遍认为，应维持这一保证高校与科研机构良性合作关系的现状，把博士学位授予权留在高校。时任德国科学基金会主席的克莱纳（M. Kleiner）曾表示："我们（科研机构）不想要博士授予权，我们不需要它，因为它甚至可能是有害的……校外科研机构在博士培养方面依赖与大学合作这一事实本身就是一种'健康的功能联系'"[③]。

[①] Himmelrath Armin.Drittmittel an Hochschulen：Zwischen Freigeist und Dienstleistung［N/OL］.（2014-04-17）［2022-04-30］. Deutschlandfunk.https://www.deutschlandfunk.de/drittmittel-an-hoch schulen-zwischen-freigeist-und-100.html.

[②] DAAD, AvH, DFG, HRK.Internationalität an deutschen Hochschulen：HSI-Monitor Gesamtbericht 2019/2020［R］. Bonn：DAAD, 2020.

[③] WIARDA, J-M.Promotionsrecht? Die Außeruniversitären sagen：Nein, danke！［EB/OL］.（2016-11-09）［2022-04-30］. https://www.jmwiarda.de/2016/11/09/promotionsrecht-die-au%C3%9Feruniversit%C3%A4ren-sagen-nein-danke/.

2017年以来，德国每年研发经费支出均超 GDP 的 3%。德国政府希望到 2025 年这一比例达到 GDP 的 3.5%。为此，联邦和各州自 2005 年起在《研究与创新协定》（PFI）框架下协作，确保国家对公立科研事业的经费投入每年增长。受益于此，2005—2017 年，国家研发投入增加了 90%。过去 5 年，全德研发经费公共预算年增长率为 3%。目前，德国每年为公立科研机构和科研资助组织拨付经费超过 150 亿欧元，并利用各类科研专项为承担科研任务的图书馆、博物馆等公共组织提供资助。[1]

从重大原创成果的产生上看，德国的科研创新体系是行之有效的。该体系目前已产生 80 多位诺贝尔奖得主（不含和平奖），位列全球第三名。2020 年和 2021 年，德国学者格棱泽尔（Grenzel）和哈瑟尔曼（Hasselmann）先后获诺贝尔物理学奖。从各大排行榜看，德国列全球创新指数第 10 位（Global Innovation Index 2021）；列世界经济论坛全球竞争力指数第 7 位，并在该指数创新支柱单项中蝉联全球第一（2019）；在欧洲专利署（EPO）专利申请方面，德国申报专利数占申报专利总数的 15%，仅次于美国（25%）[2]。

三、高等教育的管辖与治理

（一）管辖权的划分：文教主权、共同任务与合作禁令

德国《基本法》规定，教育事务是属于各州的"文教主权"。简单讲，即学校教育在人、财、物、事等方面的管辖权限都在各州。公立高校的建校和运营经费由所在州的州政府负责，教授一般有州公务员身份，校内其他工作人员为州公共事业雇员。

联邦政府间接参与高等教育治理。路径之一是提供学生贷助学

---

[1] BMBF.Pakt für Forschung und Innovation［EB/OL］.（2019-06-06）［2022-04-18］. https://www.bmbf.de/bmbf/de/forschung/das-wissenschaftssystem/pakt-fuer-forschung-und-innovation/pakt-fuer-forschung-und-innovation_node.html.

[2] Gemeinsame Wissenschaftkonferenz.Steigerung des Anteils der FU-Ausgaben am nationalen Bruttoinlandsprodukt（BIP）als Teilzeit der Strategie Europa 2020［R］. Bonn：GWK，2021.

金、奖学金等人员经费。路径之二是与各州协商确定和实施"共同任务"（Gemeinschaftsaufgaben）。为此，2007年，联邦和各州教科部部长、财政部部长共同参加的共同科学联席会议（Gemeinsame Wissenschaftskonferenz，缩写GWK）应运而生。该机构负责执行联邦和各州共同支持的高教和科研事务，为高校"卓越计划"等大量专项计划拨付经费。联邦和各州利用"共同任务"机制达成的《高教协定》在2016—2020年帮助高校增加了76万个额外学位。①

各州分别制定的《高等学校法》是高校运行和管理的制度准绳。为确保全德高校人才培养质量相对均衡、毕业文凭互通互认，各州文教部部长联席会议（KMK）于2006年确定了各州高教事务立法的核心领域（Kernbereiche）。在这一规定指导下，各州《高校法》对包括发展规划、制度建设、学生事务、人才培养、专业设置、科学研究、机构设置、高校各人员群体的聘任和选举、经费管理、招生录取、专业质量认证、私立高校机构认证、医学院等高校建设和运行的各领域事务都有详尽规定，内容甚至细化到学生交通票、学期和假期时间等事务。在及时适应高等教育发展的最新形势方面，州议会可以很快推动对高校法实施修订。比如2020年新型冠状病毒肺炎疫情暴发后，各州当年就在高校法中加入了关于教学、人事、学生权益等内容在疫情期间的过渡措施。在《高校法》的原则下，各高校再分别制定章程，拟定教学、考试、攻读博士学位等条例，实施校内事务的依法治理。

目前，高等教育管辖权的分配是联邦和各州长期博弈的结果。第二次世界大战后，为避免高等教育沦为纳粹意识形态宣教工具的惨痛教训重演，"去中心化"成为德国教育政策的一个核心原则。直至21世纪初，联邦政府在高等教育事务中的权限都在被持续削弱。标志性事件之一是2005年起实施的联邦制改革（Förderalismusreform）。该项改革一是取消了联邦制定具有统领作用

---

① Gemeinsame Wissenschaftskonferenz.Förderung von Hochschulen.GWK［R/OL］.（2022-01-05）［2022-04-19］https://www.gwk-bonn.de/themen/foerderung-von-hochschulen/hochschulpakt-zukunftsvertrag/hochschulpakt-2020.

的框架性法律的权限，导致1976年颁布的《高等教育框架法》自此名存实亡。二是修订《基本法》，规定高校建设和教育规划不再属于联邦和各州的"共同任务"，而转归各州独有，造就了著名的"合作禁令"。2015年，联邦政府扳回一局，推动修订《基本法》91条b1款，其最新表述为："联邦和各州可以在达成协定基础上，在跨区域具有重要意义的科研和教学资助中开展合作。以高等教育为重点的协定，须征得所有州的同意。这一要求不涉及关于包括大型设备在内的研究设施"①。据此，联邦只要能和相关州达成协定，并征得所有州的同意，就可以长期参与任意地区的，以全面提升德国高校和科研整体水平、打造卓越高校和科研机构为目标的高校事务。

（二）高校的内部组成机构：分散与集中

一所典型的德国公立高校的内部组成机构分为分散式机构和集中机构两类。分散式机构指学院、学部、系等学术机构，以及学术机构的下属单位，比如学院所属的研究所或服务机构等。集中机构则囊括所有设置在学校层面且不隶属于某一院系的领导、决策、管理、服务和研究机构。具体包括：校长和副校长组成的校长委员会；学术评议会、学术评议会扩大会议、理事会等高校主要成员代表组建的，实际参与议事和决策的团体；学术评议会牵头设立的，负责为科研、教学、规划等问题提供专业咨询的各类常设委员会；行政管理机构，通常包括学生、人事、财务、基建、科研、国际合作等部门；跨学科的服务机构，如图书馆、体育中心、信息中心、语言中心等；各类跨学科运作的中心研究所（Zentraleinrichtung & Zentralinstitut），如柏林自由大学的肯尼迪北美研究所、柏林工大的教育学院等。此类研究所往往兼具科研和人才培养功能，部分依靠第三方经费资助运营。②

---

① Bundesrepublik Deutschland.Grundgesetz für die Bundesrepublik Deutschland［EB/OL］.（2020-09-29）［2022-05-02］. https://www.gesetze-im-internet.de/gg/BJNR000010949.html.
② HEIL F.Das deutsche Hochschulsystem：Typen，Abschlüsse，Struktur［J/OL］.（2022-01-06）［2022-05-08］. https://www.academics.de/ratgeber/hochschulsystem-deutschland#subnav_struktur_ und_organisation_der_staatlichen_hochschulen.

校长是高校对外事务的最高代表，也是校内学术人员群体的杰出代表，需要兼具卓越的科研能力和高超的管理水平。高校在校长职位出现空缺时公开发布遴选启示，符合条件的竞聘者的申请材料被提交到学术评议会。学术评议会对申请材料审核后，结合理事会的建议，提出候选人名单。之后，学术评议会扩大会议投票选举产生新任校长人选。当选者由州政府官方任命，任期一般为6年。投票第一轮需绝对多数票，第二轮为简单多数票。如果两轮投票均无人获胜，则第三轮投票在排名前两位的候选人之间展开，获简单多数票者获胜。

教务长在校长委员会中有一席之地，一般属于校领导。教务长作为高校行政事务部门的最高领导，是一个特殊的实权派职位。其不需要具备学术背景，职责通常是参与和决策所有学校层面涉及经费预算、固定资产、内部管理的事务。各州有关教务长身份和任命程序的规定不尽相同。在巴登符腾堡等少数联邦州，教务长享有很大的自主权，开展各类工作无需向校长汇报。在一些州，教务长通过理事会投票选举产生，而在另一些州，教务长则需经过公开招聘、学术评议会提名等流程后，由州教科部部长直接任命。[①]

（三）学术自我管理

德国高校运行的核心原则是学术自我管理。这一原则意味着，高校主要通过以学术评议会为中心的、由高校各主要成员群体组成的各类委员会进行议事和决策。以柏林州为例，学术评议会最多包含25名成员。其中，高校教师（教授）群体占多数（13人），服务、管理人员和学生代表各4人，校长担任学术评议会主席。在这一原则下，学术评议会而非校领导班子才是高校决策的核心。

各州高校法和各高校章程都对学术评议会的职责有详细规定。该机构负责对学校层面的科研、教学等学术事务，以及发展规划、章程条例、人事财务

---

① HEIL F.Kanzler einer Universität：Voraussetzungen，Aufgaben，Gehalt［J/OL］.（2022-01-06）［2022-05-08］. https://www.academics.de/ratgeber/kanzler-uni.

等事项提出动议、进行决策或提出建议。动议事项包括学校发展规划方案、院系等机构设立和取缔等。决策事项包括学校预算、校级协议、校级章程和规定、跨学科执行的学习、考试、研究条例等。此外,学术评议会还负责确认校长、副校长的选举结果,并对教授聘任、学校建设和投资规划等事项作出建议。

学术评议会扩大会议的主要任务是投票选举校长、副校长、教务长,以及理事会成员等。在柏林州,该机构有61名成员,除了高校教师须比半数多1人,其他成员群体人数相等。

学术评议会按必要性原则分主题设置常设委员会,如发展规划、教学、科研、预算、妇女、科研后备人才等。委员会负责为学术评议会决策提供专业咨询。其中,涉及科研的委员会半数以上成员须为高校教师,涉及教学的委员会半数以上成员须为学生。

高校学术自我管理的核心群体是以教授为代表的高校教师。近年来,高校教师群体在高校治理中的工作量在持续增加。调查显示,德国高校学术人员用于学术自我管理以及准备各类申报、申请等事务性工作的时间占到了工作总时长的40%。而在50年前,他们可以将72%的工作时间用于研究和教学。学者参与学术自我管理的常规工作不领取报酬,但在部分州,担任系主任、院长,以及专门事务负责人(Beauftragte)等行政职务可获得每月数百欧元不等的岗位津贴。[①]

(四)招生录取:普遍权利与名额限制

原则上,每一名德国公民,以及享受与德国公民同等权利的人,只要具备了德国高等学校普遍入学资格(Allgemeine Hochschulreife),就有权利进入高校学习。这一原则体现3层含义。第一,德国高校采取的是一种"申请—入学"制的准入制度,高校普遍入学资格一般指取得文理高中毕业文凭或其他等

---

① HEIL F.Mitarbeit in der akademischen Selbstverwaltung:Gremien, Aufgaben, Vergütung [N/OL].(2022-01)[2022-05-08]. https://www.academics.de/ratgeber/akademische-selbstverwaltung.

值学历，而非类似中国高考的竞争性和选拔性考试。第二，欧盟和欧洲经济区成员国公民、在德国就读高中的外国公民均被视为与德国公民同权。欧洲文理学校毕业文凭被视为与德国高校入学资格等值。第三，少数特殊高校和学科专业对申请者在技能方面设有特定要求，如艺术和音乐天赋、某些外语水平、某类实习经历，为此申请者还需通过高校组织的特定能力测试。

在招生录取实践中，往往出现热门专业供不应求的现象。为此，高校可向所在州的主管部门申请设置招生数量限制专业（numerus clausus），确定某一专业可招生名额上限。目前，医学、药学、兽医和牙医是全国性的限制专业。此外，各州按照当地情况动态设置地区性限制专业。据统计，德国高校开设专业的约40%为限制专业，其中应用科学大学的比例（45%）高于综合性大学（37%）。限制专业比例地区差异明显，柏林和汉堡高校占比均超过所在区域全部专业的60%。这一分布状况既反映出应用型高等教育受就业市场认同度较高，也从一定程度上体现了近年德国青年人的主要流入地区分布。①

全国性限制专业的申请、遴选和录取工作由德国高校招生基金会（Stiftung für Hochschulzulassung）通过集中程序来实施。对地区性限制专业，各州均将一定比例的招生名额预留给国际学生和特殊群体，如柏林州把名额的5%的留给国际学生；剩余名额进入标准分配程序，通常20%完全按普通高中毕业成绩排名分配，20%按轮候时间分配，60%由高校按自主流程分配。在自主流程中，高中毕业成绩也占最重要权重，其他考量因素包括单科成绩、笔试和面试成绩、职业经历和区域倾斜政策等。②

四、教授：高等学校的核心群体

德国高校科学研究和人才培养任务是通过以教授为核心组建的各类群体

---

① GEHLKE A, HACHMEISTER C-D, LARS H.Der CHE Numerus Clausus-Check 2018/19：Eine Analyse des Anteils von NC-Studiengängen in den einzelnen Bundesländern［M］.Gütersloh：CHE gemeinnütziges Centrum für Hochschulentwicklung, 2018：6-7.
② Gesetz über die Zulassung zu den Hochschulen des Landes Berlin in zulassungs beschränkten Studiengängen［EB/OL］.（2019-10-09）［2022-04-22］.https://www.berlin.de/sen/frauen/recht/berlhg/.

来开展的。教授从任务分工上看属于实际上的"领导者",从数量比例上看,属于绝对的精英群体。德国高校从事科学和艺术工作的学术人员总数 39.4 万人,其中教授 4.7 万人,占比仅 12%。在侧重科研的综合性大学,教授比例则更低,仅为 8%[①]。

德国教授从种类上分为全职教授、兼职教授、基金教授、青年教授等。从薪资级别上通常分为 W1、W2 和 W3 三级[②]。W1 级教授一般为青年教授(Juniorprofessor),教职为非终生制,聘期多为 6 年,其间具有公务员身份,非升即走。W2 和 W3 级教授在任职要求、聘任程序、权利义务、公务员身份等方面均区别不大。不同之处,一是在教席,二是在工资水平。综合性大学的 W3 级教授大多有自己的教席,这也意味着拥有相对宽裕的预算和自己的研究助理团队。而 W2 级教授没有教席。在综合性大学中,W3 级教授数量明显多于 W2 级教授,而应用科学大学则以 W2 级教授群体为主。W1 级教授的基本税前月薪一般不足 5000 欧元,W2 和 W3 教授则分别在 6000 欧元和 7000 欧元上下,各州之间存在一定差异。[③]

高校某一学科的教授职位出现空缺时,需面向社会公开招聘。学校组建由高校教师、学术人员和学生代表组成的教授任命委员会,其中高校教师席位须过半。教授任命委员会对接收到的申请材料进行初审,从中筛选和邀请少数申请者进行试讲,之后形成一份由 3 名最终候选人组成的、按建议优先级排列的建议名单[④]。名单经过校长委员会确认后,提交到州高教主管部门,由州政府决定将教授职位授予 3 人名单中的一位候选人。近年来,北威、石荷、勃兰登堡等州也把教授任命的决定权下放给了高校。为了避免近亲繁殖和裙带

---

① Autorengruppe Bildungsberichterstattung.Bildung in Deutschland 2020 [R]. Bielefeld:wbv Publikation,2020.
② 这是《联邦和各州薪金法》对具有公务员身份的高校教师的薪金等级划分。字母 W 代表德文"科学"(wissenschaft)一词。2005 年以前,按照旧体系的德国教授分级为 C1—C4 四个等级。
③ WILDE A,SCHADE M.Gehalt Professor:Was verdient ein Professor?[J/OL].(2022-01)[2022-05-22]. https://www.academics.de/ratgeber/gehalt-professor-was-verdient-ein-professor.
④ 教授聘任最终 3 人候选名单的优先级按照拉丁文 primo loco(第一),secondo loco(第二),tertio loco(第三)进行标注。候选人即使未能获得教职,其进入最终 3 人名单的经历,以及在名单中的排位都被视为学术生涯的重要履历。

关系，教授聘任遵循"内部任命禁令"，即任何申请 W2 以上教授职位者原则上不允许与他们申请教职的高校存在雇佣关系。这一禁令不涉及从青年教授申请转任终身教授的情况。但部分联邦州近年对该禁令有所放宽。[1]

德国高校教授选聘标准严苛，竞争激烈。据统计，2017 年德国共有 45378 份教授职位申请，但仅 872 人获得终身教授职位[2]，成功率不到 1/50。这一现象虽然被认为有效地保障了德国高校科研和教学的高质量，但也催生了一个饱受诟病的制度顽疾，即绝大多数学术人员的有限聘期。在德国，一名学术人员成为终身教授以前，在同一所高校的聘期最长不超过 12 年（医学除外）。一般来讲，他可以在前 6 年内取得博士学位，在此后的博士后阶段，再获得最多 6 年聘期。这意味着 90% 的科研、教学和艺术人员都靠短期合同为生。大量处在创造力黄金时期的青年学者居无定所，难以靠吃学术饭长期维持安稳体面的生活。

引入终身轨道教职制度（Tenure Track）是德国政府为推动缓解上述矛盾、提升青年科学家学术道路的可预测性和长期前景、增强其创新活力采取的措施之一。终身轨道教职的聘期也是 6 年。选择这一道路的青年学者 6 年后只要满足事先约定的科研绩效并通过考核，则可自动获得所在高校的终身教授资格。相比之下，传统的青年教授在 6 年聘期结束后需要参加正式的教授聘任程序，之后才能获得成为终身教授的机会。2017 年，联邦教研部启动"联邦—各州青年科学家促进计划"，支持在高校设立 1000 个终身轨道教授职位，职位获得者成功任终身教授后，空出的终身轨道教职将不断被循环使用。按目前计划，该项目将至少执行至 2032 年。[3]

---

① FÄRBER C，SPANGENBERG U.Wie werden Professuren besetzt? Chancengleichheit in Berufungsverfahren［M］. campus Verlag：Frankfurt/New York；2008.

② BARTHOLD HANS-MARTIN.Karriere in der Wissenschaft – Der steinige Weg zur Professur［J/OL］.（2018-08-15）［2022-4-29］. https://www.berufsreport.com/karriere-in-der-wissenschaft-der-steinige-weg-zur-professur/.

③ BMBF.Bekanntmachung：Richtlinie zum Bund-Länder-Programm zur Förderung des wissenschaftlichen Nachwuchses（Zweite Bewilligungsrunde）［M/OL］. Bundesanzeiger vom 22.05.2018［2022-05-21］ https://www.bmbf.de/bmbf/de/ forschung/wissenschaftlicher-nachwuchs/das-tenure-track-programm/das-tenure-track-programm_node.html.

五、认证：高等教育的质量守护

（一）专业认证

专业认证是德国高等教育的重要组成部分。20世纪90年代以前，德国高校尚没有以绩效考核和评比来考察教学质量的惯例。90年代中后期，博洛尼亚进程带来的学制变革把德国高等教育置于与欧洲乃至全世界直接对比之下，面临愈加激烈的国际竞争。政治界意识到，高校自身应承担起对教学、科研和管理过程实施质量控制的责任。为此，一系列措施相继出台，如强调课程模块化、建立学分制、设立致力于德国高校专业水平评比和研究的德国高校发展中心（Centrum für Hochschulentwicklung，缩写CHE）等。1998年，各州文教部部长联席会议正式通过决议成立认证委员会（Akkreditierungsrat），建立起了沿用至今的德国高等教育认证体系[①]。

这一体系分为3级。第一级是各州文教部部长联席会议，任务是确定认证工作的基本原则并拟定各州共同的框架性规范。第二级是认证委员会，主要负责对专业认证机构（Agentur）进行评估和认证，授予合格的专业认证机构准入认可，并将其等级列入欧洲质量保证注册目录（EQA Register）。2017年，全体联邦州签署《关于组建联合认证系统的各州条约》，把认证委员会改制为认证委员会基金会，并对其功能加以拓展。第三级是具体面向高校实施认证工作的专业认证机构。经认证委员会认可的专业认证机构共有11家，包括工程教育认证机构ASIIN、专业认证质量保障机构AQAS，以及认证、证明与质量保障机构ACQUIN等。

专业认证分为项目认证、系统认证和替代认证3种类型。项目认证的对象是由公立高校或国家认可的私立高校开设的学士和硕士专业，通过认证的专业

[①] Kultusministerkonferenz.Einführung eines Akkreditierungsverfahrens für Bachelor-/Bakkalaureus- und Master-/Magisterstudiengänge：Beschluss der Kultusministerkonferenz vom 03.12.1998［M］.［2022-04-26］. https://www.kmk.org/fileadmin/veroeffentlichungen_beschluesse/ 1998/1998_12_03-Bachelor-Master-Akkred.pdf.

获得认证委员会证书。部分在某些指标尚需整改的专业也可获得有预设条件的认证。如果具有合理理由，高校也可申请对多个专业的捆绑认证。系统认证指对高校的质量保障体系进行认证，通过系统认证后，高校可自主对所开设专业进行质量审查并授予认证委员会证书。两种认证均由专业认证机构组建专家团队来实施，评估报告提交给认证委员会，后者决定认证是否通过。替代认证是2017年各州条约中出台的新举措。高校在经过认证委员会和所在州教育主管部门同意后，可以自行、独立开发替代认证程序。替代程序在经过认证委员会认可后，可替代系统或项目认证。这实际上是赋予高校的自我认证权。

绝大部分州的《高校法》规定，学士和硕士专业原则上均须通过专业认证。认证的目的一是确保教学质量，促进教师发展；二是提升学生流动性；三是提高学位的国际可比性；四是增强学生、用人单位和高校对博洛尼亚进程后引入的学士/硕士二级新学制的理解；五是提升专业内课程的透明度。截至2021年1月，全德国有99所高等教育机构获得系统认证，6600个本科和6400个硕士专业通过项目认证[①]。

（二）机构认证

机构认证是国家对非公有法人主体举办高等教育机构的设立的准入性认证。其具体实施工作由科学评议会（Wissenschaftsrat，缩写WR）负责。私立高校在办学的规划筹备期即须向科学评议会提交相关申请材料。获得认证的前提是私立高校举办者尊重自由民主价值观、具备大学运作所需的专业知识和可靠性、能够履行法律规定的高校的基本功能、学校开设有多个并行或具有递进层次关系的专业，以及全职教师承担一半以上教学任务等。办学规划文件需证明高校能按照其设定的任务正常运作，办学资金得到保障，即使中止办学，在校学生也能顺利完成学业。通过认证后，私立高等教育机构在规定的时限内获得"国家认可"，具备开设高等教育课程、实施考试、授予高等教育学位的权

---

① Stiftung Akkreditierungsrat.Tätigkeitsbericht 2020［R］. Bonn：Geschäftsstelle der Stiftung Akkreditierungsrat，2021.

利，同时接受国家监管。认证有效期一般为5年或10年。认证既可授予某所高校，也可只授予特定专业，特别是私立高校的博士学位授予权需专门申请认证。[①] 截至2022年3月，科学评议会已为236份非公立高等教育机构的机构认证申请进行了评审，其中21份未通过[②]。

六、国际化：高等教育的横截面任务

（一）目标与任务

科学无国界。高等学校作为高深知识的生产和传承之地，国际化是其与生俱来的特质。大学校长联席会议（Hochschulrektorenkonferenz，缩写HRK）在其国际化战略中提出："未来高校的形态就是跨境高校。面向未来的高校需要在一切可设想的工作元素中都把自己视为正在形成的全球高校共同体的一部分，并在其中活跃起来。"[③]

德国高等教育国际化的主要任务包括提升高校的教学和科研水平、培养和吸引一流学生、招徕全球高端人才、提升高校的国际声誉和国际竞争力、推广德国高等教育模式，以及改善德国对外形象等。作为一个以公立机构为主的系统，创造经济收益不是其国际化的首要目的。

在德国，高等教育国际化被视为"长官任务"，通过自上而下制定的战略和政策来推进。在国家层面，联邦和各州共同制定有《高校国际化共同战略》。联邦教研部2017年最新发布了《联邦政府关于教育、科学和研究的国际化战略》。此外，超过3/4的德国高校制定有自己的国际化战略文件。

联邦和各州《高校国际化共同战略》指出："对于每一所高校，国际化都

---

① Wissenschaftsrat.Leitfaden der Institutionellen Akkreditierung nichtstaatlicher Hochschulen［R］. Berlin：WR，2015.

② Wissenschaftsrat.Liste der abgeschlossenen Akkreditierungsverfahren［R］.（2022-04）［2022-04-30］. https://www.wissenschaftsrat.de/download/2022/Akkreditierungen_abgeschlossen.pdf?__blob=publicationFile&v=8.

③ Hochschulrektorenkonferenz.Internationale Strategie der Hochschulrektorenkonferenz－Grundlagen und Leitlinien，Entschließung der 4.Mitgliederversammlung am 18.11.2008［R］. Bonn：HRK，2008.

应是一项涉及所有院系和部门的'横截面任务',需要很好融入学校已有的优势和已建立的联系中去。①"因此,国际化涉及包括科研、教学、管理、行政、继续教育,以及服务单位等在内的高校的所有组成部分。

联邦和各州推进高教国际化的共同任务包含九大行动领域,分别是:①推动高校制定自己的国际化战略;②联邦和各州分别完善涉及高校国际化的法律框架;③打造高校对外"欢迎文化",建立"欢迎中心";④建设国际化的校园——包含了师生结构、课程内容、外语培训等内容;⑤增加大学生在学期间出国留学经历——2020年的目标是50%学生有出国交流学习经历,1/3学生在国外逗留至少3个月或取得15个欧洲学分(ECTS);⑥提升德国作为留学目的国的吸引力——2020年国际学生的目标人数是35万人;⑦吸引更多优秀科研人才来德工作;⑧加强国际科研合作;⑨支持德国高校跨境办学。②

高教和科研资助组织是高教国际化的重要支持和实施机构。最重要的有4家:一是德国学术交流中心,负责资助师生双向流动、高校校际合作和跨境办学。二是亚历山大·冯·洪堡基金会,通过提供丰厚的奖学金支持博士以上的国外高层次人才来德研修,并建有一张遍布全球、由超过3万名洪堡学者组成的高端人才网络。三是德国科学基金会,主要以项目方式资助德国高校对外开展高水平科研合作,如著名的"国际博士研究生院",目前为35对德国和国外高校提供资助。四是大学校长联席会议,通过发布信息开展调研、提供咨询、专业指导等方式支持高校参与国际化。

(二)水平与现状

英国文化教育协会(British Council)委托美国国际教育工作者协会(NAFSA)面向欧洲11国,以及美国、中国、印度、巴西4国开展的一项研究表明,从国际化战略制定、学生国际流动、国际科研合作、跨境高等教育、

---

①② Gemeinsame Wissenschaftskonferenz.Strategie der Wissenschaftsminister/innen von Bund und Länder für die Internationalisierung der Hochschulen in Deutschland [R]. Bonn: GWK, 2013.

国际化举措的延续性等指标衡量，德国高教国际化水平属于各国第一梯队。[1]

但是，不同类型的德国高校的国际化指标呈现明显的差异。综合性大学总体上比应用科学大学更国际化。比如，综合性大学外籍教授占比为8.7%，国际学生占比10.9%，应用科学大学则分别只有2.4%和6.8%。综合性大学平均每名教授参与的国际合作项目数为0.49个，比应用科学大学高出近一倍（0.29个）。[2] 究其原因，应用型高校办学更强调产教融合，更注重服务区域经济和产业需要，因此，作为区域内企业合作伙伴的地位要明显高于外国高校。

在国际学生方面，德国高校2020—2021学年的国际学生[3]数约为32.5万人，约占大学生总数的11.0%。自2008年以来，国际学生数从不足18万人一直持续增加，新冠肺炎疫情也未对此趋势带来实质性改变。亚太地区是德国国际学生最重要的来源地区，占比31%，其次是北非和中东（20%）以及西欧（17%）。居前三位的生源国分别是中国（40100人）、印度（28500人）和叙利亚（16900人）[4]。

在出国留学方面，2019年，有13.8万名德国大学生在国外学习，其中绝大部分（约90%）为学位生。最受德国学生欢迎的目的地国是奥地利、荷兰和英国。在短期交流方面，绝大多数德国学生选择英国、美国和法国。在不以攻读学位为目的的交流生方面，德国高校高年级学生具有海外访学经历的比例不到30%，要实现国际化战略设定的50%目标还任重道远。[5]

在教师和科研人员队伍方面，2020年，德国高校共聘任5.5万名外国国籍的科学和艺术人员。其中，教授3600名；外籍学术人员占比13.3%，教授占比7.2%。外籍教师最重要的来源地区是西欧，排前两位的是奥地利（20%）

---

[1] ILIEVA，J，KILLINGLEY P，TSILIGIRIS V.The Shape of Global Higher Education：International Comparisons with Europ［M］. British Council：Manchester，2019.
[2] HEUBLEIN U，HILLMANN J，etc.Wissenschaft Weltoffen 2019：Daten und Fakten zur Internationalität von Studium und Forschung in Deutschland［R］. wbv Media GmbH & Co.KG：Bielefeld，2019.
[3] 指拥有外国国籍且在德国以外的国家获得高校入学资格的学生。
[4][5] HEUBLEIN U，HILLMANN J，etc.Wissenschaft Weltoffen 2019：Daten und Fakten zur Internationalität von Studium und Forschung in Deutschland［R］. wbv Media GmbH & Co.KG：Bielefeld，2019：16－17.

和瑞士（9%）这两个德语区国家。科研人员的国际化程度更高。2019 年，四大校外研究机构工作的外籍科学家占比达 28%（1.4 万人），其中超过半数（55%）来自欧洲国家[①]。

高校校际合作自 2008 年以来经历了井喷式发展。德国高校与外国高校合作项目数量从 9700 余个增加到近 18000 个，增幅 84.4%。其中，大型高校表现尤为突出。大型综合性大学参与的国际项目数量从 2100 个增加到 5500 个，大型应用科学大学的项目则从 765 个增加到 2788 个。德国科学基金会 2019 年资助的 2.5 万个高校科研项目中，约 3200 个有国外高校参与。[②]

德国高等教育是一个庞大、复杂、古老的系统。这些创建自人类文艺复兴和启蒙时期的、具有光荣历史的科学殿堂，与诸如活字印刷术、马堡病毒、马格德堡半球、洪堡思想等一个个内化于其中的概念一起，宣示着其带给人类文明发展史的深刻影响。这是一个极其保守的系统，每一所高校、每一个学科，都好似坚固的堡垒，抵御着时代变迁带来的一次次冲击，坚守着其创造和传承知识的使命。这也是一个自我革新的系统，迈着迟缓却坚实的脚步，遵循着内在独有的运行逻辑，通过不断改革举措，滴水穿石般地改变着这一坚如磐石系统的形态，使其适应不断变化中的外部世界。博洛尼亚进程、终身轨道教席、双元制大学、卓越战略，这些"进行时"的概念都是这一恒久的动态进程在历史长河中留下的印记。

（作者简介：殷文，同济大学外事办公室副主任）

[①] HEUBLEIN U, HILLMANN J, etc.Wissenschaft Weltoffen 2019：Daten und Fakten zur Internationalität von Studium und Forschung in Deutschland［R］. wbv Media GmbH & Co.KG：Bielefeld，2019：106-107.

[②] DAAD，AvH，DFG，HRK（Hrsg.）.Internationalität an deutschen Hochschulen：HSI-Monitor Gesamtbericht 2019/2020［R］. Bonn：DAAD，2020.

趋同与特色：德国应用科学大学"应用型研究"的机遇与挑战

自 2019 年开始，德国的许多应用科学大学（Fachhochschule）开始陆续庆祝自己 50 年校庆。在过去的 50 年中，应用科学大学获得了巨大的成功，成了德国高等教育的重要标志。与德国的普通大学（Unviersität）相比，应用科学大学一般不具有科研职能。但是近年来，应用科学大学功能不断调整，"应用型研究"（angewandte Forschung）开始为应用科学大学所重视。在培育科研职能时，应用科学大学不得不面对科研资源的有限性，发展受到了来自大学科研"先发优势"的制约。

一、德国应用科学大学的科研定位与"应用型研究"

应用科学大学（university of applied sciences）是高等教育体系的重要组成部分，在欧洲的不同国家有不同的称谓，例如大学学院（university colleges）、技术学院或理工学院（institutes of technology，polytechnics）。应用科学大学通常从事本科阶段专业教育，是否承担科研职能，是应用科学大学与大学最为显著的差异所在。一些比较研究认为，欧洲的应用科学大学发展呈现出两种趋势，或者是与大学越来越近似，如挪威和爱尔兰的应用科学大学已经具有了博士授予权；或者是两者的差异依然稳固，如瑞士和德国。[1] 对大学和应用科

---

① LEPORI B，KYVIK S.The research mission of universities of applied sciences and the future configuration of higher education systems in Europe［J］. Higher Education Policy，2010，23（3）：295–316.

大学的分化与统一，一直存在着不同的观点。支持分化的观点认为，应该赋予应用科学大学明确的任务和特征；另一种观点则认为，应该有一个统一的高等教育系统，所有的学校都应该被称为大学（Universität）。[①] 在分化与统一的坐标轴之中，"应用型研究"处于中点位置，左右着德国高等教育系统的发展。

（一）科研功能：不同类型，同等重要？

德国是欧洲地区早期建立应用科学大学（Fachhochschule）的国家之一。当下，约有1/3的德国在校大学生在200多所应用科学大学中学习。尽管两者的职能存在着较大差异，德文也以"高校"（Hochschule）与大学（Universität）相区别，但是在对外宣传中仍然使用"（应用科学）大学"（university of applied sciences）的称谓。德国科学委员会（Wissenschaftsrat）曾经这样评价这一现象："这就意味着，德国高等教育体系中的'大学'（Universität）和英语世界中的大学'university'是不一致的……尽管在国际上被称为'（应用科学）大学'，但是（应用科学大学）在德国的高等教育系统之中却没有得到大学的地位。"[②]

"不同类型，同等重要"（andersartig, aber gleichwertig）是德国应用科学大学与大学间关系的理想表达。"不同类型"是对两种学校功能的事实判断，"同等重要"则体现了德国高等教育体系，特别是应用科学大学的价值追求。"德国高等教育系统的版图一直处于变化之中。长期以来，高等教育的角色和任务相对稳定，大学在一端，应用科学大学在另一端。大学的核心是以科学为基础的教学，以基础为导向的科研，培养科学的继承者；应用科学大学，则关注于实践导向的教学。在高等教育政策实践过程中，大学和应用科学大学的不

[①] ZIEGELE F, ROESSLER I, MORDHORST L. Hochschultyp im Wandel? Zur zukünftigen Rolle der Fachhochschulen im deutschen Hochschulsystem [R]. Centrum für Hochschulentwicklung, 2016: 5.
[②] Wissenschaftsrat. Empfehlungen zur Rolle der Fachhochschulen im Hochschulsystem [R]. Berlin, 2010-07-02: Bl.

同特色具有同等重要的价值。"①

大学与应用科学大学的分化,受到了公共政策的驱动。"为了能够区分高等教育领域的质量,资源的分配需要措施和工具"。② 应用科学大学被视为德国高等教育体系差异化的标志。一些联邦州,如巴伐利亚州就在高等教育发展的纲领性文件《大学和应用科学大学的关系》(*Verhältnisse von Universitäten und Fachhochschule*)中提出:"巴伐利亚州的大学认为,明确大学和应用科学大学之间的制度差异,在差异化和合作的基础上,继续突出特色。"③

从功能出发,两者之间的差异体现在科研工作上,有研究者认为:"应用科学大学=教学+转化;大学=教学+科研。"④ 科研被视为是两者差异的核心所在。具体而言,应用科学大学与大学的差异主要体现为:没有博士培养权、科研缺乏基本经费、没有明确的特色和使命、应用科学大学学生人数相对少,教授没有独立的晋升体系。⑤ 其中,博士培养权、科研经费、发展特色和教授晋升都与科研紧密联系。

与大学相比,教学一直是应用科学大学的重点工作。教师的时间和精力是有限的,"科研与教学不可兼得"(Wer forscht, lehrt nicht, und umgekehrt)。应用科学大学的教学与中学类似,通常有较为明确的课程、更多的讲授和测试,"每周18个课时的教学量明显高于他们在大学的同事(8小时的课时量)。"⑥

有研究者从"学术化"的阻力角度分析了分化的原因。一方面,"经济界

---

① ENDERS J.Differenzierung im deutschen Hochschulsystem [M]. Handbuch Wissenschaftspolitik. Wiesbaden: Springer Fachmedien, 2016: 513.
②③ ERICH K.Die Exzellenzinitiative und die Fachhochschulen [J]. Beiträge zur Hochschulforschung IHF, 2009 (1): 62-72.
④ DUONG S, HACHMEISTER C D, ROESSLER I.Gleichzeitigkeit des Ungleichzeitigen? Lage und Zukunft von Fachhochschulen im Hochschulsystem aus Sicht von Fachhochschulleitungen [R]. Centrum für Hochschulentwicklung, 2014: 7-9.
⑤ ZIEGELE F, ROESSLER I, MORDHORST L.Hochschultyp im Wandel? Zur zukünftigen Rolle der Fachhochschulen im deutschen Hochschulsystem [R]. Centrum für Hochschulentwicklung, 2016: 4.
⑥ ENDERS J.Differenzierung im deutschen Hochschulsystem [M]. Handbuch Wissenschaftspolitik. Wiesbaden: Springer Fachmedien, 2016: 507.

与学术界的价值取向具有本质的不同。相比学术地位提升，经济界更加关注应用科学大学如何保证高效的人才培养，并对直接服务于生产活动的研发更感兴趣，这与'无目的'的'洪堡传统'格格不入。"① 另一方面，大学是高等教育分化的既得利益者，因此也是高等教育分化的支持者。应用科学大学向大学趋同"对公共财政造成了负担，也会对大学的科研形成压力。从保障大学质量的利益而言，很难被大学接受。因此应用科学大学建立科研机构，聘用学术工作人员，都很难被接受"。②

尽管德国的应用科学大学具有办学特色，③ 但科研差异导致"同等重要"的目标在"不同类型"的基础上难以实现，因为"在德国，许多大学都将科研作为最重要的属性，教学被放在了二线；在日常生活中，教学也处于科研的阴影之中。"④ "学术化"一直是应用科学大学发展过程中追求的目标

（二）"学术漂移"：分段出发，同时到达?

自应用科学大学诞生之日起，就没有放弃对趋同的追求，"从比较的视角出发，德国的应用科学大学可以被视为欧洲大学最有野心的第二选择。"⑤ 在德国高等教育研究学术期刊《新高校》(*Die Neue Hochschule*) 之中，最为常见的议题是改进应用科学大学的研究条件，为应用科学大学争取博士培养的权利。⑥

从 20 世纪 70 年代开始，应用科学大学出现了所谓的"学术漂移"

---

① 高帆，赵志群. 德国应用科学大学的学术化困境 [J]. 比较教育研究，2019 (9)：74-81.
② ERICH K.Die Exzellenzinitiative und die Fachhochschulen [J]. Beiträge zur Hochschulforschung, 2009 (1)：62-72.
③ 孙进. 德国应用科学大学的办学特色——类型特色与院校特色分析 [J]. 比较教育研究，2011 (10)：66-70.
④ Kultusministerkonferenz.Wettbewerb exzellente Lehre：Eine gemeinsame Initiative der Kultusministerkonferenz und des Stifterverbands für die deutsche Wissenschaft [R]. 2008-03-06：1.
⑤ KLUMPP M，TEICHLER U .German Fachhochschulen：Towards the End of a Success Story? [M]. Non–University Higher Education in Europe.Springer Netherlands，2008：119.
⑥ VOGEL M P .The professionalism of professors at German Fachhochschulen [J]. Studies in Higher Education, 2009, 34 (8)：873-888.

（academic drift）现象。著名的教育史研究者尼夫（Neave Geave）认为科研倾向已经成为应用科学大学的普遍趋势。这一现象不仅出现在英国的科技大学，更成为20世纪60年代出现的"第二代学院"（second generation institutes）的共同特征，"由于经济和技术发展的相似性，带来了制度答案的相似性"。① 这一过程并非是自身驱动的结果，"漂移"意味着"政策带来了意外的效果，因为如果没有政策区分出了两种类型的高等教育，那就不用在两条道路中做取舍"。② 其后，一些研究进一步对应用科学大学的学术化现象进行了合理化解释，其中包括改进职业教育和职业实践，使应用科学大学成为本土的知识生产者等。③

与之相对，大学也开始出现所谓的"实践漂移"，"越来越多拥有进入大学机会的学生进入了应用科学大学，他们中有许多人的父母都是学者；越来越多的大学学生的学习动机也是职业导向的"④。伴随着应用科学大学的发展，已经有德国研究者认为德国高等教育开始出现"统一系统"（Einheitssystem）的趋向。⑤ 唯一需要关心的问题是应用科学大学"水平向上"（Nivellierung nach oben）⑥，即职业教育的科学价值提升会达到什么样的程度？在分化和趋同两种趋势的共同作用下，"应用型研究"应运而生。

（三）"应用型研究"：应用科学大学的科研工作

应用科学大学完成的科研工作通常被称为"应用型研究"（angewandte Forschung）或"应用导向的科研"（anwendungsorientierte Forschung），"用于

---

①② NEAVE G.Academic drift: Some views from Europe [J]. Studies in higher education, 1979, 4 (2): 143-159.
③ KYVIK S, LEPORI B.The Research Mission of Higher Education Institutions Outside the University Sector [M]. Springer, 2010: 45, 25.
④ ENDERS J.Differenzierung im deutschen Hochschulsystem [M]. Handbuch Wissenschaftspolitik. Wiesbaden: Springer Fachmedien, 2016: 506.
⑤ OTTO H, KRÜCKEN G.Hochschulen, Fragestellungen, Ergebnisse und Perspektiven der sozialwissenschaftlichen Hochschulforschung [M]. Wiesbaden: Sprigen VS, 2016: 106.
⑥ HILLMERT S, KRÖHNERT S.Differenzierung und Erfolg tertiärer Ausbildungen: die Berufsakademie im Vergleich [J]. German Journal of Human Resource Management, 2003, 17 (2): 195-214.

获取新知识的原创性工作。通常是为了实践应用或转化目标而进行的活动……'应用型研究'的成果通常是生产一种产品或一系列产品,以及加工一套程序、方法或系统。"① 大学的"基础研究"(Grundlagenforschung)将学科的发展和再殖、科学继承人的培养作为自己的重要目标。但是,应用科学大学的研发工作则将解决现实问题,转化科研成果作为重要目标。②

应用科学大学的科研工作主要是在合作的基础上完成的。"应用科学大学教授与企业和其他伙伴的合作,符合应用科学大学的特色。应用科学大学通过解决实践问题,体现了应用导向,通常还是跨学科的合作问题,获得了巨大的成功。应用科学大学主要关注经验知识或实践知识,构成了大学中的应用科学知识和企业的技术—实践'know-how'的桥梁"。③

在应用科学大学不断发展的背景下,我们不禁会问,"应用型研究"具备了哪些条件,面对着什么样的困难,最终能否帮助德国的应用科学大学完成"学术漂移"?对德国应用科学大学"应用型研究"的讨论,能够帮助我们更好地解释中国高等职业教育在科研探索中面临的问题。在前人研究的基础上,首先回顾应用科学大学的发展,从中可以理解"应用型研究"概念产生的背景;继而从科研制度的角度出发,讨论在向科研转轨的过程中"应用型科研"可能遭遇到的阻碍。从中可以发现,应用科学大学科研的限制与困境。

二、科研职能的发展与现状

直到 20 世纪 60 年代末,德国大学依然延续着从 19 世纪开始的高等教育传统,只有少数多学科高校能被称为"大学"(Universität)。20 世纪 50

---

① OECD.Froschung und The Measurement of Scientific and Technological Activities [C]. Frascati Manual 2002:Proposed Standard Practice for Surveys on Research and Experimental Development,2003.
② Wissenschaftsrat.Empfehlungen zur Rolle der Fachhochschulen im Hochschulsystem [R]. Berlin,2010-07-02:AII.
③ ERICH K.Die Exzellenzinitiative und die Fachhochschulen [J]. Beiträge zur Hochschulforschung,2009(1):62-72.

年代，联邦德国共有 18 所大学，13 所专业学校，以及 100 个小型教育机构（Einrichtung der Ausbildung），用于培养教师等专业人才。[1]

应用科学大学的产生，回应了德国高等教育的扩张需求。20 世纪 60 年代初，德国陷入了所谓"教育灾难"之中，"年轻的科学家在他们的祖国找不到工作。更为恶劣的是，人们不得不将他们的孩子接回家，因为学校里既没有老师，也没有教室。"[2] 面对着教育资源的匮乏，完成经济复兴的德国以教育扩张的方式践行"所有人的教育"（Bildung für Alle）。在扩张已有大学规模的同时，德国开始建立新形式的大学：应用科学大学。

依据 1968 年 10 月德国部长会议（Konferenz der Ministerpräsidenten）的决议，应用科学大学的学生培养是实践和工作导向的。"应用科学大学与大学的区别在于与实践关联的教学和更短的学习时间"[3]。从政策的角度而言，应用科学大学"能够用更为俭省的方式满足对教育日渐增加的需要"[4]。与此同时，西德地区对工程师教育的需求也得到满足。[5] 到 1975 年，西德共建成 97 所应用科学大学，学生数量占总人数的 18%。一直到 70 年代末，应用科学大学的成立热潮才告一段落。[6]

在应用科学大学发展初期，科研没有成为应用科学大学的基本工作。直到 1985 年，在现实需求的推动下，德国的高等教育框架法（HRG）才提出应用科学大学聚焦于职业实践和就业导向的研发工作。[7] 其后，各个联

---

[1] ENDERS J.Differenzierung im deutschen Hochschulsystem [M]. Handbuch Wissenschaftspolitik. Wiesbaden：Springer Fachmedien, 2016：505.

[2] PICHT G.Die deutsche Bildungskatastrophe [M]. München：Deutscher Taschenbuch Verlag, 1965：16.

[3] ENDERS J.Differenzierung im deutschen Hochschulsystem [M]. Handbuch Wissenschaftspolitik. Wiesbaden：Springer Fachmedien, 2016：505.

[4] ENDERS J.Hochschulen und Fachhochschulen [M]. Handbuch Wissenschaftspolitik.VS Verlag für Sozialwissenschaften, 2010：445.

[5] HILLMERT S, KRÖHNERT S.Differenzierung und Erfolg tertiärer Ausbildungen：die Berufsakademie im Vergleich [J]. German Journal of Human Resource Management, 2003, 17（2）：195–214.

[6] ENDERS J.Hochschulen und Fachhochschulen [M]. Handbuch Wissenschaftspolitik.VS Verlag für Sozialwissenschaften, 2010：445.

[7] STEFFEN H, STEFFEN K.Differenzierung und Erfolg tertiärer Ausbildungen：die Berufsakademie im Vergleich [J]. Zeitschrift für Personalforschung, 2003（17）：196.

邦州都将科研视作应用科学大学的任务，但是在之前都加入了"应用相关（anwendungsbezogen）"或"实践导向（praxisnah）"的限定。当下，只有北威州的高等教育法在应用科学大学的"科研"职能前未加限定。

到1990年，德国共有122所应用科学大学，学生总数占所有大学生数量的23%。在两德统一以后，原民主德国的32所用科学大学也被纳入进德国的高等教育体系。[1] 此时，教学依然是应用科学大学的主要任务。表1[2]反映了20世纪90年代德国应用科学大学教师的工作内容，与大学教师相比，应用科学大学教师偏向教学，在科研工作中的投入时间极少。

表1　20世纪90年代德国大学和应用科学大学教授主要工作时间的比例

工作内容	大学 /%	应用科学大学 /%
教学活动	34	62
科研	37	17
管理	14	12
服务	8	7
其他	6	2

进入21世纪，应用科学大学迎来了重要的发展节点——博洛尼亚进程（Bologna process）。博洛尼亚进程旨在推进欧洲高等教育的一体化，不仅包括不同国家高等教育体系间的衔接，也包括不同类型的高等教育相互贯通。在博洛尼亚进程的推动下，德国大学与应用科学大学间的边界越来越模糊。[3] 应用科学大学的科研（Forschung an Fachhochschule）开始成为人们关注的议题。

---

[1] ENDERS J.Hochschulen und Fachhochschulen［M］. Handbuch Wissenschaftspolitik.VS Verlag für Sozialwissenschaften, 2010：445.
[2] J.ENDERS, U.TEICHLER.The academic profession in Germany［M］. The international academic profession.Princeton：The Canegie Foundation for the Advancement of Teaching, 1996：456.
[3] JOHANNA W, MARIJK VAN DER W, JEROEN H.Blurring boundaries：how the Bologna process changes the relationship between university and non - university higher education in Germany, the Netherlands and France［J］. Studies in Higher Education, 2008, 33（3）：217-231.

对当下德国高等教育的发展而言，"卓越计划"（Exzellenz Initiative）是又一个重要节点。在支持德国大学的"顶尖研究"（Spitzeforschung）的同时，德国联邦州开始有意识地支持非大学机构的科研工作，以达到"政策平衡"的目标①。2006年，时任德国教育与科研部部长的莎万（A.Schavan）明确提出要支持应用科学大学的科研工作："应用科学大学在应用导向的科研和实践导向的教学上，已经在德国的高等教育领域上做出了令人印象深刻的贡献。应用科学大学与企业密切合作，带来了重大的创新，为经济领域培养了大量的工作人员。我们要大力支持创新科研，因此到2008年时，我们会把应用科学大学的科研资金提高到现在的3倍。"②此后，德国一些联邦州逐渐将应用科学大学的科研经费纳入预算之中。③

从2006年开始，德国开始施行应用科学大学"校企合作科研"（Forschung an Fachhochschulen mit Unternehmen，FHprofUnt）、"未来工程师"（INgenieur Nachwuchs）和"特色—新技术"（Profil–Neue Technologien，ProfilNT）3个科研项目，以促进科学和技术的转化。④项目主要集中在工程、自然科学和经济学科领域。2007年，共有101所应用科学大学签订了314项合作协议，涉及金额达到6980万欧元。⑤到2019年，共计完成项目818项，投入2.42亿欧元。⑥"凭借这些项目，应用科学大学不仅成为企业重要的合作伙伴，同时能够在德国的科研体系中提升自己的竞争力。应用科学大学可以发掘自己的研究特色，找到自己的研究重点，成为跨学科的机构。"⑦

近10年来，应用科学大学的扩张趋势继续延续。2018年，德国境内共有高等学校426所。其中，应用科学大学216所，大学106所，管理类应用科学

---

① 王兆义.德国"卓越计划"结构性影响研究——基于应用科学大学的考察［J］.比较教育研究，2020（2）：97–104.
②③⑤ ERICH K.Die Exzellenzinitiative und die Fachhochschulen［J］.Beiträge zur Hochschulforschung，2009（1）：62–72.
④⑥⑦ Bundesministrium für Bildung und Forschung.Forschung an Fachhochschulen mit Unternehmen［N/OL］.（2019-01-16）［2020-01-31］.https://www.forschung-Fachhochschulen.de/massnahmen/fhprofunt.

大学 30 所，其他大学 74 所。①2019—2020 年冬季学期，德国在校大学生共计 289.2 万人，其中应用科学大学学生 102.2 万人，占总在校生的 35.4%（图 1）。2018 年，应用科学大学的平均规模是 5000 名在校生，在排名前十的应用科学大学中共学习着 17.6 万名学生，占了整个应用科学大学学生的 17.2%。②就规模而言，与一般的大学已经所差无几。

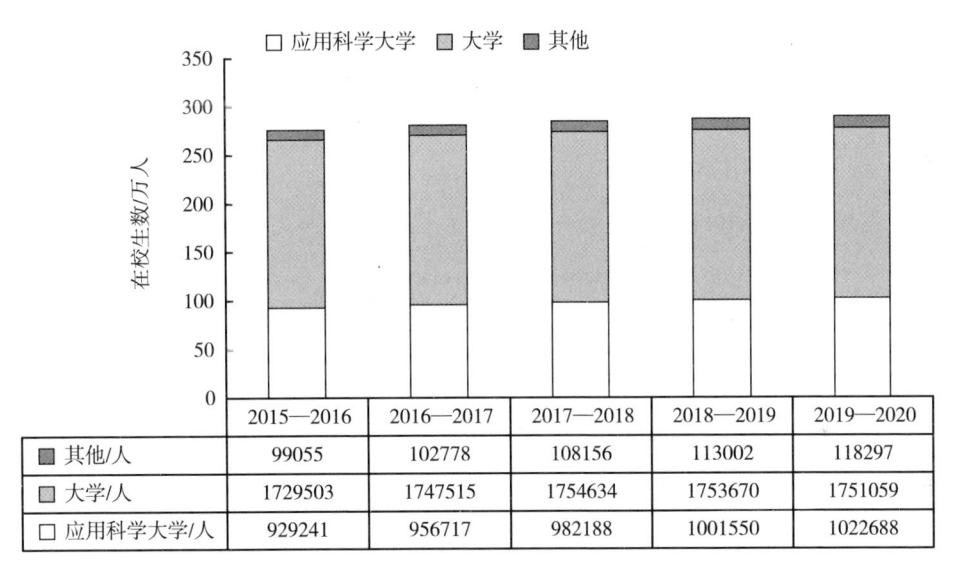

	2015—2016	2016—2017	2017—2018	2018—2019	2019—2020
其他/人	99055	102778	108156	113002	118297
大学/人	1729503	1747515	1754634	1753670	1751059
应用科学大学/人	929241	956717	982188	1001550	1022688

图 1　2015—2020 冬季学期德国高等教育在校生人数 ③

应用科学大学涉及的专业主要分为 3 类，第一类是传统的职业教育领域，包括技术、信息技术、建筑等工作，在大学中，也有类似的专业；第二类是一些新兴的行业，如社会工作、健康或应用心理学，大学通常只有一些基础类的学科，如社会学或心理学；第三类是诸如音乐、戏剧和其他艺术类型等在大学

---

① Statista. Hochschulen in Deutschland nach Hochschulart im Wintersemester bis 2018/2019［EB/OL］.（2020-03-19）［2023-03-06］. https://de.statista.com/statistik/daten/studie/247238/umfrage/hochschulen-in-deutschland-nach-hochschulart/#statisticContainer.
② HENDRIK L. 应用科学大学 50 年：德国应用型高效的成功模式及其发展前景［J］. 应用型高等教育，2019，4（2）：1-9，43.
③ Statistisches Bundesamt.Deutsche und ausländische Studierende und Studienanfänger/-innen im Wintersemester 2019/2020 nach Hochschularten und Ländern［EB/OL］.［2020-03-13］. Artikelnummer：2110410208005.

中很少见到的专业。在这些领域,"应用型研究"工作具有巨大的潜力,可以做出原创性的成果。

科研组织的实体化为科研工作提供了制度保障。为了支持应用科学大学的科研工作,一些应用科学大学设置了专门的科研机构,这些机构通常有不同的称谓:研究所(IN-Institute, An-Institute 或 At-insititute)、应用研究研究所(Institute für Angewandte Forschung)、研究点(Forschungsschwerpunkte)、研究所(Forschungsinstitute)或者中心研究所(Zentralinstitute)。通常,这些研究所有专门的场地,配备专职工作人员。学校通常以跨学科的整体形式投入,专门为"应用型研究"工作做支撑。

发展中的应用科学大学也在不断扩大自己的影响力。2004 年,由柏林经法大学(Hochschule für Wirtschaft und Recht Berlin)等若干应用科学大学组成了"七所应用科学大学"(Seven Universities of Applied Sciences,UAS7)联盟。[①] 2009 年,德国的 6 所工程类应用科学大学组成了"应用科学大学联盟"(Die HochschulAllianz für Angewandte Wissenschaften,HAWtech)。[②] 这些应用科学大学联盟的建立,提升了德国应用科学大学的国际影响力,许多德国的应用科学大学已经被纳入"欧洲大学联盟"(European University Association)名录中。许多应用科学大学的国际影响力已经不亚于德国的综合性大学。"应用科学大学的海外教育也不断地扩张和加强,形成了令人瞩目的国际化。这就意味着,非研究型大学的高校同样能够发挥超越地区的影响力"。[③]

在过去的 50 年中,德国应用科学大学的规模不断扩大。无论是法律制度、科研政策、市场需求、学科发展还是国际影响力,都形成了良好的储备。但是,在孵化科研职能的过程中,应用科学大学仍然面临着许多困难。以下从科研制度的角度出发,分析科研人员、经费,以及与大学之间的关系对应用科学

---

① UAS7.German Universities of Applied Sciences [N/OL]. [2020-03-08]. http://uas7.org/index.php.
② Die HochschulAllianz für Angewandte Wissenschaften.Starke Regionen, starke Hochschulen-Interessen verbinden [N/OL]. [2020-03-08]. https://www.hawtech.de/ueber-hawtech/die-hawtech/.
③ ENDERS J.Hochschulen und Fachhochschulen [M]. Handbuch Wissenschaftspolitik.VS Verlag für Sozialwissenschaften, 2010: 449.

大学产生的影响。从中可以发现，科研"后发"的应用科学大学，在各方面都受到了制约。

三、"应用型研究"的发展困境

"应用型研究"从理论上提供了应用科学大学从事科研工作的可能性，但是如果将科研工作理解为知识生产，就需要投入一定的生产要素，包括人力、资金，以及科研制度。但是，这些科研生产要素几乎被具有"先发优势"的大学独占，阻碍了科研"后发"的应用科学大学向科研轨道"变道"。

（一）人员

应用科学大学教师是"应用型研究"的主体。"应用型研究"能够凸显个人和学校的特长，建立与实践工作的联系，因此应用科学大学的教师有着巨大的科研热情。[①] 但是参与"应用型研究"时，应用科学大学教师仍然面临着多重困难。

第一，教学任务繁重。德国的大学教师有教学义务（Lehrverpflichtung），只有在完成教学任务后，才能自由安排科研工作。在谈及科研工作时，应用科学大学教师抱怨最多的就是课时量过多。2003年，德国文化部部长会议（Kultusministerkonferenz，KMK）最后一次对教师的课程工作量做了规定，要求应用科学大学教师每周完成18课时的课程。2008年，勃兰登堡州规定应用科学大学的教授如果将科研作为自己的工作重点，周课时量可以降至9课时，但是以科研作为重点工作的教授不能超过教授总数量的20%。然而，在实际工作中，很少有应用科学大学的教授享受这一政策。[②]

---

① CORT-DENIS H, SINDY D, ISABEL R.Forschung an Fachhochschulen aus der Innen-und Außenperspektive: Rolle der Forschung, Art und Umfang [R]. Centrum für Hochschulentwicklung, 2015 (1): 16, 25.
② KULICKE M, STAHLECKER T.The role of research in German universities of applied sciences [M]// The Research Mission of Higher Education Institutions outside the University Sector.Springer, Dordrecht, 2010: 160.

第二，科研资金不足。2017 年，德国应用科学大学教授接受的第三方资助平均为 3.35 万欧元，较前一年增长了 4.8%，仍远远低于德国高校教授 18.1 万欧元的平均值，更远远低于大学教授 31.04 万欧元的科研经费平均值。①

第三，科研力量缺乏。依据德国统计局的估算，2006 年科研领域中有 70600 名科学家在大学中工作，占整个高等教育领域的 71%，应用科学大学仅占科研人员的 3.4%（3400 人）。②想要完成科研工作，就需要接受更系统的学术训练，越来越多的应用科学大学教师要获得博士学位，甚至完成任教资格考试。③因而有研究者提议，对应用科学大学中的那些活跃的研究者，应该对他们进行特别的资助，在人员和设施上给予扶持，并降低课程负担。特别是要为应用科学大学的教师创造攻读博士的机会。④同时，大量应用科学大学还面临着研究人员流失的风险，具有工作和科研经验的应用科学大学教师特别受私人企业的欢迎。

（二）经费

"应用型研究"发展过程中面临的另一个约束是科研资金。根据德国联邦统计局的统计，2017 年，德国高校的科研经费共计 1728.2 亿欧元。其中，大学的科研经费为 1159 亿欧元，占总高校总科研经费的 67.1%。应用科学大学（包含管理类）科研经费为 153.2 亿欧元，占总经费的 8.6%，应用科学大学实际支出的科研经费只有大学的 13.2%。⑤

---

① Statistisches Bundesamt.266 200 Euro Drittmittel je Universitätsprofessorin und –professor im Jahr 2017［N/OL］.（2019-09-10）［2020-02-16］. https://www.destatis.de/DE/Presse/Pressemitteilungen/2019/09/PD19_345_213.html.
② KULICKE M, STAHLECKER T.The role of research in German universities of applied sciences［M］. The Research Mission of Higher Education Institutions outside the University Sector.Springer, Dordrecht, 2010：167.
③ CORT-DENIS H, SINDY D, ISABEL R.Forschung an Fachhochschulen aus der Innen-und Außenperspektive：Rolle der Forschung, Art und Umfang［R］. Centrum für Hochschulentwicklung, 2015（1）：19.
④ ERICH K.Die Exzellenzinitiative und die Fachhochschulen［J］. Beiträge zur Hochschulforschung IHF, 2009, 31（1）：62-72.
⑤ Statistisches Bundesamt.Ausgaben der Hochschulen für Forschung und Entwicklung［DB］. Monetäre hochschulstatistische Kennzahlen（Fachserie 11 Reihe 4.3.2），2019-09-10.

联邦是"应用型研究"最重要的资助者，2017年应用科学大学超过40%的科研投入来自联邦；企业紧随其后，占了总量的22%；排名第二的来源是欧盟和欧洲的其他组织，占了总量的10%（表2）。与大学相比，两者间收入来源最大的差别是德国科学基金会（Deutsche Forschungsgemeinschaft）的科研资金投入。德国科学基金会是德国科研工作最为重要的资助机构，其基金占德国大学整体外部收入的40%，[①] 但是，应用科学大学很难获得德国科学基金会的资助。"卓越计划"（Exzellenzinitiative）是德国高等教育领域当下最为重要的发展政策，德国科学基金会是这一政策的主要推动者。在政策的执行过程中，没有应用科学大学被纳入资助之中。2010年，有两所应用科学大学参与了"卓越计划研究生院"（Graduiertenschulen）的项目，还有一些应用科学大学参加了"卓越计划卓越集群"（Exzellenzcluster）的项目。"卓越计划"为德国的高等教育带来了前所未有的竞争，大大提升了大学在整个高等教育系统中的地位，也加大了应用科学大学与大学间的差异。

表2　2017年应用科学大学与大学第三方资助来源[②]

第三方资助来源	应用科学大学/%	大学/%
联邦	44.7	26.1
企业	22.0	18.0
欧盟及国际组织	10.0	9.2
联邦州	5.6	1.1
基金会	5.9	6.3
德国科研基金	1.2	35.5
高等教育资助协会 （Hochschulfördergesellschaften）	5.5	2.0

---

① KUHLMANN S, HEINZE T.Evaluation von Forschungsleistungen in Deutschland：Erzeuger und Bedarf [J]. Teil II：Produktion und Verwendung evaluativer Information sowie Möglichkeiten ihrer zukünftigen Organisation, Wissenschaftsrecht, 2004（27）：218–238.
② Statistisches Bundesamt.Anteil der Drittmittel nach Gebern an Drittmitteln insgesamt nach Hochschularten und Ländern für die Rechungsjahre 2014 bis 2017 [DB]. Monetäre hochschulstatistische Kennzahlen（Fachserie 11 Reihe 4.3.2），2019-09-10.

"应用型研究"通常以项目为驱动,应用科学大学的教授更加倾向于和大型的跨国企业进行合作,因为这些合作项目通常是大型研究项目。项目周期一般是2—5年,资助金额为10万—30万欧元,并聘请1—2名专职工作人员。项目的成果不仅会运用于企业中,还会公开发表。[①]但是,在实际的运营过程中,应用科学大学很少有机会参与大型项目。[②]因为大型企业通常具有研发能力,如果要和科研院所合作,它们通常更加希望与大学进行长期合作,应用科学大学并非第一选择。

应用科学大学的主要合作伙伴是中小型企业(kleine und mittelständigsche Unternahmen,KMU)。这些合作主要是为了解决实际问题,项目的投入资金通常为数千欧元,一般工作周期是1—10天。[③]最常见的科研工作是在教学中完成的,许多硕士研究生在企业中完成了他们的毕业论文。科研投入的差异,使应用科学大学难以完成大型科研项目,与大学的科研工作相比自然缺乏竞争力。

(三)与大学的竞争和合作

在发展过程中,应用科学大学和大学不乏合作,但是主要集中在了应用科学大学具有优势的教学领域。2009年3月在巴符州成立了职业学院(Berufsakademien),集合了不同类型的大学教育,不仅包括本科教育,职业导向的硕士生教育也包含其中。当下,共有3万余名学生参与其中。[④]与之类

---

① CORT-DENIS H, SINDY D, ISABEL R.Forschung an Fachhochschulen aus der Innen-und Außenperspektive:Rolle der Forschung, Art und Umfang [R]. Centrum für Hochschulentwicklung, 2015 (1):23, 24.

② KULICKE M, STAHLECKER T.The role of research in German universities of applied sciences [M]. The Research Mission of Higher Education Institutions outside the University Sector.Springer, Dordrecht, 2010:161.

③ CORT-DENIS H, SINDY D, ISABEL R.Forschung an Fachhochschulen aus der Innen-und Außenperspektive:Rolle der Forschung, Art und Umfang [R]. Centrum für Hochschulentwicklung, 2015 (1):23.

④ Duale Hochschule Baden-Wüttemberg.Wir über uns [N/OL]. [2020-02-04]. https://www.dhbw.de/die-dhbw/wir-ueber-uns.html

似，慕尼黑科技大学、慕尼黑应用科学大学和雷根斯堡应用科学大学就关于在线学习进行了合作，建立了巴伐利亚网络大学（Virtuelle Hochschule Bayern），整合了巴伐利亚州31所高校的在线课程。[①] 两者间的合作，体现出了大学的优势地位，只有应用科学大学的优势领域，才能和大学合作。但科研资源几乎为大学独享，就很难进行合作，博士培养就是其中一例。

对应用科学大学而言，博士授予权是"科研平权"的最后一个堡垒。近年来，应用科学大学在3个方向上不断努力。具体措施包括：第一，争取博士授予权。2016年，德国富尔达应用科学大学（Fachhochschule Fulda）首先获得了博士研究生的培养权，具有标志性的意义；第二，让更多应用科学大学毕业生开始博士深造。"但德国大学对此态度极为谨慎，招收博士研究生要求应用科学大学毕业生须专业对口，拥有优异的学习成绩，并完成预备学习，这让应用科学大学毕业生的学术进修之路漫长而艰难"[②]。第三，与大学合作培养博士研究生。但大学仍然是联合培养的主体，"只有科研工作在应用科学大学的实验室中举行的时候，应用科学大学的研究专长才能有所发展。也只有这样，应用科学大学中的活跃研究者才能真正地开始主导博士培养的过程"[③]。

博士培养权的竞争，反映出科研后发的应用科学大学融入科研体系的艰难。尽管"应用型研究"理念强调了应用科学大学科研工作的特殊性，但想要进入科研轨道，仍然面对科研领域统一的标准。这一标准是由大学首先构建并主导的，大学具有不可动摇的"先发优势"。作为"后来者"的应用科学大学想要参与科研活动，不仅要遵从科研领域业已形成的规则，还要分享本来由大学独享的人员与经费。因而不难想见，应用科学大学的"科研转轨"之路必然

---

① Virtuelle Hochschule Bayern.Lehre：Mehr Austausch durch Digitalisierung［M/OL］.［2020-02-02］. https://www.vhb.org/ueber-uns/.
② 王世岳，秦琳.艰难的衔接：德国应用科学大学毕业生攻读博士的权利之争［J］.学位与研究生教育，2018（10）：65-71.
③ ERICH K.Die Exzellenzinitiative und die Fachhochschulen［J］. Beiträge zur Hochschulforschung IHF，2009，31（1）：62-72.

举步维艰。

2015年，德国著名高等教育研究机构大学发展发展中心（Centrum für Hochschulentwicklung）曾提出应用科学大学科研的3个特点："应用科学大学需要研究激励和创新政策；在激励形式和人才方面，应用科学大学还有巨大潜力；应用科学大学的科研工作还只是偶尔出现的现象。"[1]

应用科学大学的"学术转轨"是高等教育政策的产物。与大学相比，应用科学大学的发展时间更短，因此相对更加开放，其制度结构的发展受到了经济领域、职业协会、政界和科研领域的影响。与之相比，大学被视为最为保守的机构。在复杂的治理结构之中，应用科学大学更加依赖外部力量。以"卓越计划"为代表的高等教育重点资助政策，加强了高等教育系统的趋同性。恰如著名的德国高等教育研究者恩德斯（Enders J）所言："如果我们想想，在大学和应用科学大学之间，持续存在着胜利者和失败者，那么一些机构最终会消失，或是建立一个新的联系，成立一个新的联盟。不出意料的是，如果应用科学大学持续增强，也会分担大学的部分科研职能。"[2]

自19世纪洪堡大学成立，大学已经成为现代科研体系中的核心，垄断了科研体系中的人员、资金和制度资源。尽管应用科学大学具有巨大的科研动力，但是不得不面对科研道路上的"后发劣势"。"应用型研究"强调了应用科学大学的独特性，以期能够避免与大学的直接竞争。但是，对于市场化的科研体系而言，资源会流向科研效率更高的组织。同时，科研人才的培养和科研制度的建设使大学占尽"先发优势"。应用科学大学的"科研转轨"过程必然长期而艰难，其核心就是要协调好大学和应用科学大学之间的竞争与合作。

---

[1] CORT-DENIS H, SINDY D, ISABEL R.Forschung an Fachhochschulen aus der Innen-und Außenperspektive：Rolle der Forschung, Art und Umfang [R]. Centrum für Hochschulentwicklung, 2015（1）：28.

[2] ENDERS J.Hochschulen und Fachhochschulen [M]. Handbuch Wissenschaftspolitik.VS Verlag für Sozialwissenschaften, 2010：453.

{原文刊载于王世岳，陈洪捷．趋同与特色：德国应用科学大学"应用型研究"的机遇与挑战［J］．清华大学教育研究，2021，42（1）：86-96}

（作者简介：王世岳，副教授，南京大学高等教育研究所副所长，南京大学政府管理学院博士后；陈洪捷，北京大学中国博士教育研究中心主任，教授，洪堡学者，博士研究生导师）

德国高等工程教育：传统、特色与创新发展

近年来，以数字革命和人工智能为代表的技术革新已进入从积累到爆发的次级阶段，技术迭代的加速对工程技术人才在规模与质量上的要求均急剧提升。在新冠肺炎疫情、国际地缘政治危机等多重因素的影响下，国际经济产业链、供应链，以及市场主体同样也面临着"百年未见之大变局"。挑战孕育机遇，变局之下，同样为我国实现追赶与超越发展提供了绝佳的窗口期。纵观德国作为发达国家的成长历程，它具有悠久而完整的技术发展史，是近现代工业国家实现追赶和超越发展的优秀模板。从历史上看，工程技术革新为德国的快速发展积累了大量的技术资产，而工程教育的发展不仅进一步保持了技术革新的动力，还为德国成为工业强国构筑了强大的人才基础。

在德国史学界和社会学界有许多关于德国"特殊路径"的讨论，其中有一条公论：作为后起之秀的资本主义国家，德国总体上采取了一条特殊的道路（sonderweg），才实现了从追赶到领先的跨越[1]。不难看出，这条特殊的路径涉及政治、经济、教育等方方面面，其中教育层面的发展路径得到了世人极大的关注。

那么，德国工程教育经历了怎样的发展历程？具备怎样的基本特征？面

---

[1] JOHN HINDE.Modern Germany An Encyclopedia of History, People and Culture 1871–1990 edited by Dieter Buse and Juergen Doerr Volume 2 [M]. New York: Garland Publishing, 1998: 934.

临哪些问题？在应对当今世界经济发展与国际竞争的过程中又有哪些创新之举？对我国当下的工程教育改革有哪些启示？本文即沿循上述问题、结合有关资料进行探析。

一、德国工程教育的发展历程

工程教育最初的雏形是在劳动与技术活动出现后的原始技术教育，技术几乎与劳动一样，伴随人类历史的发展绵延至今，二者具有相互依赖的关系[1]。在初期，通过人类的双手劳作，慢慢发展到使用工具，进而到简单机械（如杠杆、滚石）的操作。人类出于自身发展的需要，会将劳动经验特别是工具与机械的制造、使用方法传授给下一代，这即为技术教育的"最初形态"[2]，也可算作工程教育最早的溯源。

随着人类社会的发展，工程技术不断积累，使工程教育越来越呈现出其独有的特质：工程相关与系统化——它的内容以解决工程中的实际问题为导向；它的形式不再是零散的、多解的经验知识，而往往以图纸和计算等形式系统、精确地呈现。在欧洲，系统化工程教育则可以追溯至古希腊时期以建筑工程师（Architekten）为代表的工程技术人才，柏拉图在《高尔吉亚》（*Gorgias*）中就已经对工匠和工程技术人员做了明确的区分，他认为，工程师应掌握一门专业知识，并能在应用知识的过程中对其加以拓展，弄清楚来龙去脉[3]。到了中世纪时期，在拉丁文中首先从"ingenium"（思想/思维）一词中派生出"ingeniator"一词，用以指代那些专门制造阵地武器（Stellungswaffe）的专家[4]，而后又通过法语（ingénieur）传入德语（Ingenieur），逐渐从军事工程师转变为表示那些可以解决工程技术问题的人员，虽然只具备了"不确定的职

---

[1] 包国光.论技术与劳动的相依性［D］.沈阳：东北大学，2002.
[2] 方鸿志.技术教育的历史与逻辑探析［D］.沈阳：东北大学，2009.
[3] SEGAL C P.Gorgias and the Psychology of the Logos［J］.Harvard Studies in Classical Philology，1962（66）：99-155.
[4] GÜNTHER BINDING.Meister der Baukunst：Geschichte des Architekten und Ingenieurberufes［M］.Darmstadt：Primus，2004：88.

业生涯"，但是"工程师"作为一种正式的职业被当时的社会所承认[1]。值得注意的是，几乎在同一时代，在意大利、法国的中世纪的大学中，出现了"自由专业"（profession libérale）的说法，是指根据适当资格（Qualification）以个人身份（à titre personnel）、自行负责（propre responsabilité）、专业独立（de façon professionnellement indépandante）和符合公共利益（qui répond à un intérêt général）的相关职业[2]。最主要的3项专业为神职、医学及法律，这3项职业资质的获得需要通过大学学习，因而被称为"学出来的专业"（learned professions）[3]。

在德国，工程教育的发展始终伴随着其产业革新的步伐，服务社会发展，具有显著的应用导向性和经济适配性。早在19世纪50—60年代，随着工程教育的正式出现和有序推进，德国就逐步建成当时世界上独有的全工业体系，科技实力不断增强，以技术为主导的大型企业得到快速壮大，走上世界舞台，形塑了现代国际制造业的基本格局。其主要历程可以概括为萌芽期、初创期、扩张期和调整期4个阶段，下面即对这4个阶段进行逐一分析。

（一）萌芽期

如果要对德国工程教育进行溯源，那么一定会触及职业教育在德国的发展轨迹。随着宗教的世俗化，对职业（当时主要为手工业）的界定，以及对从业者的培训逐渐被行业协会所承担，手工业者的队伍也在不断壮大，一定程度上也提高了他们的社会影响力。到了18世纪，"职业"已被明确界定为："在相关的义务和权利规训下，人类在社会秩序框架中（im Rahmen der Sozialordnung）从事某种长期活动，通常出于谋生（Lebensunterhaltes）目的"[4]。进入工业

---

[1] KAISER W, KÖNIG W. 工程师史：一种延续六千年的职业 [M]. 顾士渊，等，译. 北京：高等教育出版社，2008：71-72.

[2] LIBÉRAL：Définition de LIBÉRAL [EB/OL]. （2017-10-23）[2020-08-15]. http://www.cnrtl.fr/lexicographie/lib%C3%A9ral.

[3] FISHER, REDWOOD, et al. Statistics of the State of New-York [J] Fisher's National Magazine and Industrial Record, 1984, 3（3）：234.

[4] O BRUNNER, W CONZE, R KOSELLECK. Geschichtliche Grundbegriffe [M]. Historisches Lexikon zur politisch-sozialen Sprache in Deutschland, Stuttgart：Ernst Klett, 1972：490.

化时代后,前述马克斯·韦伯将职业置于更重要的地位,他认为,职业通过"规划化、专业化以及个体功能的整合"(Spezifizierung, Spezialisierung und Kombination von Leistungen),为个人提供了持续性生养和就业机会(Versorgungs- und Erwerbschance)的基础①。韦伯赋予了"职业"在社会经济和政治方面的学术意义,使其成为一个重要的分析视角和分析概念。

当职业通过教育的形式确定其程式、规训后,以职业为导向的教育理念包含了公民对美好的生活的想象,并促进了社会整体的融合,也成了联系学校教育与生产世界之间的纽带(Intergrative Verknüpfung des schulischen Berechtigungswesens mit der betrieblichen Lehre)②,并将二者本不相同的逻辑置于同一秩序体系。接受职业培训者(Auszubildende)具有学生和工作者(Arbeiter)的双重身份,在学校的理论学习之外,还在社会角色的视角下,将相应的行业规训和技能不断内化,形成了群体性的认同③。在萌芽期,主要形式为中世纪手工业态下的"学徒制"教育,技术方案和行业伦理通过行会等组织得到传播和规制化,以培养合格手艺技能人才为目标。历史上,"行会学徒制"的产生与中世纪大学的出现是同步的,巴黎大学成立后,巴黎则被分为了商业、手工业者为代表的"大城"、贵族和教堂为代表的"旧城",以及大学师生为代表的"大学"3个区域④。此时的大学恰恰也被称为"学者行会"⑤,在由学者构建的松散联合的治理机构中,大学自诞生起就谋求大学自治与学术自由,这种影响延续至今。"学徒制"对这种大学传统的延续起到了重要的作用。学生拥有企业学员、高校学生及学徒三重身份,也生产一线接受专有的

---

① WEBER M. Wirtschaft und gesellschaft: Grundriss der verstehenden Soziologie [M]. Tübingen: Mohr Siebeck, 2002: 80.
② GONON P. Ende oder Wandel der Beruflichkeit?—Beruf und Berufspädagogik im Wandel [M]. Kompetenzentwicklung in der beruflichen Bildung. VS Verlag für Sozialwissenschaften, Wiesbaden, 2002: 196.
③ HEINZ W R. Arbeit, Beruf und Lebenslauf: eine Einführung in die berufliche Sozialisation [M]. München: Beltz Juventa, 1995: 23.
④ 何光沪等. 大学精神档案: 近代卷 [M]. 桂林: 广西师范大学出版社, 2004: 202.
⑤ 张源泉. 走出象牙塔——以德国双元制高等教育为例 [J]. 教育实践与研究, 2017, 30(1): 169-209.

"师傅"（Meister）指导，在毕业前须通过"匠人考试"（Meisterprüfung），获得由"师傅"颁发的"匠人证书"（Meisterbrief）。

（二）初创期

在这一阶段，工程教育首次以系统化学校教育的形式登上历史舞台，主要的表现形式为18世纪中期电气化技术革命下的"官僚制"教育，工程教育通过"工业学校"和"工业大学"等机构实现国立化和系统化，"工程师"成为正式的职称得到国家承认，以培养技术官僚和技术精英为目标。

18世纪，工业革命的火种渐渐从英伦半岛蔓延到了欧洲大陆，技术的革新使工程教育的地位达到了无可比拟的空前高度。在当时的德意志帝国的萨克森公国中，外号"强力王"（der Starke）选帝侯奥古斯特二世（August Ⅱ）效仿法国在炮兵部队中以单独授课的方式，分选、培养出一支工程师队伍，这支队伍不仅承担军事任务，也服务于一些民用建筑活动[①]。18世纪中期，一些旨在培养国家技术官员的矿业学校（Bergschule）和矿业学院（Bergakademie）在各地成立，课程涵盖数学、科学、技术基础，以及采矿和冶金方面的知识。比如在1765年，时任萨克森公国矿务总长（Generalbergkommissar）的海涅茨（Friedrich Anton von Heynitz）联同弗莱贝格市矿务局长欧佩尔（Friedrich Wilhelm von Oppel）向当时公国的选帝侯约翰一世（Johann Nepomuk Maria Joseph Anton Xaver）建言，提议在弗莱贝格市创建一所以地矿学为主要特色的学校，很快就得到了后者的采纳。同年11月21日，弗莱贝格矿业学院（Bergakademie Freiberg）正式成立了，在弗莱贝格矿业学院创办初期，其培养人才的目标沿袭了当时技术培训学校的传统——为国家培养具备专门采矿、冶金技术背景的官员（Ausbildung von Berg- und Hüttenbeamten），而非普通的技

[①] BECKMANN J.Anleitung zur Technologie, oder zur Kentniß der Handwerke, Fabriken und Manufacturen, vornehmlich derer, die mit der Landwirthschaft, Polizey und Cameralwissenschaft in nächster Verbindung stehn: Nebst Beyträgen zur Kunstgeschichte [M]. Vandenhoeck, 1780: 141.

术人才[①]。1799年，普鲁士公国则仿照法兰西帝国巴黎桥梁和道路学校的模式在柏林成立了柏林建筑学院（Königliche Bauakademie zu Berlin），在后者的基础上发展出了今天的柏林工业大学。

作为后起的资本主义国家，德国的实力得到了极大增强，人口总量从1825年的2800多万人快速增长到1850年的3300多万人，科学技术也进入了蓬勃发展的快车道。随着工程教育在德国的快速发展，技术和工业以可预感的方式发生了国际转移，世界科学中心也发生了同步的转移，近代以来的世界科学活动中心从意大利（1540—1630年），接着相继从英国（1660—1760年）、法国（1780—1840年），于19世纪40年代转移到了德国，一直持续到了20世纪20—30年代才被美国超越[②]。在20世纪初到第二次世界大战爆发的短短40多个年头里就有37位德国科学家获得诺贝尔奖（其中，化学奖17位、物理学奖11位、生理学或医学奖9位）[③]。伴随科学技术在德国的井喷式发展，以技术为主导的大型企业如雨后春笋般发展起来，大众、西门子、巴斯夫、拜耳、蔡司、克虏伯等制造业巨头正是在这段时期走上世界舞台，塑造了现代国际制造业的基本格局。

（三）扩张期

在这一时期，伴随着高等教育的大众化和普及化，德国工程教育呈现出快速发展和规模扩张的态势，其主要形式为20世纪60—70年代信息产业革命下的"双元制"教育，"应用科学大学"等新型高校快速发展，企业深度参与办学，以培养企业所需的大批量工程应用人才为目标。这段时期涌现的应用科学大学（Fachhochschule）与工业大学（Technische Universität）、综合性大学（Universität）共同构成了德国培养工程人才的立体化体系，尤以应用科

[①] WISSENSCHAFT VOR ORT.Bilder zu Geschichte und Gegenwart der TU Bergakademie Freiberg.2.Auflage [M]. Freiberg, 2007: 205-208.
[②] 刘则渊, 王飞. 德国技术哲学简史 [M] 北京: 人民出版社, 2019: 22-23.
[③] All Nobel Prizes [EB/OL]. [2022-01-18]. https://www.nobelprize.org/prizes/lists/all-nobel-prizes/.

学大学最具特色，有数据显示，德国近 2/3 的工程师是由此类学校培养[1]，具有"应用科学大学工程师"（Diplom/Bachelor Ing.FH）文凭的毕业生受到社会的广泛青睐。据德国高等教育和科学研究中心（Deutsches Zentrum für Hochschul—und Wissenschaftsforschung，DZHW）多年来的跟踪调查，应用科学大学毕业生起薪一直超过综合性大学的毕业生，而工程专业的毕业生的薪金、职业稳定度更是远远超过其他专业的毕业生[2]。

1957 年 10 月 4 日，苏联在事先未预告的情况下突然宣布成功向太空发射了人类历史上第一颗人造卫星，命名为"斯普特尼克 1 号"（Sputnik 1，俄语原文为"同路人"之意）。这一事件震惊了整个西方社会，被称为"斯普特尼克休克"（Sputnikschock），并引发了对教育理念、教育结构的深刻反思。在当时的联邦德国，面对民主德国的"老大哥"取得的惊人成绩，震惊之余更增添了几分不甘，"斯普特尼克 1 号"在太空中发出的无休止的"哔哔"信号声，通过收音机的频段进入千家万户，始终回响在许多联邦德国人的心头。20 世纪 60 年代，在联邦德国内部开展了关于教育方针的大讨论。1964 年，联邦德国哲学家、海德堡大学神学院教授皮希特（Picht）在《基督与世界》（Christ und Welt）杂志上发表了《德国教育的灾难》（Die deutsche Bildungskatastrophe）为代表的系列文章，他痛陈联邦德国教育的种种弊病，如对教师的培养不够、缺乏应对社会最新发展需求人才培养等，更深刻地指出教育理念的落后源于社会治理中对教育的认知不足（Unser sozialpolitisches Bewußtsein ist womöglich noch rückständiger als unser Bildungswesen），联邦德国的教育亟须着眼长久的宏观规划（Es fehlt ein Planungsapparat）[3]。皮希特的论述在联邦德国社会中引发了巨大的反响，也得到了联邦德国政坛的积极回应，

---

[1] KARSTEN LANGER.Karriere als Ingenieur "Theorie und Praxis verbinden" [EB/OL].（2009-06-26）[2021-08-15]. https://www.manager-magazin.de/unternehmen/karriere/a-631507.html

[2] DZHW.Pressemitteilung：Fachhochschulabsolventen finden schneller unbefristete Jobs [EB/OL].（2016-06-09）[2021-08-20]. https://www.dzhw.eu/services/material/pressemitteilungen/2016_06_09_PM_Absolventen_final.pdf.

[3] PICHT G.Die deutsche Bildungskatastrophe [M]. Olten und Freiburg im Breisgau：Walter-Verlag，1964：7-8.

科教体制篇

甚至还引发了民主德国在这个问题上的讨论。1965年，时任民主德国社会统一党（Sozialistische Einheitspartei Deutschlands，SED）中央委员会科学部主任的汉尼斯·霍尼格（Hannes Hörnig，又作 Johannes Hörnig）出版《民主德国社会主义建设中的若干问题》（*Zu einigen Problemen im Hochschulwesen beim umfassenden Aufbau des Sozialismus in der DDR*）一书，指出促进科学技术快速发展的要务是"加速培养有资质的高校毕业生"（ein höheres Zuwachstempo an Hochschulabsolventen erforderlich）[1]。这一观点暗合了皮希特对联邦德国教育状况及未来发展使命的判断，也为民主德国采用苏联多科技术学校的模式培养应用型人才打下了政策基调。

1965年，作为对皮希特观点的回应，著名的左倾社会学家达伦道尔夫（Ralf Dahrendorf，1929—2009）先是以随笔的形式在《时代》（*Zeit*）杂志上发表系列文章，而后于1966年结集成册，出版《教育是公民权：积极教育政策的呼吁》（*Bildung ist Bürgerrecht: Plädoyer für eine aktive Bildungspolitik*）一书[2]。他认为，随着社会的进步，个体权力逐渐走向社会治理舞台的中央，德国古典大学理念中的"寂寞、自由、科学"等元素（Einsamkeit Freiheit und Wissenschaft）受到了来自现实的挑战，"培养科学人才"不再等同于洪堡笔下的"通过科学教养人才"（Bildung durch Wissenschaft）[3]，高等学校要将自己的中心任务定位到培养更多的专业人才上来，高等教育机构应当积极面对其扩展（Bildungsexpansion）的现状。因此，要在结构层面（Gliederung）上对联邦德国高等教育的体制进行"彻底改革"（radikale Reform）[4]。1967年，身为巴登-符腾堡州改革委员会主席达伦道尔夫以其为蓝本起草了相应的改革方案，而巴

---

[1] LAMBRECHT W.Deutsch-deutsche Reformdebatten vor "Bologna" Die "Bildungskatastrophe" der 1960er-Jahre [J].Zeithistorische Forschungen/Studies in Contemporary History，2007（4）：472-477.
[2] MICHAEL WRASE.Bildung als Bürgerrecht – Ralf Dahrendorf wiedergelesen[EB/OL].（2019-07-19）[2020-05-20].https://barblog.hypotheses.org/3041.
[3] RALF DAHRENDORF.Bildung ist Bürgerrecht：Plädoyer für eine aktive Bildungspolitik[M].Hamburg：Christian Wegner Verlag，1968：113.
[4] NUGENT M.The transformation of the student career：University study in germany，the netherlands，and sweden [M]. London：Routledge，2004：81-82.

符州文化部便将此方案冠名为《达伦道尔夫计划》(Dahrendorf-Plan)，予以正式发布。该计划主张教育是公民的权利，国家应该实施积极的教育政策，主张通过教育普及化使更多的学生在短时间内获得更优秀的学历。《达伦道尔夫计划》成为联邦德国政府进行教育体制改革的基础性建议书，同时，也成了德国国家层面的教育整体方案。更值得注意的是《达伦多夫计划》第一次提出将工程师学校，以及其他同等类型学校纳入高等教育系统，将其称作"应用科学大学"(Fachhochschule)[1]。而作为综合型大学与应用科学大学之间的衔接机构，"综合高校"(Gesamthochschule)也被列入了《达伦道尔夫计划》中，成为关键的政策角色之一。《达伦道尔夫计划》受到了联邦德国各州的普遍关注，并逐步成为当时联邦德国高等教育改革的"标准文本"，在柏林、黑森州，以及北威州等地也开启了改革尝试。

1969年，联邦德国各州政府颁布了应用科学大学法（Fachhochschulgesetze），为应用科学大学的兴盛提供了制度保障。1972年开始，以上述3类学校为基础，许多学校转型为应用科学大学；此外，联邦德国政府还资助新建了一批应用科学大学。

随着应用科学大学的成立，其在高等教育领域的定位也经历了一个较为曲折的过程。1968年，联邦德国文教部部长会议（Kultusministerkonferenz）达成决议，并于次年发布，认定了应用科学大学在高等教育领域的独特定位（eigenständige Einrichtung des Bildungswesens im Hochschulbereich）[2]。1976年，联邦德国颁布的高等教育框架法中将应用科学大学纳入其职能范围[3]，这标志着应用科学大学在制度层面上正式被升入了高等教育范畴。1972年，当时的

---

[1] ELISABETH HOLUSCHA.Das Prinzip Fachhochschule– Erflog oder Scheitern [M]. Münster: Verlagshaus Monsenstein und Vannerdat OHG Münster，2013：77.
[2] KMK.Bekanntmachung des Abkommens zwischen den Ländern der Bundesrepublik zur Vereinheitlichung auf dem Gebiet des Fachhochschulwesens [EB/OL]. (1969-01-17) [2019-07-27]. https://recht.nrw.de/lmi/owa/br_bes_text?anw_nr=1&gld_nr=2&ugl_nr=2230&bes_id=2477&val=2477&ver=7&sg=1&aufgehoben=J&menu=.
[3] Bundesministerium der Justiz und für Verbraucherschutz.Hochschulrahmengesetz (HRG 1976) [EB/OL]. (1976-01-26) [2020-05-20]. https://www.gesetze-im-internet.de/hrg/BJNR001850976.html#BJNR001850976BJNG000903310.

联邦德国大学校长联席会议（HRK）决议，将 Fachhochschule 的英文名称定为"University of Applied Science"，缩写 UAS[①]。1977 年，柏林应用科学大学（Fachhochschule Berlin）的于尔根·提佩（Jürgen Tippe）教授正式成为德国科学委员会的代表（Wissenschaftliche Kommission des Wissenschaftsrats）[②]，意味着应用科学大学从当时的文化部序列（中小学教育事业归文化部负责）抽离出来进入了科研部序列，同时也明确了它的学术自治和教学、科研的自由。从那时起，有学者就采用了"不同但等值"（andersartig, aber gleichwertig）[③]的说法来表述德国应用科学大学与综合性大学在德国高等教育体系中定位[④]。

（四）调整期

在这一时期，随着人类科学技术水平的提高和生产方式的改进，以理论研究为主要特色的传统知识生产模式（模式Ⅰ）已向基于应用情境的，跨学科、跨行业的，更加强调研究结果的绩效和社会作用的新型知识生产模式转变（模式Ⅱ）。知识生产具有极强的应用指向，围绕问题识别和问题解决展开，所有的研究都在围着某种社会目的进行[⑤]。德国工程教育随之进入调整阶段，其主要形式为 21 世纪初数字革命主导下的"多模态"教育，随着"工业 4.0"

[①] Westdeutsche Rektorenkonferenz（Hrsg.）.Gesetze über die Fachhochschulen der Länder der Bundesrepublik Deutschland.Bonn–Bad Godesberg 1972（Dokumente zur Hochschulreform XX/1972）.[EB/OL].（2017-01-20）[2020-05-20].http://www.worldcat.org/title/gesetze-uber-die-fachhochschulen-der-lander-der-bundesrepublik-sowie-errichtungsgesetze-fur-gesamthochschulen-in-nordrhein-westfalen-und-kassel/oclc/64531799.

[②] HOLUSCHA, ELISABETH .Das Prinzip Fachhochschule– Erflog oder Scheitern［M］. Münster：Verlagshaus Monsenstein und Vannerdat OHG Münster，2013：414.

[③] 根据 Metzner 考证，andersartig, aber gleichwertig 的说法实际上最早来源于德皇威廉二世于 1899 年在一份关于建设德国科研性大学的公告中的表述。见 HOLUSCHA, ELISABETH.Das Prinzip Fachhochschule– Erflog oder Scheitern［M］. Münster：Verlagshaus Monsenstein und Vannerdat OHG Münster，2013：105-106.

[④] CLAUDIUS GELLERT.Andersartig, aber gleichwertig.Anmerkungen zur Funktionsbestimmung von Fachhochschulen.［J］Beiträge zur Hochschulforschung, Nr.1/1991：1-25.

[⑤] GIBBONS M, LIMOGES C, NOWOTNY H, et al.The new production of knowledge：The dynamics of science and research in contemporary societies［M］. London：Sage，1994：1-16. 该书中文版见：迈克尔·吉本斯，等.知识生产的新模式：当代社会科学与研究的动力学［M］.陈洪捷，沈文钦，等，译.北京：北京大学出版社，2011.

等技术发展战略的提出，工程技术人才的资质要求更立体化和多元化，"双元制学院"和"双元制大学"等机构逐步由职业教育领域转向高等教育领域，"双元学制"高等教育得到快速发展，以培养大机器生产流程中的节点管理人才为主要目标。

双元制教育模式是德国职业教育最显著的特色，主要是指企业培训和学校教育相结合的一种职业教育的模式，也被称为现代学徒制。它的核心内容是以职业动力为核心的课程设置、强调校企合作的办学模式、强调双元双师的师资配备。德国是职业教育的强国，其"双元制"人才培养模式闻名遐迩，综合来看，德国的"双元制"可以分成3类：一是讨论得最多的"职业教育中的双元制"（Dusles System in Berufsausbildung）；二是双元制大学（Duale Hochschule）；三是高等教育中的双元学制模式（Duales Studium in Hochschulbildung）。对双元制职业教育模式在前文已有所涉及，在此不再赘言。而关于双元制大学，其中最著名的就是创办于2009年、总部设在斯图加特的巴登符腾堡州双元制大学（Duale Hochschule Baden-Wuerttemberg）。值得注意的是，在德国大学校长联席会议（HRK）对高等学校的分类中，这种模式的学校是德国高等教育改革背景下的新成员，与师范大学一起作为"其他类型高校"（Hochschulen eigenen Typs）存在于德国高等学校的序列中。从溯源上看，"双元学制"可以视作德国高等教育系统向职业教育系统借鉴的"舶来品"，因此许多人常常将其与第二类中的"双元制大学"混淆[①]。经过几十年的发展，截至2016年，在德国的综合性大学和应用科学大学中共开设"双元学制专业"1592个，约占专业总数的10%，参与的企业有47458家，学生数达

---

① 事实上，双元学制在德国大学存在已久，双元学制的历史要远远早于双元制大学，最早出现于1972年，当时的符腾堡管理与经济学院（Württembergische Verwaltungs- und Wirtschaftsakademie）与中内卡河畔工业与手工业行会（Industrie- und Handelskammer Mittlerer Neckar），以及博世公司（Robert Bosch GmbH）、戴姆勒奔驰公司（Daimler Benz AG）等企业合作开辟的企业管理人才培养模式，时称"斯图加特模式"（Stuttgarter Modell），后于1974年将这一模式扩大，成立了斯图加特职业学院（Berufsakademie Stuttgart）。参见：Akademiegeschichte.Württembergische Verwaltungs- und Wirtschafts-Akademier [EB/OL].（2020-02-09）[2021-10-10].https://www.w-vwa.de/vwa-entdecken/uber-die-vwa/akademiegeschichte.html。

到 100739 人[1]。

"双元制"模式受到了德国悠久的行会传统和德意志文化中"双重自由观"的影响,更在一定程度上建构了国家、企业和学校三者之间的关系,在"双元制"模式中,始终也存在着国家干预和企业自治之间的张力和博弈[2]。近年来,甚至还出现了以行会为办学主体的,融合职业学校(Berufskolleg)、生产车间(Handwerksbetrieb)、技工学校(Meisterschule),以及应用科学大学的"三元学制"模式(Triales Studium)[3]。对应用科学大学来说,"双元学制"是企业参与高等学校人才培养的绝佳途径,大大加强了应用科学大学与企业之间的联系,更对其人才培养保持职业导向特征产生了深远而持续的影响。作为德国教育体制中的一项重大创举,"双元学制"很好地回应了技术经济发展的新需求和知识生产模式变革带来的影响,解决了高等教育体系与职业教育体系之间的融通问题。

二、德国工程教育的主要特色

(一)基本现状

以雄厚的工程技术传统为基础,德国依托其"分流融通"的教育系统建立起了"五级三类"工程人才培养体系,具体表现为:①在学前阶段由大量技术机构(如"德国工程师协会""机械工业协会"等)开发工程技术启蒙课程和平台;②在小学阶段开展技术通识课程,根据学生的兴趣和特长,予以分流;③在中学第一阶段,学生进入不同类型的学校,为"学术""应用"和"职业"等不同的就业取向做准备,在中学第二阶段,部分学生进入职业型学校接受职业教育;④在高等教育阶段,根据分流的结果,不同学生进入不同类

---

[1] Statista.Duale Studiengänge in Deutschland bis 2016 [EB/OL].(2019-02-25)[2021-10-10]. https://de.statista.com/statistik/daten/studie/156968/umfrage/duale-studiengaenge-2004-bis-2009/.
[2] 周丽华,李守福.企业自主与国家调控——德国"双元制"职业教育的社会文化及制度基础解析[J].比较教育研究.2004(10):55-59.
[3] Wegweiser duales studium.Exkurs:Triales Studium [EB/OL].(2020-01-25)[2021-10-10]. https://www.wegweiser-duales-studium.de/infos/triales-studium/.

型的大学，接受应用导向和学术导向的高等教育；⑤在继续教育阶段，工程人才接受工程技术前沿方面的培训。以上不同类型的学校机构之间均具有相应的融通路径。从德国工程教育培养的人才类型看，主要分为：①以一线产业工人为代表的职业院校毕业生；②以工程技术操作人才为代表的应用科学大学（含双元制高校）毕业生；③以工程技术研发人员代表的工业大学毕业生。截至目前，德国共有8500多所职业类学校（含非全时职业学校），在校生245万人（含非全时职业学校学生141万人）；应用科学大学（含双元制高校）约220所，在校生约112万人（含双元制高校约10万人）；工业大学9所，在校生约31万人[①]。这些学校和毕业生构成了德国工程人才培养的基本面。在德国8000多万人的总人口中，产业就业人口超过570万人，其中包括400多万人的产业工人和技术人才，拥有"工程师"资质的人口超过140万人[②]。

（二）特色做法

通过对德国工程教育发展历程和现状的考察，可以发现，德国工程教育的发展始终沿循一套部署明确的技术路线和一套行之有年的工程文化传统，始终本着面向社会经济的发展和技术革新的前沿。具体而言，可以概括为以下5种主要做法。

1. 举国体制

在工程教育发展的关键节点，国家力量通过立法授权、体制引领、资源分配等形式发挥了重要作用。"工业大学"的前身——"工业高校"的设立是德国为了改变当时的落后地位，自上而下推动的教育改革。在其出现初期，通过当时的国家首脑授权的形式获得了"博士授予权"，从根本上解决了与传统大学之间的地位之争。为了推进应用科学大学的建设和发展，联邦德国专门修

---

① Hochschulrektorenkonferenz.Hochschulen in Zahlen–2021［EB/OL］.（2021-09-15）[2021-10-10]. https://www.hrk.de/fileadmin/redaktion/hrk/02-Dokumente/02-06-Hochschulsystem/Statistik/2021-09-15_ONLINE_HRK-Statistikfaltblatt_2021_-_final.pdf.
② FRÉDÉRIC BLAESCHKE, HANS-WERNER FREITAG.Allgemeinbildende und berufliche Schulen［EB/OL］.［2021-03-10］. https://www.bpb.de/kurz-knapp/zahlen-und-fakten/datenreport-2021/bildung/329661/allgemeinbildende-und-berufliche-schulen/.

订《高等教育框架法》和《应用科学大学法》，确立了应用科学大学在工程教育中的重要地位，也为其快速扩张扫清了障碍。在推行"双元制"的过程中，中央和地方两级政府设立专项基金，为参与企业和学校发放浮动补助，提升了项目的吸引力。

2. 企业参与

德国的企业不但直接参与工程教育培养方案的制订和工程实践环节，而且还为高校开展应用型科研提供大量资助。据统计，在应用科学大学获得的第三方资金中，超过70%来自企业。此外，超过95%的私立高校股东为企业，这些高校基本是以应用导向的工程类院校，他们的地位受到国家认证，与公办大学相同。在"双元制"模式中，企业还是关键的办学主体，德国共有12000多家企业被政府和行会授予"职业培训企业"的资质。其中，既包含宝马、大众、西门子这样的跨国巨头，也有名不见经传的中小型企业，它们与各类院校共同构成了德国"双元制"工程技术人才培养的全体系。

3. 分类培养

在德国工程人才培养的体系中，既有以职业为导向、培养一线产业工人的职业教育系统，也有以技术为导向、培养工程技术人才的应用型高等教育系统，还有以技术、职业衔接为导向、培养产业工程师的双元制高等教育系统。不同的系统具有不同的资质体系和能力框架体系，互有所长、各有特色，且保有一定的衔接渠道，专本融通、"职""高"一体，培养出来的人才可以胜任产业链中的各种人力需求。

4. 质量保障

德国工程教育成功的关键还在于有一套完备的质量保障体系，主要由高校内部评估体系和外部认证体系两方面组成。内部评估主要是高校从其内部对自身人才培养的质量进行评估的制度，主要依据《高教法》有关规定设置。在外部认证体系中，德国高等教育认证的组织架构有3层：德国科学委员会作为一个官方的学术组织机构，从总体上提出专业认证制度的方向和原则；大学校长联席会议充当了政府和高校之间政策沟通的桥梁，协调德国联邦政府和地方政府在高等教育认证制度相关政策导向上的统一；各类认证机构作为第三方机构的介入为认证制度的开展提供了透明、高效的组织保障[①]。

5. 文化导向

在历史上，德国始终处于一个竞争激烈的地缘环境中，不断自我反思深深烙印在德意志民族的文化基因中。每当国家发展遭遇重大挫折，德国人都会在文化、技术和教育上寻找出路。久而久之，这种具备德国文化基因的思维方式深入人心，成为德国应对世纪挑战的"软实力"。这种软实力也帮助他们获得源源不断的创新能力。它伴随着德国工业化的进程，围绕着技术与机器、企业与生产形成了一整套行为规范和价值认同，引导并支持企业生产和技术改进。德国工程教育的发展具备显著的工业技术文化导向，它根植于德国哲学传统，遍布德国社会治理的脉络，其背后蕴含的伦理指向和观念体系为工程教育的发展提供了充分的价值支撑，也是"德国制造"获得世界认可的"口碑通行证"。

三、德国工程教育的创新发展

在新冠肺炎疫情和地缘冲突引发的能源、供应链双重危机的作用下，德国工程教育同样也面临着较为严重的问题与挑战，以2021年为例，超70%的高校经费都出现了紧缩，65%的工程院校的研发工作受到不同程度的阻滞。德国联邦政府多次组织专家对德国工程教育的现状和未来进行讨论，经研判，认为德国工程教育发展遭遇人才培养与产业发展不匹配（"跟不上"）、工程人才就业垂直替代（"高不成"）、工程教育学术漂移（"低不就"）、国际工程教育市场竞争（"争不过"）等问题。鉴于此，由德国联邦教研部、联邦职教所等机构牵头，由德国工程师协会组织制定《德国工程教育政策简报》，表示德国工程教育应当着眼当前挑战，主要在3方面深入推进：①工程教育的导向下移，锚定在普通教育阶段，推行以机械、信息、科学、技术类课程为代表的"技术

---

① 王兆义.市场化导向下的德国工程教育专业认证制度——以ACQUIN专业认证为例[J].教育学术月刊, 2020, 333（4）: 107–113.

通识课程"以逐步替代目前的劳动教育类课程；②结合数字转型、"智慧德国"以及"工业4.0"战略，探寻新产业形态下的工程人才培养口径；③充分利用高等教育资源，增强继续教育在工程师群体中的吸引力。目前，正在开展上述3方面的立（修）法及政策制定的准备工作。

以"技术通识课程"的建设规划为例，德国工程师协会于2012年9月正式发布题为《以工程技术通识教育强化德国技术中心的地位》的立场文件。在这份文件中，德国工程师协会非但将工程教育教育提升到德国"立国之本、强国之要"的重要地位，并明确政府应发挥协调和引导作用，学校作为技术教育的责任主体，政府、企业、社会组织作为工程技术教育的参与主体，遵循技术的发展和革新逻辑，以资源保障先行，打通工程技术教育的"普及化"和"标准化"之路，推行全体系的工程技术通识教育，培养具备"技术专家"特质的年轻技术人才是德国在全球竞争中保持世界技术中心领先地位的关键。德国需要在全国制订并实施统一战略和教育标准，从10方面绘制出德国未来建设工程技术通识教育体系的路线图，主要包括："青少年科技兴趣培养""精通技术的公民教育""学校的技术教育使命""技术学习的教育标准""技术作为独立的学校课程""对技术型就业的支持""技术课程师资培训""技术教学场地及设施要求""技术教育教学研究"和"区域技术培训中心"。

在2020年联合国工业发展组织发布的《全球制造业竞争力指数》中，德国在综合制造业出口全球份额、人均制造业增加值、中高科技产品出口份额等8个指标上均排名世界第一。同年发布的《彭博创新指数报告》中，德国同样排名全球创新国际排行榜的首位[1]。可以说，支撑德国国家实力的关键正是其悠久、深厚的工程教育传统，以及根植于这一传统下强大的工程教育实力。德国工程教育系统通过一系列改革与创新发展，以其在劳动力市场、校企合作中的卓越表现充分证明，只有这种特色与类型的工程教育模式才是完成上述使命的

---

[1] Naina Pottamkulam.Germany named most innovative country in the world［EB/OL］.（2020-03-07）[2021-08-24]. https://www.iamexpat.de/expat-info/german-expat-news/germany-named-most-innovative-country-world.

最优解。在此背景下，德国中小企业自身也不断发展壮大。2018 年，德国的中小企业总数达到了 259 万家，占德国所有企业的 99.5% 以上，占德国所有出口企业的 97.1%，81.7% 的企业提供了双元制或学徒实习岗位，贡献了德国企业 57% 的当年增加值（Beschäftigten）[1]。中小企业的繁荣发展也为德国经济在世界经济拼图中的角色注入了最为瞩目的色彩。在全世界 2700 多家的"隐形冠军"企业中，德国的企业有 1300 多家，占比 47%，远超第二位的美国（366 家），如表 1 所示。这些企业为德国保持充盈的创新力提供了不竭的动力支持。2003—2012 年，德国拥有欧洲专利数量超过 13 万个，排名第一，是法国的 2.3 倍、意大利的 4.4 倍、英国的 4.7 倍[2]。正如时任德国总理的默克尔所言，"中小企业形塑了欧洲的社会形态（Sozialmodell）……并将成为欧洲经济的金商标（Markenzeichen）"[3]；更重要的是，德国乃至世界范围已达成这一广泛认知共识："中产阶级和中小企业是社会稳定和进步的保障"（Garant für Stabilität und Fortschritt）[4]。

表 1 "隐形冠军"企业国家排名[5]

排名	1	2	3	4	5	6	7	8	9	10
国家	德国	美国	日本	奥地利	瑞士	意大利	法国	中国	英国	瑞典
数量	1307	366	220	116	110	76	75	68	67	49

---

① RUDNICKA J.Kleine und mittlere Unternehmen（KMU）in Deutschland.in：Statista［EB/OL］.（2020-09-21）［2020-10-11］. https://de.statista.com/themen/4137/kleine-und-mittlere-unternehmen-kmu-in-deutschland/.
② 周磊. 德国中小企业太彪悍 一千多家"隐形冠军"占据全球半壁江山［EB/OL］.（2015-12-18）［2020-09-22］http://www.oushinet.com/news/europe/germany/20151218/215675.html.
③ HANDELSBLATT.Konferenz für Handwerk und Kleinunternehmen.Merkel verspricht Kleinunternehmen mehr Forschungsmitte［EB/OL］.（2007-04-17）［2020-09-11］. https://www.handelsblatt.com/unternehmen/mittelstand/konferenz-fuer-handwerk-und-kleinunternehmen-merkel-verspricht-kleinunternehmen-mehr-forschungsmittel/2796462.html?ticket=ST-2708094-G4ehjCx1ex9VpmT47frG-ap2.
④ DER MITTELSTAND.BVMW.Der Mittelstand ist Garant für Stabilität und Fortschritt［EB/OL］.［2020-09-23］. https://www.bvmw.de/themen/mittelstand/zahlen-fakten/.
⑤ 根据统计者（Statista）网站有关数据整理，见：STATISTA.Anzahl der mittelständischen Weltmarktführer nach Ländern im Jahr 2012［EB/OL］.（2013-09-21）［2020-08-11］. https://de.statista.com/statistik/daten/studie/383549/umfrage/mittelstaendische-weltmarktfuehrer-nach-laendern/.

四、德国工程教育发展对我国的启示

受到长久以来职业教育与技术教育传统的滋养，德国工程教育模式具有独特的系统性和可回溯性。从中德两国工程教育的发展历程看，两国工程教育的起步和扩张具有相似的历史时空背景和国家发展环境，作为当时的后起国家，"德国制造"同样经历了从被歧视到被青睐的曲折历程，工业化发展路径也同为"另辟蹊径"式的"追赶发展"。作为"先行者"的德国工程教育可以为我国工程教育的发展提供很好的镜鉴。另外，中德两国同为世界制造业大国，两国的产业覆盖率均居世界前列，两国产业技术的发展路线相近，在教育领域尤其是工程教育层面，具有很强的互鉴性。2018 年，两国签署《关于深化高等教育和职业教育领域合作的联合意向性声明》，在"中国制造 2025"与"工业 4.0"的共同框架下开展多个层次的合作，目前来看，德国工程人才培养模式既可以为我国打造全体系的应用型人才培养系统提供镜鉴，更是推进中德教育、产业深度合作的重要着力点。具体如下。

（一）推进工程专业认证体系建设

结合本科教学评估，围绕工程院校内部评估和外部认证，构建工程专业质量保障机制。积极融入《华盛顿协议》、"高等教育质量保障机构国际框架"等国际工程认证体系，并以亚非拉等发展中国家的留学生教育和国际教育合作为基点，尽快制订中国工程专业认证的国际标准和方案，在国际工程专业认证的市场中占得先机。我国自 2013 年起加入国际工程专业学位互认体系——《华盛顿协议》，成为其预备会员，并于 2016 年顺利转正，这在很大程度上推进了国际专业认证在我国高校的逐步推广。与此同时，与单个国家有关机构合作开展国际性的专业认证，在许多高校已经得到了实施。以德国的专业认证为例，据不完全统计，我国上海市、山西省、安徽省、浙江省、江苏省等地的几十所高校的相关专业已顺利接受并通过了德国 ACQUIN 和 ASIIN 认证机构的认证。一方面，需要审视国际专业认证"实"与"用"的迷思，在一种朴素而又普遍的政绩观的影响下，从学校领导到普通教师，对专业认证制度的认识模糊，许多人将"通过国际专业认证"这一事件贴上了"高大上"的结果性标签——认为"认证"本身意味着"质量"和"绩效"，从而忽视了认证制度仅仅是一种提供最低质量保障标准的设计初衷。参加和通过国际专业认证普遍被认为是反映专业建设水平和人才培养质量的"成果"，它的示范效用有可能被国内院校泛化，从而产生不良的影响。另一方面，也需要正视当年德国退出《华盛顿协议》成员国的选择，在我国工程教育认证体系的建设过程中，同样不能忽视本国国情的差异和发展现状，不能一味地照搬他国的经验和模式。在国际工程教育的认证市场中，同样也需要"中国标准"和"中国声音"。

（二）鼓励企业参与工程教育

探索引入"双元制"中"职业培训企业"制度，为企业成为工程教育办学主体提供政策保障。在产教深度融合的背景下，强化企业、行业在工程人才资质认证标准的制订、认证中的主体角色，继续完善高校在成果转化、横向科研中的激励政策。在政策导向层面，可以通过市场化的多方参与模式，增强高校自身在组织机制方面的效能，从而使高校的"独立性"得以完备，增强高校的独立办学能力。需要指出的是，作为一个开放的组织系统，高校的"独立性"并不意味着与政府和社会的隔绝，而是主张在高校拥有办学自主权的基础上，政府充分发挥其监督、整合的职能；作为一个上行概念的社会，其各个社会机构充分参与高校办学活动和其他组织活动，为高校的发展和转型注入新的活力和动力。以此为基础，思考、探索鼓励企业、民营资本等进入应用型高校办学实体矩阵的方式和路径，提升地方应用型高校对外部资源的获取能力和参与开放市场竞争的能力。

将校企合作延伸到工科大学治理体制改革的领域中来，汇聚企业力量，在资本要素、管理要素、学术要素多方共建的基础上，实现有限度的混合办学，学校与社会进行深度的互动与共赢。企业资本进入学校不再以慈善性质的"半捐赠模式"，而是改为企业向学校购买服务的形式；在不改变学校办学性质的基础上，允许企业资金作为投资份额进入学校财政，并允许其获得相对份额的收益。仿照欧洲大学治理模式，以设置"监事会""咨询委员会"等"赋权"（empowerment）的形式吸纳企业代表进入学校的内部治理体系。同时，优化原有为企业进行"订单式"的人才培养模式。学校允许企业深度参与人才培养体系改革，以能力塑造为导向，建立"专业与课程超市"。在"订单班"的培养过程中，企业可直接进入学校的"专业与课程超市"，自由选择课程；由学校的学科负责人保证整体培养的学术合理性，对所选课程进行合理化配对和组织。在建立新型校企合作关系的总体框架下，建立长效的联络机制和技术服务部门，明确学校在技术开发、成果转化中的分工和职能，发挥能力优势，行"能之所能"之事。有条件的高校可以组织专门的力量对有关企业在校企合作中的需求进行动态调查和分析，发布相应的专题报告，充分利用大数据和网络平台，保障信息的即时性和可获取性。

（三）建立分层多级工程人才培养体系

功能分化是高等教育发展的必然趋势，它既是在理念层面对不同类型高等教育内涵的区分，也是在操作层面对高等教育在不同领域角色和使命的划分。在功能分化的趋势下，各种类型的高等教育主体在宏观层次体现为结构分化、体制分化与资源分化；在中观层次体现为学校分化、机构分化与职能分化；在微观层次体现学科分化、专业分化与课程分化等方面。然后通过定位重构实现资源要素的重新调整，使其"各有所归、各得其宜"。德国工程教育的兴起和发展表明，新型高等教育机构往往成为传统大学的功能补充，有效回应社会、经济多元化和差异化发展的新需求。尤其是在产业转型、技术升级的关键时期，技术型人才的供求关系中存在巨大的缺口，且在需求类型、层次上呈现明显的区域差异，能够在较短时间内解决上述人才供给的不平衡的只能是那些根植于区域经济发展、与企业等经济体联系紧密的应用型高校。对包括综合性大学在内的广大高校来说，应当明晰自身在高等教育功能分化重大趋势中的定位与特色，避免将不同类型的培养方式、教育理念杂糅。

在我国，可以结合"双一流"建设和地方特色院校建设项目，突出分层特色，那些以一流大学为代表的"前端高校"主要为工程技术的前沿尖端和重大攻关提供人才支持，以具有双一流专业或学科的高校及部分行业特色院校为代表的"中端高校"主要培养基础领域工程技术人才，地方高校主要面向地方产业经济发展需求培养行业工程师，职业院校主要培养大规模产业工人。同时，利用各类院校联盟和共建项目，构建不同层级之间的融通与合作体系。

（四）引导工程教育下移

以德国为代表的国际经验表明，工程教育是一项全体系教育，全面工程教育已成为新时代中每个国家提高其综合国力和综合竞争力而提倡的一种具有全过程、全包容、全民性的教育哲学理念。从少年甚至幼年时期开始普及工程常识、培养工程意识和动手解决实际问题的能力（如德国的"工程师迷你俱乐部"、北美的K12工程教育等），是世界工程教育改革和发展的重要趋势。

在我国，应当结合基础教育课程改革的总体框架，充分利用各类教育资源，鼓励教培机构、科普机构等联合开发工程教育线下、线上启蒙课程和体验平台，提升课程的系统性、专业性、科学性与公益性。结合中小学劳动课程改革，推进技术通识课程的开发与设置，有计划、有步骤、分阶段、分区域地推进工程教育的前端向学前教育和初等教育下移。

（五）构建工程师继续教育机制

随着信息技术和知识经济高速发展，工程技术的工作方式、价值取向和产业形态都在发生着巨大变化，产业迭代的速率和频率大大加快。德国在构建工程师继续教育机制方面已经做了大量的制度安排和政策铺垫工作，其工程师的继续教育参与比率也一直处于世界领先水平。相对而言，我国企业参加工程教育的积极性比较低，参与度也不高，学校与企业在培养人才方面的合作机制还未建立，双方还没有形成自愿合作的良好机制。一方面，高校应该转变观念，主动与企业建立合作关系，为学生的学习和教师的专业发展提供更好的机会和条件，为继续教育提供服务；另一方面，企业也应当承担起工程教育，特别是工程科技人才继续教育的责任，成为继续工程教育的主体[①]。高等工程教育界、工业企业界应该充分关注、审慎思考和充分借鉴国外高等工程教育的经验，为我国的高等工程教育走向世界而及早做好准备，以适应日益激烈的全球竞争环境。应当充分利用继续教育、终身教育资源，加强工程师岗前、在职定期培训，出台工程师继续教育的鼓励政策等有关的法律法规。结合数字转型、人工智能、新能源开发等科技前沿，重视工程师继续教育过程中对开发前沿技术课程资源的投入与布局。

（六）推进工程文化建设

德国不仅最早提出工程教育理念，而且将技术教育覆盖至基础教育（以劳动教育为代表）、中等教育（以中等职业教育为代表），以及高等教育（以高等职业教育和应用型高等教育为代表）的教育全领域。工程文化理念在这种全体系的覆盖中充当了桥梁和黏合剂的作用，使各阶段的工程教育能够有机地统一于一体，共同服务于为解决"生活世界"和"工作世界"中具体问题的人才培养目的[②]。我国目前可结合大国工匠文化形象和科技伦理的建设布局，建设若干个国家级、省级工程文化研究基地，组织对中外工业文化的系列研究工作，开展对工程文化和工程教育的宏观战略基础研究和改革试点。在全社会营造崇尚工程文化、科技文化的氛围，重视对博物馆、体验中心、"工程文化节""工程文化大使/形象代言人"等文化载体的建设，特别重视在青少年群体中开展工程文化的传播和引导。

（作者简介：王兆义，浙江科技学院德语国家研究中心副研究员）

[①] 杜祥琬，余寿文. 中德工程教育比较研究［G］//中国工程院与清华大学工程教育课题组. 中国工程院咨询课题报告，2008：87.
[②] 王兆义. 技术教育对德国技术文化的影响——以工程师群体为例［J］. 中国职业技术教育，2021（36）：25-27.

育人模式篇

德国应用科学大学的人才培养模式及其启示

德国应用科学大学（Fachhochschulen）[①]自 20 世纪 60 年代末 70 年代初成立以来，已经走过了 50 余年的发展历程。作为除德国综合性大学及其同类高校（以下简称"综合性大学"）以外的第二大高校类型，应用科学大学的"应用型"人才培养模式特色鲜明，深受经济界和社会大众的欢迎，为德国高端制造业和现代服务业的可持续创新发展提供了坚实的人才储备和智力支持。下面将在分析德国应用科学大学形成与发展现状基础上，着重论述应用科学大学的人才培养模式及其运行条件，并在此基础上探讨应用科学大学人才培养模式对我国应用型高等教育教学改革的启示。

一、德国应用科学大学的形成与发展

德国应用科学大学脱胎自工程师学校及经济类、社会教育类、造型艺术类和农业类高级专业学校。它的出现是与德国 20 世纪 60 年代的教育讨论紧密联系在一起的，是在高等教育领域入学人数迅速扩张，以及现代工业社会对不同素质人才需求的背景下形成的。1964 年，教育改革家格奥尔格·皮希

---

① Fachhochschulen，直译为高等专业学院，根据德国文化部长联席会议和高校校长联席会议作出的决议，其英文名称于 1998 年统一为 University of Applied Sciences，故此译为应用科学大学。

特在轰动一时的系列文章《德国教育灾难》中提出警告说:"教育危急就意味着经济危急。如果我们缺少受过良好教育的后备力量,迄今为止的经济腾飞就会很快结束。"[①]德国传统的综合性大学由于过于偏重"纯科学、无目的的研究和教学"已经无法满足现代工业社会对高层次应用型专业人才的需求。而且,越来越多的年轻人也希望能在高校中接受更好的、面向职业的专业教育,而不是从事单纯的科学研究。同时,20世纪60年代初,德国受过高等教育的人数远远落后于美国、日本,要求入学的人数急剧增长,原有的大学已无法满足学生数急剧增长的需求。在这样的历史背景下,人们认识到,只有改变单一的高校体系,建立起不同类型的高等教育体系,才能满足社会对不同类型人才的需求,才符合高等教育大众化的趋势。于是,1968年10月31日,各州州长签订了共同建立应用科学大学的协议[②]。自此,应用科学大学开始了繁荣发展期,并以其特有的"应用型"特色与综合性大学一起构成了德国的高等教育新体系。

(一)法律地位

应用科学大学自成立以来,法律地位不断提高。1976年,联邦德国高等教育框架法将应用科学大学正式纳入管辖范围[③],标志着应用科学大学在制度层面正式进入高校序列;1985年修订的高等教育框架法明确规定:"不同的高校形式作为不同类型的高校体系中等值的要素而相互存在",应用科学大学和

---

① HANSGERT PEISERT, Gerhild Framhein.Das Hochschulsystem in der Bundesrepublik Deutschland[M]. Bad Honnef: K.H.Bock Verlag, 1990: 6.
② Wissenschaftsrat.Empfehlungen zur Entwicklung der Fachhochschulen in den 90er Jahren [EB/OL]. (1990-11-16) [2022-06-28]. https://www.wissenschaftsrat.de/download/archiv/9992-90.pdf?__blob=publicationFile&v=1.
③ Kultusministerkonferenz.Bekanntmachung des Abkommens zwischen den Ländern der Bundesrepublik zur Vereinheitlichung auf dem Gebiet des Fachhochschulwesens [EB/OL]. [2019-07-27]. http://recht.nrw.de/lmi/owa/br_bes_text? anw_nr=1&gld_nr=2&ugl_nr=2230&bes_id=2477&val=2477&ver=7&sg=1&aufgehoben=J&menu=.

综合性大学是"不同类型但是等值"的高等学校[1]；1998年、2002年先后两次修订的高等教育框架法引入了国际通用的学士、硕士学位，传统上综合性大学Diplom学位和应用科学大学Diplom（FH）学位之间的差异性被统一的学士、硕士学位制度替代[2]；2001年，修订后的高校教师法改革了教授工资级别，应用科学大学教授与综合性大学教授的工资级别原则上等同[3]；从2014年起，巴符州、黑森州、北威州等联邦州修订各自高等教育法，在一定条件下赋予应用科学大学博士学位授予权[4]。

（二）办学规模

1995年，德国有应用科学大学138所，在校生和注册新生分别为398840人和68315人[5]。至2021年，应用科学大学的学校数量已增至211所[6]，在校生和注册新生分别增长至1094435人和159623人，增长趋势明显（图1）。同期，所有高校在校生总数和注册新生数分别为2948979人和395485人。应用科学大学在校生数和注册新生数分别占总人数与注册新生数的37.11%和40.36%[7]。

---

[1] Wissenschaftsrat.Empfehlungen zur Entwicklung der Fachhochschulen in den 90er Jahren［EB/OL］.（1990-11-16）［2022-06-28］. https://www.wissenschaftsrat.de/download/archiv/9992-90.pdf?__blob=publicationFile&v=1.
[2] 徐理勤.现状与发展——中德应用型本科人才培养的比较研究［M］.杭州：浙江大学出版社，2008：77.
[3] Bundesministerium für Bildung und Forschung.Die Fachhochschulen in Deutschland［R］. Bonn, Berlin：Bundesministerium für Bildung und Forschung，2004：10.
[4] 陈洪捷，王兆义.德国应用科学大学为何要进行博士生培养［J］.教育发展研究，2021（17）：1-8.
[5] Bundesministerium für Bildung und Forschung.Die Fachhochschulen in Deutschland［R］. Bonn, Berlin：Bundesministerium für Bildung und Forschung，2004：27-28.
[6] Statistisches Bundesamt.Hochschulen nach Hochschularten［EB/OL］.［2022-05-31］. https://www.destatis.de/DE/Themen/Gesellschaft-Umwelt/Bildung-Forschung-Kultur/Hochschulen/Tabellen/hochschulen-hochschularten.html.
[7] Statistisches Bundesamt.Bildung und Kultur：Studierende an Hochschulen Wintersemester 2021/2022［EB/OL］.（2022-04-08）［2022-06-28］. https://www.destatis.de/DE/Methoden/Qualitaet/Qualitaetsberichte/Bildung/studenten.pdf?__blob=publicationFile.

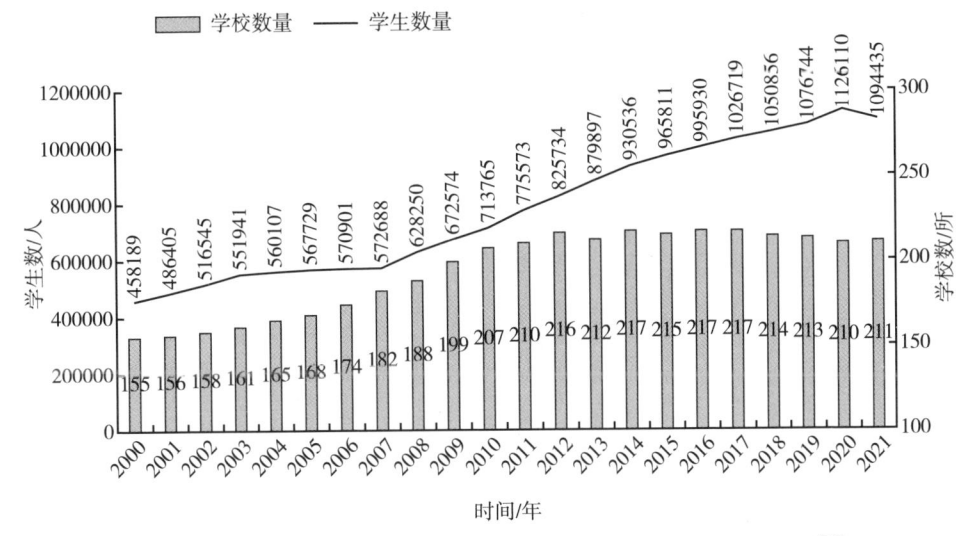

图 1　2000—2021 年德国应用科学大学学校数及学生数变化情况[①][②]

（三）入学条件

应用科学大学的新生主要来自专业高级中学或职业专科学校，以及高级文理中学或职业高级中学。前者具有"应用科学大学入学资格"；后者具有"一般高校入学资格"或"与专业相关的高校入学资格"，既可以读应用科学大学，也可以读综合性大学。[③]1975 年，高级文理中学毕业生占应用科学大学新生的比例不足 20%，2004 年这一比例已经达到 50%[④]，2016 年则达到 70%[⑤]。由此可见，应用科学大学越来越受到学生的欢迎。随着受欢迎程度的提升，应用科学大学设有

---

① 2000—2019 年数据来源：Bundesministerium für Bildung und Forschung.Bildung und Forschung in Zahlen 2020 [EB/OL].（2020-09）[2022-06-28]. https://www.bmbf.de/SharedDocs/Publikationen/de/bmbf/1/31630_Bildung_und_Forschung_in_Zahlen_2020.pdf?__blob=publicationFile&v=3.
② 2020—2021 年数据来源：Statistisches Bundesamt.Bildung und Kultur：Studierende an Hochschulen Wintersemester 2021/2022 [EB/OL].（2022-04-08）[2022-06-28]. https://www.destatis.de/DE/Methoden/Qualitaet/Qualitaetsberichte/Bildung/studenten.pdf?__blob=publicationFile.
③ Kultusministerkonferenz.Grundstruktur des Bildungswesens in der Bundesrepublik Deutschland [EB/OL].（2019-04）[2022-07-03]. https://www.kmk.org/fileadmin/Dateien/pdf/Dokumentation/de_2019.pdf.
④ Bundesministerium für Bildung und Forschung.Die Fachhochschulen in Deutschland [R]. Bonn, Berlin：Bundesministerium für Bildung und Forschung，2004：11.
⑤ 彭湃.德国应用科学大学的 50 年：起源、发展与隐忧 [J].清华大学教育研究，2020，41（3）：98-109.

入学限制条件的专业比例逐步上升。2021—2022冬季学期应用科学大学41.9%的专业设有入学限制条件，而综合性大学仅有37.5%的专业设有入学限制条件[①]。

（四）专业范围

应用科学大学在发展初期专业设置面较狭窄单一，主要集中在工程、经济，以及社会事业三大传统领域。但是，随着科学技术不断应用于实际生活，应用科学大学的专业面不断拓宽。除了需要国家考试的专业，应用科学大学的专业设置已涵盖所有学科的应用领域（图2），并出现大量跨学科的复合型专业，如经济工程、经济数学、生物工程等。

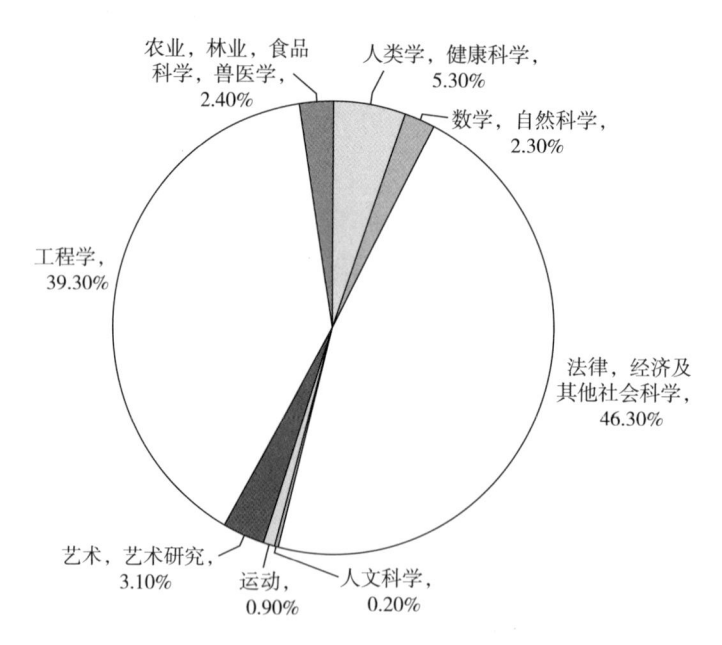

图2 2020—2021冬季学期应用科学大学学生专业方向分布[②]

[①] Centrum für Hochschulentwicklung.CHECK-Numerus Clausus an deutschen Hochschulen 2021/22［EB/OL］.（2021-07）［2022-06-28］. https://www.che.de/download/check-numerus-clausus-2021/?ind=1629270657748&filename=CHECK-Numerus-Clausus-an-deutschen-Hochschulen-2021_22.pdf&wpdmdl=18514&refresh=62bb111de977d1656426781.

[②] Bundesministerium für Bildung und Forschung.Bildung und Forschung in Zahlen 2021［EB/OL］.（2021-09）［2022-06-28］. https://www.bmbf.de/SharedDocs/Publikationen/de/bmbf/1/31689_Bildung_und_Forschung_in_Zahlen_2021.pdf?__blob=publicationFile&v=4.

（五）学位授予权

应用科学大学的学位制度经历了从 Diplom（FH）向学士、硕士学位制度全面转型的过程，目前在部分联邦州已获得博士学位授予权。① Diplom（FH）学位的认可：德国传统的学位制为二级学位制，即 Diplom 学位（人文、社科类专业授予 Magister 学位）和博士学位。根据德国各州文教部长联席会议（KMK）1999 年作出的决议，应用科学大学颁发的 Diplom（FH）学位相当于 4 年制的学士学位。②学士、硕士学位制度的建立：为了顺应高等教育国际化趋势，根据 1998 年修订的《高等教育框架法》，应用科学大学开始引入国际通用的学士、硕士学位。随后的博洛尼亚进程进一步加速了这一转变，且在学士、硕士学位上不再区分应用科学大学和综合性大学。据统计，2021—2022冬季学期，应用科学大学共设有 6776 个专业，其中学士学位专业 3956 个，硕士学位专业 2772 个，二者占所有专业的绝大多数[1]。③博士学位授予权的获取：到目前为止，在全德国范围内，应用科学大学作为一种高校类型还不具备整体性的博士学位授予权。近 20 年来，越来越多的应用科学大学和综合性大学联合培养博士生，由综合性大学授予博士学位。与此同时，应用科学大学获得独立博士学位授予权的努力从来不曾停止过。2015 年，黑森州修订州高等教育法，规定应用科学大学可获得限定条件、限定专业中有期限的博士授予权，其间富尔达应用科学大学等四家应用科学大学先后获得博士学位授予权；2019年，北威州修订州高等教育法，规定在"特定条件下向应用科学大学下放博士学位授予权"[2]。虽然应用科学大学获得博士学位授予权的征程并非一帆风顺，各州的修法工作也进展不一，但是应用科学大学的博士学位授予权已成大势所趋。

---

[1] Hochschulrektorenkonferenz.Statistische Daten zu Studienangeboten an Hochschulen inDeutschland. Studiengänge，Studierende，Absolventinnen und Absolventen.Wintersemester 2021/2022［EB/OL］.（2021-10）［2022-06-28］. https://www.hrk.de/fileadmin/redaktion/hrk/02-Dokumente/02-03-Studium/02-03-01-Studium-Studienreform/HRK_Statistik_BA_MA_UEbrige_WiSe_2021_22.pdf.
[2] 陈洪捷，王兆义. 德国应用科学大学为何要进行博士生培养［J］. 教育发展研究，2021（17）：1-8.

（六）高校国际化

应用科学大学成立之初，受历史客观条件的限制，其国际合作的基础与资源明显弱于综合性大学。20世纪后半叶，在经济全球化的推动下，应用科学大学努力适应德国企业的跨国发展与劳动力市场对国际化人才的强烈需求，积极致力于教育的国际化。据统计，2022年，德国高校共有2144个国际化专业。其中，应用科学大学的国际化专业达到781个，占所有国际化专业的36.4%[1]。外国留学生比例也逐年增长，1990年外国留学生占新生及在校生比例分别为5.3%和5.4%[2]，2021—2022冬季学期这一比例已分别提高到17.9%和13.7%[3]。

（七）应用型研究

在创建之初，教学是应用科学大学最主要的任务，科研工作在相当长的时间内没有受到重视。20世纪90年代，随着"社会科学化"和"科学社会化"进程的深入，应用研究和技术转让越来越受到政府、高校和企业的重视。自1992年起，联邦教育研究部（BMBF）启动了专门面向应用科学大学应用研究和开发的资助计划，且资助经费逐年稳步提升（图3），2021年资助经费达7500万欧元[4]。与此同时，应用科学大学获得的第三方资金数额增速明显。2015年，第三方资金仅为57594.8万欧元，2020年已增长至82377.3万欧元（图4）。应用科学大学的科研实力与综合性大学相比虽存在明显的不足，但是纵向相比应用科学大学的应用型研究还是取得了长足的进步。

---

[1] Hochschulkompass.Studienform：internationaler Studiengang［DB/OL］.［2022–06–24］. https://www.hochschulkompass.de/studium/studiengangsuche/erweiterte–studiengangsuche.html.
[2] Bundesministerium für Bildung und Forschung.Die Fachhochschulen in Deutschland［R］. Bonn，Berlin：Bundesministerium für Bildung und Forschung，2004：28.
[3] Statistisches Bundesamt.Bildung und Kultur：Studierende an Hochschulen Wintersemester 2021/2022［EB/OL］.（2022–04–08）［2022–06–28］. https://www.destatis.de/DE/Methoden/Qualitaet/Qualitaetsberichte/Bildung/studenten.pdf?__blob=publicationFile.
[4] Bundesministerium für Bildung und Forschung.Forschung an Fachhochschulen［EB/OL］.［2022–06–12］. https://www.bmbf.de/bmbf/de/forschung/das–wissenschaftssystem/forschung–an–fachhochschulen/forschung–an–fachhochschulen_node.html.

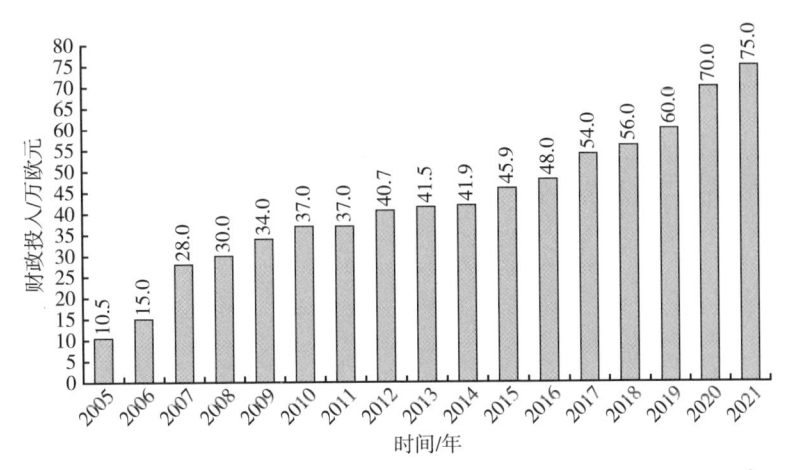

图 3 联邦教育研究部应用科学大学研究资助计划历年财政投入情况 [①]

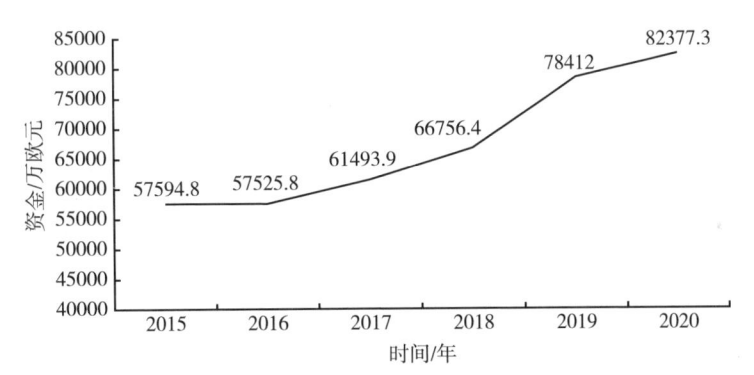

图 4 2015—2020 应用科学大学第三方资金增长趋势 [②③④]

[①] Bundesministerium für Bildung und Forschung.Forschung an Fachhochschulen [EB/OL]. [2022-06-12] https://www.bmbf.de/bmbf/de/forschung/das-wissenschaftssystem/forschung-an-fachhochschulen/forschung-an-fachhochschulen_node.html.

[②] 2015 年、2016 年数据来源：Statistisches Bundesamt.Bildung und Kultur.Finanzen der Hochschulen 2016 [EB/OL].（2018-04-25）[2022-06-28]. https://www.destatis.de/DE/Themen/Gesellschaft-Umwelt/Bildung-Forschung-Kultur/Bildungsfinanzen-Ausbildungsfoerderung/Publikationen/Downloads-Bildungsfinanzen/finanzen-hochschulen-2110450167004.pdf?__blob=publicationFile&v=3.

[③] 2017 年、2018 年数据来源：Statistisches Bundesamt.Bildung und Kultur.Finanzen der Hochschulen 2018 [EB/OL].（2020-04-23）[2022-06-28]. https://www.destatis.de/DE/Themen/Gesellschaft-Umwelt/Bildung-Forschung-Kultur/Bildungsfinanzen-Ausbildungsfoerderung/Publikationen/Downloads-Bildungsfinanzen/finanzen-hochschulen-2110450187004.pdf?__blob=publicationFile.

[④] 2019 年、2020 数据来源：Statistisches Bundesamt.Bildung und Kultur.Finanzen der Hochschulen 2020 [EB/OL].（2022-03-22）[2022-06-28]. https://www.destatis.de/DE/Themen/Gesellschaft-Umwelt/Bildung-Forschung-Kultur/Bildungsfinanzen-Ausbildungsfoerderung/Publikationen/Downloads-Bildungsfinanzen/finanzen-hochschulen-2110450207004.pdf?__blob=publicationFile.

（八）就业市场

根据德国联邦就业局发布的统计数据，2019年应用科学大学本科毕业生的就业率高达80%，同期综合性大学本科毕业生的就业率仅为69%；综合性大学本科生毕业后一年半，平均全职年薪为33200欧元，而应用科学大学本科毕业生的年薪达39100欧元，并且这一差距体现在所有专业中[①]。在就业满意度方面，应用科学大学的毕业生也要显著高于综合性大学毕业生。在毕业一年半后，受访的应用科学大学59%的本科毕业生及68%的硕士毕业生对自身的职业状况感到（非常）满意，而综合性大学毕业生中这一数据分别为52%与63%[②]。

（九）模式推广

德国应用科学大学以准确的办学定位和鲜明的办学特色在世界各国获得了广泛的认同。在欧洲，荷兰、奥地利、瑞士也纷纷成立了名为应用科学大学的高等学校，一些中欧及东欧国家，如匈牙利和波兰也成立了类似的高等学校。在中国，浙江科技学院和合肥学院从20世纪80年代起致力于全面系统引进、学习借鉴德国应用科学大学的办学模式，在中德两国均产生了较大的影响。经教育部批准设立的中德合作办学机构——同济大学中德工程学院和浙江科技学院中德工程师学院——其外方合作伙伴亦均为德国应用科学大学。

总而言之，在过去的50多年中，应用科学大学得到了长足的发展，已经成为德国高等教育体系中不可缺少的支柱之一。

二、德国应用科学大学的人才培养模式

与洪堡教育思想重视"纯科学，无目的的研究和教学"不同，应用科学大

---

① Bundesagentur für Arbeit.Blickpunkt Arbeitsmarkt–Akademikerinnen und Akademiker［EB/OL］.（2019-04）［2022-06-10］. https://statistik.arbeitsagentur.de/DE/Statischer–Content/Statistiken/Themen–im–Fokus/Berufe/Generische–Publikationen/Broschuere–Akademiker.pdf?__blob=publicationFile.
② Bundesagentur für Arbeit.Blickpunkt Arbeitsmarkt–Akademikerinnen und Akademiker［EB/OL］.（2019-04）［2022-06-10］https://statistik.arbeitsagentur.de/DE/Statischer–Content/Statistiken/Themen–im–Fokus/Berufe/Generische–Publikationen/Broschuere–Akademiker.pdf?__blob=publicationFile.

学自成立之日起,就把培养目标定在运用科学知识与方法解决实际问题的"科学应用型"人才的培养上。以下将从专业设置、培养目标、教学形式、理论教学体系、实践教学体系5方面详细论述应用科学大学的人才培养模式。

(一)行业导向的专业设置

与综合性大学学科导向的专业设置不同,应用科学大学的专业设置具有鲜明的行业导向,主要体现在3方面。①专业设置与区域经济结构高度契合:应用科学大学作为地方性高校,为区域经济社会发展服务是其重要的办学指导思想,因此其专业设置具有鲜明的行业性特征。②跨学科性:随着知识经济的迅猛发展,行业发展出现高度综合化趋势,涌现越来越多的学科交叉行业。为顺应这一趋势,应用科学大学纷纷设置复合型专业,如经济工程、物理工程、技术化学、经济信息学、经济法学、应用语言学等。跨学科复合型已成为应用科学大学专业设置的优势之一。③高度专业化:与跨学科复合型趋势相反,行业发展的另一趋势是分工越来越细,出现高度专业化趋势。为顺应这一趋势,应用科学大学一方面保持了专业设置的灵活性,设置了行业特征鲜明的"小口径"专业;另一方面通过专业下不同专业方向的设置满足行业发展的需要。表1列出了2022年汉诺威应用科学大学本科专业设置情况,从中可以清晰地反映出应用科学大学专业设置的行业高契合度、跨学科性和高度专业化特征。

表1 2022年汉诺威应用科学大学本科专业设置一览 [①]

序号	专业名称(教学形式)	序号	专业名称(教学形式)
1	电气工程与信息技术(全日制、非全日制、双元制)	3	机电一体化(全日制、非全日制)
2	应用数学和大数据(全日制、非全日制)	4	技术信息设计及技术编辑(全日制、非全日制)

---

① Hochschule Hannover.Bachelor-Studiengänge an der Hochschule Hannover.Bachelor-Studiengänge im Überblick [EB/OL].(2022-04-27)[2022-06-28]. https://www.hs-hannover.de/fileadmin/HsH/Hochschule_Hannover/Organisation/Kommunikation_und_Marketing/Broschueren/Bachelorflyer_HsH_27.04.2022.pdf.

（续表）

序号	专业名称（教学形式）	序号	专业名称（教学形式）
5	电气经济工程（全日制、非全日制）	23	视觉传达（全日制、非全日制）
6	机械制造（全日制）	24	综合媒体与传播（双元制）
7	机械工程信息学（全日制、双元制）	25	新闻学（全日制、非全日制）
8	过程工艺技术、能源技术和环境技术（全日制）	26	医疗信息管理（全日制、非全日制）
9	机械经济工程（全日制）	27	公共关系（全日制）
10	机械设计（双元制）	28	会展管理（全日制）
11	机电一体化（双元制）	29	信息管理（全日制、非全日制、在职继续教育）
12	生产技术（双元制）	30	经济信息学（全日制）
13	技术营销经济工程（双元制）	31	企业经济学（全日制）
14	乳制品技术（全日制）	32	国际商务（全日制）
15	食品包装技术（全日制）	33	应用信息学（全日制、非全日制）
16	可再生原材料技术（全日制）	34	媒体设计信息学（全日制、非全日制）
17	新闻摄影和纪实摄影（全日制、非日制）	35	行政管理信息学（全日制）
18	室内设计（全日制、非全日制）	36	治疗教育学（全日制、非全日制、在职继续教育）
19	媒体设计（全日制、非全日制）	37	护理学（双元制、在职继续教育）
20	服装设计（全日制、非全日制）	38	宗教教育学与社会工作（全日制、非全日制）
21	产品设计（全日制、非全日制）	39	社会工作（全日制、非全日制、在职继续教育）
22	舞台布景、舞台服装和实验设计（全日制、非全日制）		

（二）应用导向的培养目标

与综合性大学"学术研究型"人才培养不同，应用科学大学培养的是各行各业中应用科学理论从事高技术专业工作的应用型专门人才，属于"科学应用型"人才。通过对比分析，两者的培养规格存在明显差异性：①知识结构的差异性：学术型本科以学科体系为本位，注重学术性，重视学科知识自身的系统性和理论性；应用型本科以行业需求为本位，由于行业，特别是高科技行业技术更新快，且具有复合性和跨学科性，因此特别注重知识的复合性、现时性和应用性。②能力结构的差异性：学术型本科通过系统的学科理论教育和专业思维训练，着重培养学生的科研能力和创新能力；应用型本科以面向行业培养学生综合运用理论知识和方法解决实际问题的综合能力和实践能力为主，同时要有较强的技术创新能力。③素质结构的差异性：学术型本科人才应具有更强的想象力、创新意识和批判性；应用型本科人才则应具备更强的社会能力，如语言表达能力、自我表现力、团队精神、协调能力、交际能力，以及考虑问题的周密性等。

（三）实践导向的教学形式

无论是全日制常规教学形式还是双元制教学形式，应用科学大学的教学环节安排均具有鲜明的实践导向。

1. 全日制常规教学形式

应用科学大学全日制常规教学形式一般分为两个阶段，即基础学习阶段和专业学习阶段。在基础学习阶段一般传授学科基础知识和专业基础知识，在专业学习阶段一般侧重不同的专业方向或专业重点。以汉诺威应用科学大学机械工程信息学全日制本科专业为例，学制3.5年，分为7个学期（表2）。第1—3个学期属于基础学习阶段，课程多以数学、自然科学及工程学的相关基础知识为主；第4-7个学期为专业学习阶段，其中第6个学期学生需要在8个选修模块中选取3个模块进行修读；第7学期则为专业实习及毕业设计学期。毕业总学分要求为210个欧洲学分，其中实践教学环节（含实验教学、项目教学、专业实习及毕业设计）的学分占比为34%。此外，该专业要求学生在第3学期开始前完成10周的预备实习，该环节未列入学分计算。

表2　汉诺威应用科学大学机械工程信息学全日制本科专业教学环节安排[1]

机械工程信息学专业（本科）	学期		
	1		
	2	基础学习阶段：包括数学、自然科学、信息学及工程学基础课程	
	3		
	4	专业学习阶段：包括对机械制造、信息学、工程学等专业领域的深化课程，并需要在下列8个选修模块中选择3个进行修读（工业机器人、测量—控制—调节III、运动学、过程控制技术、有限元方法II、机器元件II及活塞式压缩机、CFD基础、经批准的选修模块），第7学期为专业实习、毕业设计学期	
	5		
	6		
	7		

2. 双元制教学形式

自20世纪80年代开始，应用科学大学与企业合作开设双元制专业，通过将高校的理论教学与企业职业培训相结合，或者与企业实际工作相结合强化学生实践能力的培养。据统计，2019年应用科学大学共开设双元制本科专业1180个，在校生达57233人，成为开设双元制本科专业最多的高校类型，其开设的双元制本科专业占所有双元制本科专业总数的71%，在校生占所有双元制本科专业在校生总数的52.9%[2]。就读双元制专业的学生，在入学前要与合作企业签订带有资助协定的培养合同。双元制本科专业又分为职业教育嵌入式和实践环节嵌入式两种模式。如表1所示，2022年汉诺威应用科学大学共开设双元制本科专业8个。表3为该校机械工程信息学双元制本科专业教学环节安排情况，其学分要求与表2中同一专业的学分要求相同，即210个欧洲学分。该双元制专业同步开设了职业教育嵌入式和实践环节嵌入式两种形式，其中职业教育嵌入式包含了1年的前置双元制职业教育阶段。在双元制专业中，除第

---

[1] Hochschule Hannover. Besonderer Teil der Prüfungsordnung für den Bachelor–Studiengang "Ingenieurinformatik Maschinenbau（IIM）" mit dem Abschluss Bachelor of Engineering（B.Eng.）an der Fakultät II–Maschinenbau und Bioverfahrenstechnik，Abteilung Maschinenbau, der Hochschule Hannover ［EB/OL］.（2020-05-04）［2022-06-28］.https://f2.hs-hannover.de/fileadmin/HsH/Fakultaet_II/Abt_M/Dokumente/Ordnungen/POs/MAB_nicht_duale_STGs/PO–IIM–2020–Verkuendungsblatt_Nr._03.2020_vom_04.05.2020.pdf.

[2] Bundesinstitut für Berufsbildung.AusbildungPlus Duales Studium in Zahlen 2019.Trends und Analysen ［EB/OL］.（2020-07-06）［2022-03-03］. http://www.bibb.de/dokumente/pdf06072020_AiZ_dualesStudium–2019.pdf.

4学期、第7学期两个实践学期（含毕业设计），其他学期学生平时在大学学习，放假期间则在企业进行准工程师的职业训练。这种双元制模式深受学生、企业和高校的欢迎。

表3　汉诺威应用科学大学机械工程信息学双元制本科专业教学环节安排[①]

学　期	实践环节嵌入式	职业教育嵌入式
入学前一年		全日制企业培训 双元制职业教育 ▶工商行会考试1 ▶职业学校学习
第1—3学期	全日制大学学习 假期： 全日制企业实习 ▶附加活动和项目	全日制大学学习 ▶职业学校特别课程 假期： 全日制企业实习 ▶附加活动和项目
第4学期	全日制企业实习 ▶实践阶段 ▶项目	全日制企业培训 双元制职业教育 ▶工商行会考试2 ▶实践阶段 ▶项目
第5—6学期	全日制大学学习 假期： 全日制企业实习 ▶附加活动和项目	全日制大学学习 假期： 全日制企业实习 ▶附加活动和项目
第7学期	全日制企业实习 ▶实践阶段 ▶本科论文	全日制企业实习 ▶实践阶段 ▶本科论文

（四）能力培养导向的模块化理论教学体系

与"学术研究型"人才培养不同，"科学应用型"人才培养以能力培养导

---

① Hochschule Hannover.Bachelor–Studiengang Ingenieurinformatik Maschinenbau（dual）[EB/OL]. [2022–06–28]. https://f2.hs-hannover.de/fileadmin/HsH/Fakultaet_II/Abt_M/Dokumente/Dual/Flyer_u._Informationsmaterial/Flyer_IID_22d.pdf.

向取代了传统的学科知识导向。伴随着博洛尼亚进程后的学位、学制改革,应用科学大学广泛开展了模块化课程体系改革。模块化指的是"一个专业内单一的教学活动组合成(不同的)主题式教学单位(即模块)"[1]。在这一过程中,应用科学大学围绕学生的能力培养主要开展了3个层面的改革。

1. 课程体系改革

即围绕专业总体人才培养目标,构建能力培养导向的模块化课程体系,较好地解决了课程之间各自为政和理论与实践脱节的问题。①围绕能力培养构建模块化课程体系:模块与模块之间层层递进、相互支撑。首先,围绕培养目标有针对性、有选择性构建基础模块;其次,提高应用型专业课程模块比例,着力培养学生的应用实践能力,基础、专业基础课程模块与应用型专业课程模块之间的学分比例接近1∶1;最后,引入跨学科课程模块,提高学生解决实际问题的综合能力。例如,在工科专业中普遍设置了企业经济学、法学、项目管理、安全技术、人事管理、成本核算、技术营销等非技术类课程,培养学生从经济学、生态学和社会学等角度寻求技术解决方案的跨学科综合能力。②围绕模块教学目标,有针对性地设置模块内课程:每个模块都指定了模块负责人,统一协调模块内课程的教学内容,较好地解决了课程与课程之间的衔接关系,避免了课程内容的脱节或重复设置。③理论教学与实践教学的衔接问题:一个模块通常是一个总量为4—8学期周学时的教学单元,围绕同一主题融合了课堂教学、练习、研讨、实验教学、项目教学等不同的教学方式。教授们亲自参与实验教学和项目教学的设计、指导、考核,使理论教学与实践教学紧密有机地结合在一起,极大地提高了学生运用理论知识与方法解决实际问题的应用能力。

2. 教学内容改革

在模块化教学改革中,每门课程的教学内容服务于课程所在的模块教学目标,并通过服务模块教学目标最终服务于人才培养目标的实现。因此,应

---

[1] STEFANIE SCHWARZ-HAHN, MEIKE REHBURG. Bachelor und Master in Deutschland-Empirische Befunde zur Studienstrukturreform [R]. Kassel:Wissenschaftliches Zentrum für Berufs- und Hochschulforschung Universität Kassel, 2003:51.

用科学大学的教学内容改革遵循了逆向设计的原则，凸显问题导向，即根据实际问题反向设计能力要求，并根据能力要求反向设计教学内容。首先，基础课和专业基础课不强调自身学科的系统性和完整性，而是针对模块教学目标有选择性地构建教学内容，为专业教学服务。与专业教学有关的内容会讲得非常透彻、清晰，与专业教学关系不大的内容则会一笔带过。其次，专业课程的理论教学有鲜明的实践导向，强调科学知识和方法如何运用于实际生产和其他领域，偏重于那些与实践密切相关的专业知识。最后，课程教学有明确的模块课程描述，但是没有统一的教材。教授们根据课程描述的要求自主决定教学资料、教学进程和具体内容，指定教学参考书，并根据学科知识的发展及实际应用的变化不断补充和修订教学内容。

3. 教学方法改革

在课程教学中很好地融合了项目式教学、研讨式教学、案例式教学和实验嵌入式教学（课堂与实验室融合）等教学方法。与综合性大学相比，应用科学大学的课堂多采用小班化教学，既促进了师生间的交流互动，也保证了以上教学方法的有效实施。

（五）注重实战的实践教学体系

注重实践教学的实战化是应用科学大学实践教学体系的重要特征，其实践教学环节主要包括实验教学、实践学期、项目教学、毕业设计等。

1. 实验教学

专业课实验多为自主设计实验、综合性实验，要求学生有充分的准备，一份实验报告就像一份研究报告，有详细的理论分析、方案设计、实验步骤、实验过程、实验结果、实验数据分析等内容，因此实验课的学分往往高于相同学时的理论课程。同时，实验教学一般实行分阶式考核评价，即实验前的准入性考核—实验中的过程评价—实验后的展示性评价。实验前的准入性考核主要指预习环节，要求学生做好与实验内容相关的知识储备，并通过教师的考核；实验中的过程评价主要观测实验过程中学生独立完成情况和解决实际问题的能力；实验后的展示性评价主要分为实验报告和实验答辩环节，以锻炼学生的科研写作能力和口头表达能力。

2. 实践学期

在工科专业的培养方案中一般会设置1—2个实践学期，原则上要求在企业中完成，由教授和企业专业技术人员共同指导。目的在于通过实践学期加深学生对工作岗位的了解，通过实战化项目的形式培养学生运用科学知识与方法解决实际问题的能力，以及在实际工作环境中的工作方法和社会能力等。实践学期结束时，实习企业要出具实习证明，实习生要提交实习报告并参加实习答辩。

3. 项目教学

应用科学大学在培养方案中通常会设置数个项目教学环节。其题目来自企业，并与企业生产活动紧密结合，学生在教师指导下独立完成从市场调研、方案设计、制作到作品展示的整个实战过程，撰写项目设计论文，并采用口头报告形式展示项目进展和解决方案。在设计过程中，通常分小组进行，小组成员分工合作。由此锻炼学生的应用能力、团队协作精神、独立工作能力、交际能力，以及语言表达能力，等等。

4. 毕业设计

应用科学大学的毕业设计与企业实践的结合程度相当高。据统计，在许多专业，特别是工科专业，毕业论文课题来自企业，并在企业中完成的占60%—70%[1]。

三、德国应用科学大学人才培养模式的运行条件

应用科学大学的人才培养模式之所以能取得成功，是根植于德国高等教育制度的土壤，并与一定的运行条件相依相存的。以下将从教育思想、分类指导、入学条件、师资队伍、校企合作5方面来论述应用科学大学人才培养模式的运行条件。

---

[1] Bundesministerium für Bildung und Forschung. Die Fachschulen in Deutschland [R]. Bonn, Berlin: Bundesministerium für Bildung und Forschung, 2004:15.

1. 教育思想

与"洪堡教育思想"不同,应用科学大学自成立之日起,始终将科学知识和科学方法的实际应用放在第一位。这种教育思想在德国社会各界已形成共识。德国政府一再明确指出应用科学大学是"不同类型但是等值的"高等学校;用人单位不唯学历、不问"出身",而是注重员工的实际工作能力;高校各居其位,各司其职,不盲目追求"高、大、全";学生及家长则更注重自己或孩子的兴趣与能力培养,而不是一味地追求所谓的"名校"与高学历。因此,形成了有利于应用科学大学发展的良好舆论环境和理念环境。

2. 分类指导

为了充分体现"不同类型但是等值的"的办学指导思想,德国无论从专业设置还是质量评估都对不同类型的高校进行分类指导。在专业设置方面,专业认证机构对同类专业不同类型的人才培养模式,即应用型高等教育和研究型高等教育制订了不同的专业设置标准,进行分类指导[①]。在质量评估方面,德国政府没有制订综合性大学和应用科学大学统一的评估指标体系,而是由非官方的独立评估机构根据不同高校类型开展评估。民间高校排名榜通常也将综合性大学和应用科学大学分类并且分专业进行排名。高校自身也普遍反对将高校进行简单的横向比较与排名。

3. 入学条件

如前所述,应用科学大学学生来源主要来自专业高级中学或职业专科学校,高级文理中学或职业高级中学。其中,专业高级中学、职业专科学校和职业高级中学的毕业生都接受过职业教育,高级文理中学的毕业生则一般要进行预备实习才能进入应用科学大学学习。因此,不管学生来自哪一种学校类型,一般在入学前都具有相应的实践经验。

4. 师资队伍

应用科学大学的应用型也同样体现在对教师的素质要求上。从聘任条件

[①] ASIIN.Fachspezifisch Ergänzende Hinweise des Fachausschusses 01–Maschinenbau/ Verfahrenstechnik [EB/OL].(2021-03-16)[2022-06-18]. https://www.asiin.de/files/content/kriterien/ASIIN_FEH_01_Maschinenbau_Verfahrenstechnik_%202021-03-16.pdf.

看，应用科学大学的教授除了要拥有博士学位，还要具备至少 5 年的职业实践经验（其中至少 3 年在高校外）；综合性大学的教授除了要拥有博士学位，则一般要具备大学授课资格（Habilitation，相当于博士后）。也就是说，综合性大学教授要求拥有更强的科学研究能力，应用科学大学教授则要求拥有更强的应用实践能力。

5. 校企合作

应用科学大学自成立之初，即与经济界有着天然的联系。如北德经济应用科学大学在校学生仅 2000 余人，而合作企业超过 300 家[①]。紧密有效的校企合作是应用科学大学取得成功的最重要保障。合作形式多种多样，包括企业提供实习岗位和毕业设计岗位，参与项目教学和"双元制"专业建设，资助基金教授席位和应用型科研项目，通过捐赠实验设备等形式与应用科学大学共建实验室，并通过高校参议会等平台为专业设置、培养方案修订提供咨询意见。通过紧密的校企合作，应用科学大学与企业形成了研发基地、实习基地、就业基地等基地建设的联动，也形成了互利共赢的利益共同体。

四、对中国应用型高等教育未来走向及教育教学改革的启示

德国应用科学大学 50 多年的发展历史，是德国高等教育制度不断突破的历史，反映在法律地位、职能定位、学位制度、人事制度等方面，也是不断强化办学特色、形成办学优势的价值实现过程，形成了德国高等教育体系中以"综合性大学"和"应用科学大学"两大高校类型为主体的相对稳定的高校格局和政策环境[②]。在我国，应用型高等教育始于 20 世纪末、21 世纪初，经过 20 余年的建设与发展，应用型高校的办学定位逐渐清晰，办学类型逐渐得到

---

① Nordakademie Hochschule der Wirtschaft. Über die Hochschule der Wirtschaft[EB/OL]. [2022-07-01]. https://www.nordakademie.de/hochschulprofil.
② 德国没有类似我国专科层次的高等职业教育体系，职业学院（Berufsakademie）和双元制大学（Duale Hochschule）从办学定位和毕业文凭角度来说相当于我国职业本科。但是职业学院和双元制大学总体规模很小，只分布在部分联邦州，其中职业学院尚未从立法角度解决高校地位问题，因此尚不足以与综合性大学和应用科学大学并驾齐驱。

认可，办学水平也处于提升阶段。但是思想理念层面和制度政策层面的藩篱始终存在，应用型高校的办学定位时有摇摆，服务领域不够清晰，尚未走出特色鲜明的高水平建设之路。因此，应用型高校的未来走向及教育教学改革尚待进一步明晰方向、形成特色。在此过程中，德国应用科学大学的发展道路和人才培养模式值得我们深入研究。

（一）应用型高校的未来走向和办学定位亟待明晰

我国应用型高校主要来自两大群体：20世纪末、21世纪初从"专升本"发展而来的新建地方本科院校，以及21世纪初高校扩招背景下形成的独立学院。从20世纪90年代首次提出"应用型本科"人才培养的新理念[①]，到2000—2010年前后的试点探索阶段，到2010年以来大量普通本科院校或出于意识自觉或受国家政策引导纷纷向"应用型本科"转型发展，形成了具有中国特色的应用型高校发展道路。《教育部关于"十三五"时期高等学校设置工作的意见》以人才培养定位为基础，将我国高等教育分为研究型、应用型和职业技能型三大类型，为应用型高校的发展指明了方向，此后国家和地方政府也相继出台了一些措施改善应用型高校的政策环境。但是，长期以来形成的社会舆论环境、无处不在的高校评价体系，以及各种专项经费的投入客观上导致了应用型高校向研究型大学看齐的"冲动"。另外，2019年职业本科政策的落地，客观上模糊了应用型高校和高职院校之间的界限。特别是"双一流"建设高校（面向研究型大学）和"双高"建设高校（面向高职院校）等建设专项的出台，更使应用型高校的政策环境相形见绌。我国目前有本科高校1270所，其中"双一流"高校仅147所，非"双一流"高校1123所。这么大的高校群体，如果缺乏明确的发展方向和办学定位，将造成办学资源的极大浪费，也会导致区域经济社会发展的重大损失。因此，既要避免应用型高校向研究型大学的"学术漂移"，也要避免应用型本科和职业本科之间的同质化发展。三者之间虽没

---

① 詹俊. 杭工院学习德国FH办学模式之我见 [J]. 高等工程教育研究. 1995,（3）：70-74

有绝对清晰的边界，但是并不等于不需要进行类型的区分。因此，既要避免类型固化，也要避免类型同化，特别是在中国国情下。因为类型同化往往意味着学术化。

（二）文化培育和制度设计是应用型高校健康发展的关键

德国应用科学大学之所以能取得成功，主要归功于根植于德国的文化传统，以及基于文化传统的制度设计。我国应用型高校20多年来的发展历史和办学经验表明，有利于应用型高等教育发展的文化传统的缺失，以及制度设计层面的不足仍然是制约应用型高等教育健康、可持续发展的最大障碍。为此，培育符合应用型高等教育发展的文化环境和制度环境成为当务之急。

1. 文化培育

中国的传统文化是"重学轻术"的，反映在教育观念上就是重理论轻实践，重知识轻应用。这种教育思想在社会生活和高校办学的方方面面均有所体现，比如家长学生盲目追求"名校"，企业用人盲目择校，教育评价向"学术化"看齐，等等。在这种文化传统下，应用型高校和高职院校的发展举步维艰。因此，深化应用型高校的教育教学改革，要从文化培育做起，要从转变教育观念做起。只有从思想上真正认识到"应用型"人才的重要作用，才能切实加强应用型高校的建设。文化培育是个系统而漫长的过程，必须从政府政策引导、用人制度改革、技术文化普及等方方面面入手，在全社会营造"尚用务实"的文化氛围，才能为应用型高校发展提供丰沃的文化土壤。

2. 制度设计

人才培养模式从来都不是孤立存在的，而是在一定的环境条件下运行的，好的制度设计有助于应用型人才培养模式的良好运行。①建立应用型高校评价体系：政府应强化分类指导，建立起符合应用型高校发展的评价体系和投入机制，引导高校科学定位、分类发展；应用型高校应根据社会对人才的不同需求合理定位，坚信不同类型的高校都可以办出一流，并积极探索符合自身办学定位的评价体系。②建设"双师型"教师队伍：强化教师实践能力、建设"双师型"教师队伍是应用型高校的当务之急。为此，应深化从人才引进、人才培养到人才激励的人事制度改革。在人才引进层面，应当把一定年限的实践工作经历与博士学位设定为同等重要的引进条件，或至少保证一定比例的新引进教师具备实践工作经历；在教师进修层面，学校应该有计划地安排教师，特别是年轻教师，到实际岗位挂职锻炼或开展横向课题研究，通过轮训的方式逐渐实现教师实践经验的全覆盖；在教师评价层面，应尽快建立一套符合应用型高校发展需求的教师评价体系，在岗位聘用、职称评定、业绩考核等方面凸显应用型办学特色。③拓展多元化的生源渠道：改革招生办法，招收中专、职业学校毕业生及有工作经历的在职人员进入应用型高校学习，打通高职院校学生进入应用型高校的通道，实现生源渠道的多元化，并根据学生的前置学历建立因材施教的教学指导体系。④充分调动企业参与教育的积极性：降低产教融合型企业在员工规模、资产总额、投资规模、营业收入，以及对外教育投入等方面的准入门槛，进一步明晰责任义务，遵循"企业申请、资格审定、质量监督、扶持优质、动态调整"等原则遴选产教融合型企业，鼓励企业将教育投入更多用于改善企业实训条件，为应用型高校和高职院校创造量大面广、真正有效的实训岗位。加大政策扶持力度，通过税收减免、贷款优惠、土地划拨等方式引导高校和企业达成互惠互利的长期合作。

（三）深化产教融合是强化应用型高校办学特色的必由之路

紧密的校企合作、深度的产教融合是德国应用科学大学形成鲜明的办学特色，从而取得办学成功的"秘诀"所在。在我国，受体制机制等因素影响，人才培养供给侧和产业需求侧的"两张皮"现象长期存在，成为困扰应用型高校内涵发展的堵点和难点。为此，需要从高校和企业双向发力，形成高校服务产业发展与企业深度参与高等教育的良性互动。①应用型高校应强化服务区域产业经济转型发展的办学导向。高校应牢固树立积极为行业、企业发展服务的意识，设立专门的产学研合作教育机构，建立行之有效的运行机制；以现代产业学院建设为抓手，条件成熟的高校可积极引进德国双元制高等教育模式，强力推进产教深度融合,深化"应用型"人才培养模式改革,在专业设置、课程建设、实践教学、实验室建设等方面广泛征求用人单位的意见,同时积极开展应用型科研合作。②企业应强化主动参与高等教育的战略意识。用人单位应从长远发展的战略高度加强与高校在产学研合作教育、应用型研究、科技创新、办学条件改善、用人机制等方面的合作关系,形成企业与高校在研发基础、实习基地、就业基地和教师进修基地四大基地建设中的联动作用,互利互惠,谋求共赢。

(作者简介:徐理勤,浙江科技学院中德应用型大学研究院院长、德语国家研究中心主任,研究员;金乙,浙江科技学院中德应用型大学研究院、德语国家研究中心研究人员)

学徒制：产教协同育人的德国模式

德国的高等教育阶段包含不同类型的院校，一类是综合性大学，旨在培养科研后备力量，以学术型人才为主，其毕业生具有扎实的理论基础和独立的科研工作能力；另一类是应用科学大学、职业学院/双元制大学等，旨在培养应用型人才，其毕业生具有将理论知识转化为实际应用技术，解决生产现场各种技术问题的能力。目前，德国的各类院校中形成了独特的人才培养模式，并在世界上产生了广泛影响。在以培养应用型人才为定位的应用科学大学、双元制大学、职业学院等高等院校中，广泛应用学徒制，探索出一种产教协同育人模式，被其他国家广泛学习和借鉴。那么，什么是学徒制？这种产教协同育人的模式运行的机制是什么？其发展态势是什么样的？本文尝试对以上问题进行探讨。

一、学徒制的产教协同本质

（一）学徒制在学校与企业两支力量的内在协调中育人

1. 行会学徒制阶段——企业一方为主的教育格局

从中世纪到工业革命在德国全面铺开之前，几百年间德国的生产方式主要是手工业生产。手工业生产具有几个特点：第一，生产的技能全部集中在操作者的身体上，尤其是双手上；第二，同一生产过程没有进行高度的分化，分工协作还不太明显；第三，手工操作技术掌握在少数师傅手中，技术交流意识不足，保守思想占上风。上述三个特点，在逻辑上是环环相扣的。手工业生产的技能全部集中在操作者个人的双手上，所以生产过程的全部内容一个人就可完成，不需要进行分工协作。同时，当所有的技能集中在少数一部分人的手中，且这些技能又能创造出可观的经济价值及社会地位时，保守思想难免滋生，要想获得这些生产技能，就必须拜这些人为师，通过长期免费或廉价服务来换取技能的学习过程。

行会中的学徒训练过程主要通过师傅示范操作、学徒观察模仿，以及大量重复练习来实现，限于当时的科学技术发展水平，基本上没有系统的理论知识讲授。学徒技能学习的效果一方面取决于师傅自身的技能水平、教授技能的态度及技巧；另一方面取决于学徒自身对于技能学习的期望，对沿着技能水平不断提升所带来的社会地位逐步攀升的追求。行会组织下的学徒制是德国双元制职业技术教育中企业参与技术技能人才培养模式的滥觞，此时的学徒教育本身就是和作坊生产过程融合的，二者融合的深层次原因主要是当时的生产方法。在没有复杂机械设备参与的生产过程中，人的身体就是最重要的生产设备，至多再附加上与身体结合的各种简单工具，这种生产就是手工业生产。

在行会学徒制技能训练中，产教协同育人模式是天然生成的，虽然这里的"教"还不存在后来出现的各种正规的学校教育，仅仅是对学徒的技能学习过程进行教育，但是教育的目的和过程却是真实存在的。同时，师傅的教育不仅包括技能方面，还包括职业思想品德方面的指导，学徒住在师傅家里，不但在手工业生产中学习操作技能，也在和师傅一朝一夕的相处中受到师傅职业思想品德方面潜移默化的影响。再者，这些"教"的过程都是蕴含在"产"的过程中的，不管是以默会性知识为主的各种操作技能，还是职业思想品德，都是在手工业生产过程中才能得以体现和再现。由此可知，行会学徒制技能训练是一种集生产、学习、生活三位一体的训练模式，教学全程在生产现场进行，过程与方法融为一体。在重视传统传承的德国，行会学徒制技能训练这种学习模式为德国的技能人才培养打上了深深的烙印，产教协同育人也成为德国各层次职业技术教育中最重要的特点。

2. 资本主义萌芽与发展阶段的学徒教育——学校初步参与应用型人才培养

行会学徒制与当时的社会经济繁荣发展，以及生产方式关系密切。在文艺复兴运动前后，欧洲大陆的手工业生产和商品经济发展到了一个高峰时期，此时，学徒制也达到了黄金发展时期。但随着14世纪资本主义在封建社会内部的萌芽与发展，资本主义所追求的经济自由发展、无限追求经济利益的生产方式与行会组织保守封建的本质之间产生了不可调和的矛盾。15世纪之后行会日趋衰落，行会制度下的学徒训练也随之由盛转衰。随着资本主义势力在和封建势力交锋过程中的一次次胜利，行会逐渐解体，学徒制受到冲击。

当行会制度下的学徒制衰落和瓦解之后，为了弥补由此带来的技能人才培养的空缺，文艺复兴运动之后日益上升的国家权力机构开始担负起行会的职责，职业教育的管理逐渐由行会等私营组织让渡到国家公权力部门。同时，由于文艺复兴运动导致了各领域知识的长足发展与繁荣，生产过程中使用到的专业知识也逐渐增多，不再是仅仅包含一些经验性的技术知识，因此，对生产人员的理论知识的要求也在逐步提高。在这种情况下，学校教育参与技能人才的培养已经势在必行，在政府的干预下，学徒制开始与带有职业教育性质的学校相结合，二者共同担负起技能人才培养的重任。

虽然有学校开始参与应用型人才培养，但此时大部分的学校由于受到宗教势力的干预，开设了大量的神学、拉丁语等课程。在生产过程中经常用到的算术、商业知识、读写等方面的知识只在少数世俗学校里传授，学校在职业人才培养过程中的作用还十分有限。在德国，最早参与应用型人才培养的学校是16—17世纪由宗教界和实业界共同创办的星期日学校。星期日学校是部分时间制教学的学校，一般在星期日或是晚上进行教学，手工业星期日学校教授的内容包括算术、制图、机械和普通技术，白天的时间主要进行生产活动。虽然此时的学校在教学内容和教学时间上均是有限的，但是作为与生产过程相分离的纯粹的学校教育第一次出现在技能人才培养过程中,具有划时代的意义,这为后续应用型高校的改革指明了方向,也是产教协同育人模式的雏形。这个阶段的"教"逐渐和"产"在过程上分离,但是分离后的"教"是服务于"产"的,分离后的"产"是促进于"教"的,二者仍然是相辅相成的一个整体。

3. 工业革命之后德国的学徒教育——企业、学校开始共同参与人才培养

18世纪末期到19世纪30年代是德意志工业革命的准备阶段,受这一时期的启蒙运动的影响,启蒙教育家积极参与探索各类人才的培养路径,并建立了一系列各种类型的学校。启蒙学者认为每个社会成员都应为某一门职业和有益的工作做好准备,主张教育应当是全体社会成员的普通劳动教育,并且建立诸如星期日学校、工业学校、工艺技术学校、星期日进修学校等,积极探索将技能教育与学校教育融为一体、协同育人的模式。

工业革命之前的德国是一个农业社会,手工业生产规模与效率都是有限的,工业革命之后,机器大工业生产释放的巨大能量震撼了当时的统治阶级,也涤荡着雇主和工场主的心灵,在短短的30多年的时间里,德国就完成了从一个谷物输出国到机械输出国的嬗变。在这一过程中,技能人才的培养起着至关重要的作用。此时,机器是生产的主角,工人需要配合机器生产的需要,机器将生产的过程分割成不同的工步,从而导致生产过程不断分化。工人作为机器的操作者,一些被机器替代的生产过程中所包含的经验性知识就不再需要掌握,同时高度分化的加工过程也不再需要掌握全部生产流程的工人,以往需要通过学徒制培养7年左右的技能人才,在机器时代经过短期培训即可上岗操作,传统学徒制培养出来的全能型技能人才不但培养成本高,而且不再适应大工业生产的需要。

在科学知识通过工业革命爆发出巨大的威力之后,工业生产中的工人就需要掌握一些生产过程中的技术知识。随着工业革命的进一步发展,工人需要掌握的技术知识越来越多,单凭在操作岗位上的学习已经不能满足要求,加之这些知识主要以显性知识为主,具有普遍性,科学知识可以在脱离具体的生产过程进行学习,因此教授这些知识的学校教育便被提升到一个重要的位置。学

校职业教育在工业革命阶段，尤其是科学技术知识开始在工业生产中普及的初期，显得尤为重要，作为技术工人培养的一部分，在当时其地位处于上升阶段。这一阶段的产教协同中的"教"更注重学校的科学技术理论知识的教育，而"产"则偏重于机器大工业的产生分化后的工业生产，二者的协同更强调学校科学技术理论知识对机器大工业生产的促进作用。对此时的学徒来说，在企业里面的操作技能学习不再是全部生产过程的整体学习，而是有针对性地进行岗位学习。学校科学理论知识的学习能够促进技术人员更好地理解生产过程中的各种原理、更加有效地掌握机器设备的操作、更精准地完成加工制造过程；通过在生产过程中对学校所教授的各种科学理论知识进行使用和验证，能够加深对科学理论知识的理解，激起进一步进行科学理论知识的学习兴趣，从而更加重视理论知识和实践经验的协同学习。这一时期学校和企业协同参与职业技术人才培养的双元制职教模式进一步完善，尤其是学校参与应用型人才培养的比重在增加，学校与企业在技术技能人才培养过程中的分工协作逐步清晰与规范起来。

（二）学徒制的产教协同育人本质

人们一般认为学徒制度是起源于欧洲中世纪行会组织中的一种教育形式[①]。学徒制从发端开始就一直秉持着产教协同的育人模式。在大机器制造时代之前，生产活动的主要形式就是手工业，因此早期的行会主要是手工业行会。手工业行会主要由同一城市中经营某一手工业的同业人员组成，这些组成人员自身就是这些手工业的生产者，是这些手工业产业的参与人员。学徒制在行会中产生之后，便给行会赋予了一定的教育功能，并且学徒所处的行会里的学习环境注定了学习是在生产的过程中进行的。行会的劳动组织中主要包含学徒、工匠和师傅3种身份的人，3种身份代表着3种不同的技艺水平，并且是技术水平层层提升的关系。学徒是立志从事某一手工业的少年，其学习目标非常明确，就是未来能从事这项手工业的生产活动，其学习内容就是该手工业平

---

① 细谷俊夫. 技术教育概论［M］. 肇永和，王立精，译. 北京：清华大学出版社，1984：11.

时的生产过程。学徒期满后通过考核可以称为工匠，工匠可以继续跟随师父学习生产技艺，也可以到各地进行游历学习，增加见识，提高技术，当其技术水平达到一定层次后，会制作一件能够反映自己最高技术水平的杰作，得到师傅的认可后成为师傅。在学徒逐步成为师傅的过程中，学徒、工匠、师傅三者是一起参加手工劳动的，学徒和工匠都是在实际生产劳动中逐渐成长进步的。这也是通过产教协同模式培养技术工人的最初形式。

学徒制学习是一种集生产、学习为一体的训练模式，学习过程全部都在生产现场进行，过程与方法融为一体，学徒学习技艺的步骤大致可以分为3个阶段：先从事非技能性的简单工作，之后进行技艺过程的学习，最后能够完成由资深手艺人进行的工作。在学习的过程中，学徒首先是观察师傅的工作，边观察边模仿，最后独立工作，这个过程是典型的做中学。做中学是学徒制的核心教学方式，其学习过程和技艺水平的提升都是发生在工作过程中的，师傅既是作坊主又是教师，学徒既是雇员又是学生，作坊既是生产场所又是技艺学习的课堂，技艺学习既是生产过程又是教育过程。

二、"企业—学校"深度合作的学徒制产教协同育人机制

（一）企业—学校双元教育体系的建立

19世纪80年代德国完成了第一次工业革命。19世纪末到20世纪初，德国进入帝国主义阶段。在有组织资本主义的发展阶段，为了满足机器大工业的需要，逐渐出现了从普通教育领域分离出来的企业—学校职业训练体系。1878年，企业—学校职业训练体系开始在德国出现，但此时仅存在于部分行业内，国家也没有在法律层面给予确认，并且企业和学校的协作并没有得到很好的协调。直到1938年德国才在国家法律层面上明确确定了职业教育的"双重职业训练体系"。在这个体系中，实践训练在私营企业里进行，理论学习则是在政府组建的职业学校里进行。这样的双重训练体系不但体现了职业教育国家与私人的双重属性，同时也体现了产教协同育人的特征。

育人模式篇

工业革命之后，机器大工业生产已经全面铺开，高度的劳动分工使掌握全部生产技能的操作人员不再被需要，反而需要熟练掌握本岗位操作技能、生产效率高的工人，生产过程已经被人为地片段化了。但对技能人才的培养来说，由于生产岗位不仅担负生产任务，而且生产节奏较快，无法进行技能人才的培养。为了解决技能人才的培养问题，德国企业便创造性地建设了训练工场，在训练工场内设置包含全部生产岗位的教学生产系统，学徒既可以选择在任何一个生产岗位上学习实践技能，也可以系统地学习各个岗位上的操作技能。在训练工场里进行技能训练的学徒与专职训练人员之间的关系与中世纪时期的学徒与师傅之间的关系类似，只不过这时的学徒与训练人员之间不再存在严重的人身依附和师门出身等封建观念。训练工场作为国家专业技能人才的训练工具引起了政治家和教育家的高度重视，于是训练工场很快就遍及德国各大企业。此外，工业化也使许多科学理论知识得到实践应用，生产过程不再是仅靠身体各部位完成的操作，比如蒸汽机技术作为机械动力机构包含了物理学、数学、机械等方面的理论知识，纺织生产过程包含了机械、化学学科知识，铁路和矿山行业则涉及物理、数学、金属加工等方面的知识。这些理论知识在工作岗位上需要使用，但是工作岗位只是对这些理论知识进行应用，而无法进行讲解和传授。这一方面是因为生产岗位快速的生产节奏没有时间进行理论知识教学，另一方面是因为岗位操作人员的学历水平也达不到理论教学的需求。因此，设置专门的职业院校对生产过程中需要的各种知识进行分门别类地讲授，也成了技能人才培养过程中一个重要的组成板块，这也是企业—学校双元职业教育体系建立起来的内在原因。

第二次世界大战后，联邦德国在废墟上快速完成重建，职业教育功不可没，被誉为联邦德国经济腾飞的秘密武器。现代化的职业教育体系日渐完善，通过职业学校的理论教育和有组织的企业实践训练相结合——产教协同的方式，使学生掌握技术知识和技能已成为联邦德国职业教育的法宝。有远见的联邦德国企业在实践中认识到，职业教育的质量直接影响着企业的长远发展，企业应该积极投身于国家的职业教育事业，不应把企业职业教育培训工作看作企业的负担。职业院校参与技能人才的培养业已形成共识，一个高素质的企业员工仅仅靠通过在岗位上的模仿练习是远远不够的，他们不但需要学习操作技能，而且还要掌握一定的科学理论知识，还要有良好的职业道德，这都需要职业院校的协作培养。

到 20 世纪 60 年代，联邦德国还没有一部统一的职业教育法，除了国家要求的双元职业教育体系有法律依据，具体的职业教育操作方面的政策依据则仅仅是各个学校的政策而已，存在着各自为政的情况。德国是一个重视传统的国家，联邦德国于 1969 年制定并颁布了《联邦职业教育法》，对职业教育的办学主要以各级各类职业学校和企业训练工场为依托做出了规定，并且明确了企业参与职业教育培训的公共责任。训练工场包括企业内部设立的脱离直接生产的训练工场、职业学校里面设置的独立于企业的训练工场、企业间设立的跨企业训练工场等，这些训练工场与职业学校组合成不同的训练体系，共同承担技能人才的训练任务，形成双元制模式。1964 年开始"双元制"作为德国职业教育技能人才培养模式的代名词被确定下来。

双元制在有的国家被称为现代学徒制，是为了区分于中世纪以来延续到 20 世纪初的古代学徒制，双元制和古代学徒制二者之间有一定的联系，但是也有很大的不同。从联系的角度看：二者都是实践技能的重要学习途径；学习的方式都是通过师傅带徒弟，徒弟通过观察、模仿师傅的操作，再经过反复练习掌握技能；参与学徒学习都需要签订契约或合同。从这个角度看，德国的双元制是从中世纪的学徒制一脉相承下来的。但是，德国当代的双元制或叫现代学徒制，加上"现代"二字则说明它与古代学徒制还是有所区别的。双元制由职业院校和企业二者协同参与职业教育，共同培养各类技能人才，相对于古代学徒制它增加了职业院校这一重要组成部分；双元制不但重视学徒的技能培养，同样重视其科学理论知识的学习；双元制的技能训练场地不但包括工作岗位，同时还有脱离生产的训练工场和跨企业训练工场；双元制中的学徒与师傅之间仅仅是师生关系，不再有古代学徒制中的人身依附关系或门第关系；双元制是一种由国家教育部门通过法律规范的职业教育技能人才的培养制度，古代学徒制则是一种民间的私人的技能人才培养途径，没有法律的规范和保障。从上述可知，双元制保留了学徒制技能人才培养过程中的最重要的一条——学习的方式，这也是德国职业教育立于世界职业教育之巅的关键所在。

（二）学徒制作为德国高等教育产教协同育人运行的内在机制

1. 职业学院/双元制大学方面

（1）学生入学条件与培养目标

职业学院/双元制大学虽然是德国第三级教育（高等教育）的一部分，但是二者采取的是双元制的培养模式，职业学院/双元制大学的学生的实践教学也像德国中等职业教育的学生一样采用学徒制，学生需要在企业里面进行操作训练。职业学院/双元制大学的招生包括两方面的要求：一是具有高等院校入学资格；二是与企业签订培训合同。入学资格要求学生从专业高级中学、高级职业专科学校或专科学院这三类第二级教育学校毕业或是有同等学力，关键是必须有企业接受学生参加企业实践训练。

在1999年博洛尼亚进程之前，职业学院的学制只有3年。之后德国引进学士学位制度，职业学院为了与欧美学位体系接轨，学制改为4年，毕业生授予学士学位。双元制大学作为职业学院的进一步发展，在德国虽然其数量较少，但却是德国高等教育中的一个重要类型。德国的中等职业教育主要采用双元制的培养模式，培养目标主要是技术工人。但是，职业学院/双元制大学作为高等教育机构，采取双元制培养模式，通过产教协同育人的独特教育路径，主要培养的是具有较强的实践能力和丰富的一线实践经验的企业高级技术人才与中高级企业管理人员。

（2）专业设置

职业学院/双元制大学的专业设置主要集中在经济科学、技术科学、社会科学三大领域。经济科学领域设置的专业主要有金融经济、企业经济、税收经济信息等；技术科学领域设置的专业主要有机械制造、电气工程、建筑工程、信息技术等；社会科学领域设置的专业主要有老年人社会工作、残疾人社会工作、家庭教育、管理与社区服务等。这些专业的应用性较强，需要理论与实践交叉培养，适合采用双元制的培养方式。

（3）课程设置与教学

职业学院/双元制大学的学生学习地点包括学校和企业两个地点，学生在学校和企业间交替进行学习。学校主要进行理论教学。学校理论教学的内容需要考虑与之合作的企业实践教学的需要，有选择地进行调整与重组，重视理论知识的实践应用和各学科知识之间的沟通与联系。在学校的训练工场也传授一些基本的操作技能和实践经验。企业课程主要传授操作技能和实践经验，同时也教授一些技术理论知识，以加深对理论知识在实践过程中的具体应用的理解。

职业学院/双元制大学的课程均采用模块化课程，职业学院的课程包括跨专业模块、核心模块、实践反思模块、选修模块及学士论文；双元制大学的课程模块包括核心模块、特色模块、方法基础模块、关键能力模块、实践模块及学士论文等[1]。在职业学院180分的总学分中，学校课程与企业课程的学分比例为4∶1，其中实践课程主要是实践反思模块；双元制大学的210分学分设置中，学校课程与企业课程的学分比例约为3∶1，实践课程主要是实践模块。在职业学院/双元制大学的课程设置中，虽然学校课程与企业课程的学分比例悬殊较大，但是二者的教学时间却是1∶1的，学校课程和企业课程每3个月交换一次，交叉进行。

在职业学院和企业的双元制培养过程中，职业学院学校课程内容包括：应用性的科学知识、实践中应用的专业知识；学校和企业产教协同教学内容包括工程技术与操作经验、理论知识实践应用的反思、团队合作的全局观念、处理经营或技术问题的能力、对社会环境的适应能力等；企业课程内容包括基本技能经验、工艺技能经验、企业组织经验。在双元制大学和企业的双元制培养过程中，双元制大学学校课程内容包括专业基础理论知识、科学工作需要的方法性理论知识等；学校和企业产教协同教学内容包括与行业紧密结合的特色知

---

[1] 徐涵，谢莉花. 德国职业技术教育研究[M]. 北京：北京师范大学出版社，2021：210，223.

识、方法能力与社会能力方面的知识等；企业课程内容包括综合实践知识。同时，这两类大学的学位论文选题都必须与企业实践相结合，目的是为了培养学生运用所学理论知识解决实践问题的能力。学生每3个月轮流在学校和企业交替学习，既能及时将学校学到的理论知识在实践中进行检验和应用，又能避免学校理论知识与生产实践的脱节，使学生在提升理论知识的同时，锻炼了实践能力、行动能力和社会能力。在理论教学中，也十分重视理论和实践紧密结合，以适应当下经济、技术及社会的发展需要[①]。

（4）师资

这两类大学的师资组成包括专职教师和兼职教师两类，兼职教师的数量远远大于专职教师的数量，兼职教师主要来自企业专家、社会各行业的专业人士等。其中，兼职教师承担了超80%的教学工作量。由于兼职教师都是各行各业的精英，通过兼职教师的教学，可以为学生讲解最贴近生产实际的生产技术、经营管理知识、技术实践经验等，同时也为学生后续的企业学徒训练打下理论基础。

（5）考试

职业学院/双元制大学的考试分为两大部分。一部分是关于分模块的课程，其考试随着模块课程的结束进行。考试的内容偏重于如何利用学校学习的理论知识解决实际生产中的各种技术问题，强调解决问题的能力，而非知识的储备。另一部分为毕业论文的撰写，从毕业论文的选题开始就要求论文要与生产实际相结合，鼓励学生从实践企业的生产过程中进行选题，在进行毕业论文研究的同时，实现对技术问题的思考。毕业论文的研究结论可以在生产中进行验证，真正实践了理论联系实际的产教协同育人思想。

2. 应用科学大学方面

（1）学生入学条件与培养目标

应用科学大学的学生来源，不仅包含职业学院/双元制大学所招生的专业

---

① 贺艳芳. 基于双元学习课程的德国本科层次职业教育发展研究——兼论我国本科层次职业教育发展的未来路向[J]. 职业技术教育，2020，41（22）：67.

高级中学、高级职业专科学校或专科学院这三类第二级教育学校,而且包括文理中学和职业/专业中学。其中,文理中学的毕业生大部分进入综合性大学学习,少部分进入应用科学大学学习,学生在入学时要提供与专业相关的实践证明。

应用科学大学主要招收各类高中或职业高中毕业生,学生必须取得应用科技大学的入学资格。应用科学大学并不要求学生必须与企业签订训练合同,这与其注重培养学生将理论知识转化为实际应用技术及解决生产现场各种技术问题的能力有关。在应用科学大学的培养过程中,更注重专业理论知识的学习,也正是基于此,应用科学大学也将文理中学的毕业生列入招生范围之内。应用科学大学的培养目标是大中型企业的技术骨干或是小型企业的管理人员。技术骨干不仅需要过硬的技术,更需要将技术理论知识应用于技术问题的处理之中,因而更侧重理论知识的实践应用和技术开发。

(2)专业设置

应用科学大学的专业设置具有针对性、应用性和动态性3个特征。针对性是指应用科技大学的专业设置与各地经济发展具有很高的关联性,以促进地方经济发展为目标。应用性是指应用科学大学的专业设置集中在需要大量劳动力、容易就业的学科领域,例如机械电子、汽车、建筑、经济等,这些专业领域不但容易就业,在培养过程中也方便与相关的企业进行合作,为学生提供实践场所。动态性是指应用科技大学的专业设置并不是一成不变的,而是会根据区域经济结构的调整或产业结构的升级及时进行调整。

(3)课程设置与教学

应用科学大学的学制为4年,学习包含基础学习与主体学习两个阶段。基础学习阶段主要学习专业基础课程,学习结束并通过学位预考试后进入主体学习阶段,第五学期进行一个学期的企业实习,最后一个学期进行毕业考试和撰写毕业设计,撰写毕业设计一般是到实习企业内进行。应用科学大学的课程有三类:必修课、限选课、补充课,必修课在基础学习与主体学习阶段开设;限选课在主体学习阶段开设;补充课通常是跨学科课程,也在主体学习阶段开设。

应用科学大学要求学生达到的学习目标有3个。首先，能够运用理论知识解决生产生活实践中的技术问题；其次，能够进行相关科研和技术开发；最后，能够进行技术创新，尤其是能在生产实践中引进新工艺，研发新方法。因此，在课程学习上，除了学校安排的理论课程，每个专业都设置实验室供学生自由做项目。同时，应用科学大学的每个专业都非常重视企业实习，一个学期的企业实习是必修的内容，只有完成企业实习才能顺利毕业。企业不仅为学生提供实习岗位，还为学生提供毕业设计岗位。

应用科学大学的目标是培养优秀的应用型人才，因此在教学中非常重视实践经验的学习。在整个学习阶段，有两个学期需要在企业进行实习或做毕业设计，部分学校的实践教学环节能占总学时的45%，实践教学包括实习、实验、操作、讨论等形式。应用科学大学的理论课程一般采用讲座课形式，将研讨、案例、现场等教学形式很好地融入课堂，主要讲授与工程应用紧密结合的理论知识，打破传统的学科框架，知识跨度大、偏重于知识的工程应用、知识更新快。近年来，部分应用科学大学开始引入双元制人才培养模式，在企业的实践学时能达到总学时的2/3，学校与企业协同育人教育模式逐渐在应用科学大学中绽放新的光彩。

专业实习需要在企业里面进行，学生根据自己所学专业自行与相关企业联系实习事宜。负责实习指导的企业师傅都拥有比较丰富的实践经验，并且一般都有大学文凭，能够将生产过程中的技术知识明确地传授给实习学生。同时，在授课中企业师傅也要引导学生去发现生产中存在的技术问题，鼓励学生用自己的理论知识去探索解决这些技术问题的方法。

（4）师资

应用科学大学的教师包括理论课教师和实训教师两类。理论课教师的入职条件：首先要获得博士学位，具有满足岗位需要的专业理论知识和教育学知识；其次，通过第一次国家考试，获得教师实习资格，然后进行不少于18个月的企业实习，通过第二次国家考试后入职；最后，通过教授（这里指教授的聘用条件）资格考试，至少有 5 年本专业实际工作，其中至少有 3 年的企业工作经历[①]。实践教师需要在双元制职业学校毕业之后进入企业工作 5 年，再参与企业考评，考察其品格、专业技能和专业知识；在考评合格后要参加 1 年的师傅学校学习以及半年的师资培训，培养其教育学相关知识，最后再参加企业组织的统一考试，合格后才能应聘应用科学大学的实践教师。

（5）考试

理论课程的考试由学校组织，考试的内容与企业生产实践比较接近，大部分都是实际生产中的技术问题，考试内容偏重于理论知识的实践与应用。企业的实践环节结束后学生可以参加由行会举行的技能考试，获得相应的职业资格证书。毕业设计的选题以解决企业实际生产中的技术问题为主，毕业设计的研究工作一般是在企业内进行，学生除了能得到大学老师的理论指导，同时也可以从企业技术专家那里得到非常专业的建议。

三、现代学徒制——产教协同育人模式面临的挑战

现代学徒制作为当今世界上最为成功的职业教育模式，虽然在德国取得了令人瞩目的成绩，但是随着时代的发展，现代学徒制也暴露出了一些不足之处，面临着各种各样的挑战。下面从制度、意愿、生产方式三方面来分析现代学徒制所面临的挑战。

（一）制度方面——企业一家独大

德国的双元制（现代学徒制）是由企业主导的，学生入学之前必须取得企业同意其进入企业进行职业训练的合同，之后才能到相应的学校注册入学；在学习的过程中，大部分的时间是在企业里面度过的。双元制强调企业和学校之间的平等责任、平等伙伴关系、生动的接触以及密切合作，然而这一愿景尚未成为现实。大多数公司不会，或者说很少与"他们的"职业学校合作。据统

---

① 叶帅奇，蔡玉俊. 应用技术大学师资培养研究［J］. 职业技术教育，2019，40（10）：41-45.

计，74.2%的公司没有或很少与职业学校协调工作，93%的公司没有或很少与职业学校合作[1]。企业在双元制中一家独大，使学校在学生培养上的话语权重下降，一些本该学校掌握的权利却被不情愿地让渡给企业。例如，在学生的学习时间安排上，虽然双元制培养过程中有将近一半的学时安排给了企业，然而企业有时可能处于各种目的，不经协商随意增加实践课时的数量，导致学校理论课程教学受到影响。虽然如何调动企业参与双元制是学界长期以来研究的重点，但是在双元制中如何平衡学校与企业之间的关系，构建紧密合作、产教协同育人的育人模式，当前也面临着挑战。

（二）意愿方面——企业参与双元制是投资还是获利

在德国只有通过行业协会按照《联邦职业教育法》的资质标准审查认定后的企业才能够参与双元制培训。据统计，这些具有培训资格的企业大体占德国企业总数的50%，而实际接收学徒的企业数量又仅占这些具有接收学徒资格的企业数量的50%，即每年大体只有25%的企业参与双元制培训[2]。从上述资料可知，一方面，德国对参加双元制职业教育的企业资质有着严格的要求，并非任何企业都能参与。另一方面，从实际接收学徒的企业只占有资质企业的一半来看，接收学徒对企业来说并不都是十分乐意的。

德国的法律一方面规定了企业参与职业教育的责任与义务，另一方面又对参与的资质要求较高，选择的原则就是优中选优。然而，企业对参与职业教育的考量则集中在投入与产出比上，当培养的学徒最后留在企业就职，并创造出较为可观的经济价值时，企业去除培养成本和工资之后，能够获得正的净利润，此时企业是获利的，参与学徒制的意愿较高[3]。当遇到经济危机，企业效

---

[1] MICHAEL GESSLER. The Lack of Collaboration Between Companies and Schools in the German Dual Apprenticeship System: Historical Background and Recent Data [J]. International Journal for Research in Vocational Education and Training (IJRVET) Vol. 4, Issue 2, August 2017, 164-195.

[2] 郭赫男. 德国双元制新观察：我们到底应该向它学什么？[J]. 中国职业技术教育, 2020,(15): 57-62.

[3] THOMAS ZWICK.Apprenticeship Training in Germany-Investment or Productivity Driven? [M]. Mannheim: Centre for European Economic Research, 2007: 1-3.

益不好，不需要更多的员工时，企业培养的学徒最终选择离开，企业培养学徒的成本大于参与双元制职业教育获得的国家支持资金时，企业参与双元制的动力是不足的。这与德国最近30年企业提供的学徒岗位是相吻合的。因此，企业是否愿意参与双元制，提供的学徒制岗位多与少，都与其经济效益以及国内的经济环境有关，是一个动态的数据，尤其对能否满足某一时期职业教育对学徒岗位的需求而言，存在着不确定的因素。

（三）生产方式方面——如何面对未来的不确定性

从中世纪到第一次工业革命前，古代学徒制已有几百年的历史，然而随着工业革命带来生产方式的巨大变革，古代学徒制还是出现了水土不服的情况，导致了短暂的萧条与荒凉，最终通过改革成为现代学徒制，才又重新焕发了生机。

当前，世界正进行着以大数据和人工智能等技术为基础的第四次工业革命，物联网和机器人等交换媒介正在席卷一切传统的生产领域。工业生产领域逐渐向智能化、小批量、个性化生产方式转变，现代学徒制面对的是机器化、大批量、划一性生产方式。培养学徒是为上述生产方式服务的，当生产方式出现了大规模转变时，现代学徒制这种产教协同的育人方式也需要及时进行改革。然而，第四次工业革命正在进行中，还远未达到成熟阶段，未来的生产方式会变革到哪种程度，都是不确定的。为了应对这场变革，德国已经启动了工业4.0计划以及职业教育4.0计划，以积极的态度探索未来职业教育产教协同育人的新途径。

（作者简介：赵文平，天津职业技术师范大学职业教育学院副院长，教授，博士研究生导师；叶帅奇，天津职业技术师范大学博士研究生，贵州工程应用技术学院讲师）

"增量"改革：德国强化博士研究生导师指导的新举措

博士研究生导师是博士生培养的第一责任人，承担着培养高层次创新人才的使命。[①]从国际上看，尽管各国博士研究生教育的制度和模式各不相同，但导师对博士研究生的指导都是核心要素。德国是现代博士研究生教育发源地，其博士研究生培养迄今依然在很大程度上保持了19世纪形成的基本模式，具有非结构化和较少制度规约的典型特征，例如没有统一的招生或入学考试规程，没有对博士研究生课程的普遍要求，博士研究生身份多样化，等等。这样一种培养模式高度依赖博士研究生导师与博士研究生之间一对一的指导关系，相比其他国家，德国博士研究生导师在招生、培养、论文评价、答辩和学位授予各环节都拥有更大的主导权，发挥着关键作用。

21世纪以来，伴随博士培养规模的持续扩张和高校学制、人事制度，以及科研资助方面一系列改革的推进，德国加速推进博士研究生教育的结构化改革，也开始对博士研究生导师制度进行调整，扩大导师资格范围，明确导师责任，约束导学关系，增加外部控制和专业支持，以期进一步提升博士研究生教育质量。但这些举措并未覆盖所有导师，也少有强制性约束，而是在其博士研究生培养基本模式之外的"增量"改革。相比美国、英国等其他广泛实行博士

[①] 教育部. 关于加强博士生导师岗位管理的若干意见[EB/OL].（2020-09-29）[2022-03-20]. http://www.moe.gov.cn/srcsite/A22/s7065/202009/t20200927_491838.html.

生指导委员会制度或双导师制度的博士培养大国，德国在单一导师制模式下的这些改革举措对我国加强博士研究生导师队伍建设或有特殊的参考意义。

一、德国博士生导师制度的特色与问题

（一）导师自主招生

德国博士研究生教育定位于"学术后备人才"（Wissenschaftliche Nachwuchs）的培养，与美国、中国等国家高度结构化的博士研究生教育模式相比，德国博士研究生培养在很长的历史时期内并不是一个框架清晰、边界明确的高等教育阶段，而更像是内置于科研系统之中、与高校和科研院所的科研工作有机融合的青年科研人员早期训练阶段。从招生环节来看，德国博士培养没有统一的招生程序或入学考试要求，没有对博士研究生招生规模的统一规划，没有统一的入学时间节点，也不要求博士研究生必须以学生身份在大学注册。教授在博士研究生招生过程中拥有极大自主权，大部分博士研究生以受雇担任学术助理和科研助理的方式攻读博士学位，所以招生名额通常与根据预算经费或科研项目经费设立的助理岗位数量相关。但这并不是博士招生的必要前提条件，只要教授接收，学士生也可以通过申请奖学金攻读博士或者在没有资助的情况下读博。

传统上，很多教授通过为大学高年级学生开设高级研讨班（Oberseminar）发现具有科研潜质的优秀学生，向其提出读博"邀请"。外校和国外学生则主要通过与教授个人联系，介绍自己的学术背景和研究兴趣，获得教授认可和接收。在自然科学和工程科学领域，科研项目和团队不定期发布博士研究生助理岗位需求，并明确提出岗位所需的专业知识技能和研究经验要求，符合条件的人员即可申请。这样一种模式下，有意读博的学生只要提出博士论文的研究课题（Vorhaben），获得教授同意后便可以着手研究和论文撰写；或者只要应聘成功相关科研岗位，也就算开始了博士学业。[①] 近十年，德国高校博士研究生招生程序不断细化，一些院

---

① 秦琳. 超越师徒制：德国博士教育的新模式[M]. 重庆：西南师范大学出版社，2019：46-47，112-119，139-140.

系和博士培养项目对博士研究生招生设置了统一的标准和程序，但最终都要获得教授个人的认可和接纳，所以博士研究生导师在招生中发挥着决定性作用。

（二）导师是博士研究生岗位和经费的主要提供者

德国的博士研究生通过担任研究助理、获得奖学金资助和自费读博3种主要方式完成博士学业，其中担任助理是最主要的方式，涉及约80%的博士研究生[①]。学术助理岗位又具体分为编制岗位和第三方资金科研项目岗位两种。编制岗位按照教授的教席级别设立，需要承担一部分教学工作，工资来源于大学预算资金，是人文社会科学博士研究生读博的主要资助方式。第三方资金科研项目岗位则是依照研究课题设立，由项目经费支持，通常不承担教学工作，是工程和自然科学领域最普遍的读博资助方式。无论是哪种助理岗位，其岗位设置和经费支配都由拥有教席或作为科研项目负责人的博士研究生导师决定。例如，教授也可以对其编制内助理岗位设置一职多聘，让博士研究生受聘1/2或3/4个职位，为他们个人进行研究和撰写论文留出时间，"省出"的岗位还可以用于招聘其他博士研究生[②]；第三方项目岗位则取决于教授拥有的科研经费数量和期限。所以，担任学术助理作为德国博士研究生的主要资助方式，事实上是一种工作聘任关系，导师就是"雇主"，而博士研究生则直接服务于导师的教学和科研工作的"雇员"[②]。

（三）导师是博士学位论文的第一评阅人

传统上，德国高校有"授予博士学位考试"（Promotion）的概念而没有"博士研究生培养"（Doktorandenausbildung）的概念，也没有针对博士研究生和论文进展的过程控制或中期评价程序，其正式考核只存在于最后学位论文评价和答辩环节。通常一篇博士论文完成后，博士研究生须向所在学院的博士考

[①] Statistische Bundesamt. Promovierende in Deutschland–Wintersemester 2014/2015 [R]. Wiesbaden, 2016: 34.
[②] 沈文钦，王世岳，卞翠. 学生还是雇员：博士生身份的跨国比较与启示 [J]. 高等教育研究，2021（12）：92–100.

试委员会提交博士考试申请，如符合学位申请的基本资格，则进入论文评审阶段。通常一篇博士论文有两位评阅人（Gutachter），而第一评阅人一般由博士研究生导师担任，评阅人须对论文进行打分。论文通过评阅之后由院系的博士考试委员会安排口试，即答辩。口试委员会通常由包括博士研究生导师在内的3—4名委员组成，博士研究生导师担任口试委员会主席，而其他成员也多由导师选定并邀请，最后由口试委员会综合论文书面成绩和口试表现给出博士论文的最终评价结果。所以，博士论文从评阅到答辩的整个考核过程都是由博士研究生导师主导的，导师对博士研究生学业结果具有关键影响[1]。

（四）传统导师制度存在弊端

可以看到，在德国以教席为基本结构的大学组织模式中，博士研究生对教席教授的依附性很强。导师自主招生，聘任博士研究生协助教学和科研工作，并主导博士论文的考核评价。这种缺少制度规约和系统组织，高度个体化并且高度依赖师生关系的模式常被形象地描述为"师徒制"博士教育模式。

需要说明的是，德国高校中拥有博士研究生指导资格的并非只有教席教授。根据德国联邦高等教育框架法和各州高校法，通过了高校执教资格考试（Habilitation）的人员，就被视为已经结束了学术资质的准备阶段（Qualifikationsphase），具备了担任大学教授的资格，并获得了博士论文的考试权（Prüfungsrecht）。但事实上，通常只有教席教授才有学术助理岗位，以及较多的科研资金和学术资源支持，所以长期以来博士研究生导师几乎全部由教授担任。

但是20多年来，德国高校科研组织方式发生巨大变化，第三方竞争性项目经费持续增加并在高校科研经费中占据主要比例，博士研究生招生规模随之扩张，但德国教席教授数量并没有相应比例的增加。根据联邦统计局统计数据，2018年，除去医学领域[2]，德国大学共有注册在学的博士研究生136854人，终身

---

[1] Konsortium Bundesbericht Wissenschaftlicher Nachwuchs. Bundesbericht Wissenschaftlicher Nachwuchs 2021 [R]. Bielefeld: Wbv Publikation, 2021: 134, 37, 29, 124.
[2] 医学博士在德国是一类特殊的博士类型，其攻读年限、评价标准均低于其他学科，大部分医学专业学生都能获得博士学位，因而德国医学博士通常不被纳入学术型博士相关问题讨论。

教职教授 21599 人，平均每名教授对应 6.34 名博士研究生；在工程科学领域，博士研究生和教授比例达到 8.54∶1，考虑到那些没有在高校注册为学生身份的博士研究生尚未纳入当年统计数据，德国博士研究生和教授的真实比例要更高。

事实上，日常科研工作中德国很多博士研究生实际由没有终身教授职位的中层科研人员指导，名义导师和实际导师不符的情况越来越多。特别是在自然科学领域，研究团队不断分化，科研组织形式越来越扁平化，"以项目带培养"成为主要的博士训练方式，博士研究生实际指导人通常都是其所在实验室或者研究项目团队的负责人，不一定具有教授身份，但有独立的研究经费和招募研究人员的权力，被大学或研究所认定为"青年研究团队负责人"（Nachwuchsgruppenleiter）。但因为没有教授席位，这些项目负责人指导的博士研究生往往要"挂靠"在一位教席教授名下，论文评定和答辩由这位"名义导师"负责，但日常科研中，博士研究生却跟这位名义导师没有直接或密切的联系，由此带来的博士研究生培养权责不明的问题长期存在。

除此之外，德国传统的导师模式被认为缺乏透明度和程序性控制，导师对博士研究生的指导主要是非正式的、个人化的，缺少系统组织、外部监督和责任保障；不断扩大的高校学生规模大大加重了大学教师的工作负担，教授对博士研究生指导不足的情况非常普遍。加之博士研究生对导师的高度依附性，一旦导学关系不佳或者发生冲突，博士研究生就可能陷入困境，甚至引发严重后果。

二、德国加强博士研究生导师指导的改革举措

21 世纪以来，德国博士教育改革以"结构化"为线索持续推进，在继续传统"师徒制"培养模式的同时，建立了研究生院、研究训练小组等专门的博士研究生培养组织形式，逐步完善博士研究生教育的管理制度，不断强化博士研究生教育的组织支持、制度性规约和外部评价。扩大博士研究生导师资格，强化导师责任，支持导师专业发展，提高导师指导的质量和效率，优化导学关系，以及化解导学冲突等都是结构化改革的重要内容。但这些改革举措是在把博士研究生培养视为科学自治范畴的前提下，适度增加的软性约束和专业化引

导，针对部分导师群体且基于自愿原则，体现了一种"增量"改革的特色。

（一）扩大博导资格统一指导权责

如前所述，在德国博士研究生导师主要由教席教授担任，而想要获得教授席位需要在博士毕业之后再通过教授资格考试（Habilitation），学术职业晋升路径漫长而艰难，这也极大影响了德国高校学术岗位对德国以及国际青年学者的吸引力。同时，在自然科学、工程科学和社会科学的很多领域，由于科研组织模式的变化，作为研究项目负责人的青年科研人员、博士后人员等却实际担任着导师角色，指导博士研究生的日常科研工作，由此导致博士研究生导师权责不符的情况长期存在。这一状况正在发生改变，德国当下高校人事体制改革的一个重点，就是改变教授资格考试作为教授聘任的必要条件，让学术人员能够较早地获得研究工作中的独立地位[①]。独立指导博士研究生是学术人员科研独立性的重要内容，因而这一改革举措扩大了德国博士研究生导师资格范围，博士研究生指导责任得到进一步明确。

2002年，通过联邦《高等学校框架法》的修订，德国大学开始设立青年教授（Juniorprofessur）职位，支持青年科研人员尽早获得独立开展学术工作的地位。自然科学和工程类的一些学科领域则学习马克斯-普朗克研究所等科研机构的做法，将那些虽然没有教授席位，但是已经独立领导研究团队、有独立科研经费的研究团队或实验室负责人通过[②]一定的评审程序确认为"青年研究团队负责人"。在此基础上，一些高校对博士考试条例进行了修订，赋予青年教授和青年研究团队负责人博士论文考试权，他们可以正式担任博士论文指导人和评阅人。例如，在哥廷根大学和海德堡大学的化学、物理学、生物学等自然科学院系，青年研究小组负责人达到特定要求——拥有独立研究经费、独立领导研究团队等，就获得了博士指导权，可以评审博士论文，主持博士答

[①] 陈莹. 让学术道路更具吸引力：德国学术后备人才体系改革研究[J]. 比较教育研究，2022（3）：61-68.

[②] 叶强. 德国高校青年教授职位设置的争议解决及其启示[J]. 中国高教研究，2018（1）：69-74.

辩[①]。由此明确扩展了博士研究生导师队伍，从博士研究生日常科研指导到论文评阅和主持答辩，全部都是由博士研究生的"实际导师"主导，强化了对导学关系的正式制度约束，导师权利和责任边界更加清晰。

但是，青年教授和青年研究团队负责人相对于教授而言还只是非常小的一个群体。到2018年，德国高校共有青年教授1580名，青年研究团队负责人1245人[②]，即使他们都获得博士研究生指导权，相对于德国大学2万多名全职教授的数量而言也是较小的增量，没有根本上改变德国博士研究生导师队伍结构。

（二）签订指导协议约束导学责任

针对传统模式下导师对博士研究生的指导责任难以规约和监督的情况，越来越多的德国大学鼓励或者在研究生院的组织框架下明确要求博士研究生导师和博士研究生签订指导协议，在协议中明确博士论文研究主题，研究计划和时间安排，并对博士研究生导师的指导内容、指导形式、指导频率等做出具体规定，由此来强化博士研究生导师的责任，并对导学关系进行引导、规范和监督。根据德国高校与科学研究中心（DZHW）2019年针对23518名博士研究生的问卷调查，大约有3/4的博士研究生与导师签订了指导协议，而就读于结构化博士培养项目的博士研究生签订培养协议的比例高达83%，高于非结构化项目学生的69%[③]。

以慕尼黑大学为例，该校研究生教育中心（Graduate Center LMU）针对博士研究生培养的组织实施制定了周详的指南文件，其中分别对博士候选人和博士研究生导师提出了具体建议，并给出了指导协议的模板。对博士研究生导师的建议有18条具体内容，包括导师招录博士研究生须考察的要素、合理的博士研究生总数、对博士研究生选题和可行性的评估、指导博士研究生的形式和频率等，还明确建议博士研究生导师应当在工作职位、资助、参与学术交流、教学技能和软技能培训、毕业后的学术职业发展等方面给予博士研究生支持。指导协议模板的

[①] 秦琳. 超越师徒制：德国博士教育的新模式[M]. 重庆：西南师范大学出版社，2019.
[②][③] Konsortium Bundesbericht Wissenschaftlicher Nachwuchs. Bundesbericht Wissenschaftlicher Nachwuchs 2021[R]. Bielefeld: Wbv Publikation, 2021.

具体内容则包括论文的工作题目，计划完成论文的时间和分阶段的研究计划，会面指导的频率、形式、双方需要做的准备，博士研究生提交阶段性研究报告的频率，以及汇报研究进展的具体形式（如在博士生研讨会上汇报），等等。如果博士研究生由导师小组来指导，导师组的其他成员也要在指导协议上签字（表1）[①]。

表1　慕尼黑大学博士研究生指导协议模板

指导协议（模板）

注：本协议的内容将依据相关适用的博士学位条例而定。

指导协议由下列人员签署：
　　_____（博士研究生）
　　_____（正式导师）
　　_____（其他导师，如果有）
　　_____（其他导师，如果有）

博士研究生拟写一篇论文，题目为：_____在慕尼黑大学_____（教师）的指导下。
论文拟完成时间：从_____（论文开始日期）至_____（预计完成日期）。

1）博士研究生与正式导师协商起草一份论文工作计划和时间表。对于工作计划的任何重大调整，他/她要及时通知导师。

2）每____月（例如，6个月）博士研究生向导师提交一份简短报告（约一页纸）。该报告要包括本段时间已完成工作，论文内容方面的进展，如果有，还可以包括博士研究生上课、参加会议、听讲座，以及参与更多跨学科培养的时间和活动。根据工作日程和时间表，博士研究生还需提交阶段性成果（例如，论文的部分章节、出版物草样等）。

3）提交简短报告后不久，如有可能，要举行一次所有导师参加的会议，讨论工作进展并审查工作计划和时间表，必要时还要进行调整。

4）本次会议讨论的主题由博士研究生以简短、翔实的方式整理成会议纪要（约一页纸）。参会者都要在这份会议纪要上签字，并发送给所有导师。

5）每____月（例如，12个月），博士研究生报告他/她的工作进展（例如，在座谈会上，在暑期学校范围内等）。

6）签署人承诺遵守良好的学术行为原则。

日期和签署人
　　_____（日期，博士研究生）
　　_____（日期，正式导师）
　　_____（日期，其他导师）
　　_____（日期，其他导师）

[①] Graduate Center LMU. Recommendations for the organization of doctoral studies at LMU Munich［EB/OL］.［2021-09-30］https://www.en.graduatecenter.uni-muenchen.de/doctoral_studies/supervision/recommendations.pdf.

（三）跨校合作发布导师指导性文件

在德国，推动博士教育的结构化改革也已经成为跨院校合作的重要内容。2010年前后，多所德国大学的研究生院、博士研究生中心联合成立了跨院校的博士研究生教育质量保障组织——"博士教育质量圈"（Qualitäts Zirkels Promotion，QZP），目前包括吉森大学、波恩大学、科布伦茨大学、特里尔大学、萨尔布吕肯大学、法兰克福大学、达姆斯塔特工业大学、维次堡大学和乌尔姆大学9所成员大学[①]。

该组织认为，博士研究生导师和博士研究生之间的指导关系是博士培养过程最关键的要素，基于此，该组织最重要的一项工作就是联合各个院校的专家力量，起草和发布关于如何完成博士学业和塑造良好导学关系的建议性文本。自2012年以来，该联盟组织对相关建议性文本不断进行更新，目前形成了两份德英双语版本的建议文件《如何做博士——精心决策和良好开始》以及《共塑博士学业——给导师和博士研究生的指南》。其中，《共塑博士学业——给导师和博士研究生的指南》分为导师篇和博士研究生篇两个部分，在导师篇中，该指南按照博士研究生学业开始前、学业进行中和学业完成阶段3个部分为博士生导师提供了详尽的建议。例如，在招募博士候选人阶段，对如何评估博士生的读博动机、学术基础及其完成学业的条件和难度等给出了详细参考，帮助导师评估博士研究生的潜质及师生之间的匹配度。在博士研究生的研究过程中，则详述了导师可参考的指导形式以及如何帮助博士研究生构建支持体系、推进研究计划。在博士研究生学业完成阶段，该指南就如何督促博士研究生合理安排论文写作计划，论文指导和评价的要点，答辩和论文出版事项，以及导师如何支持博士毕业生职业发展等进行了阐述[②]。这份手册性质的指南内容简洁清晰，具有较强的可操作性，除了博士教育质量圈的成员高校，也有其

---

① Qualitäts Zirkels Promotion.Aufgaben und Ziele [EB/OL]. [2021-08-02] https://www.qz-promotion.de/home/aufgaben-und-ziele/.

② Qualitäts Zirkels Promotion.Shaping a doctorate together guidelines for supervisors [R]. 2019.

他大学在其研究生院网站上上传了这一指南，供博士研究生导师参考。这样的指南是学术共同体基于提升博士研究生培养质量和效率、更好地培养学术后备力量的目标自发拟定的规范性文本，而非具有约束性意义的文件。

（四）开展导师培训促进专业发展

按照德国各州高校法律，所有大学教授都拥有指导博士研究生和评价博士论文的资格和权利，成为博士研究生导师无须经过专门申请和认定程序，更无须接受专门培训。但事实上，导师对博士研究生指导不足和导学关系紧张的问题长期存在，被认为是影响德国博士研究生培养质量和效率的重要因素。同时，德国高校人事制度改革不断推进，青年教授、研究团队负责人也可以担任博士研究生导师，这些新晋导师被认为需要更多的专业支持。伴随博士研究生教育结构化改革的推进，越来越多的德国大学开始尝试针对博士研究生导师开展培训。

作为跨院校的博士教育质量保障组织，"博士教育质量圈"（QZP）自2012年开始在其成员高校轮流举行博士研究生导师培训工作坊，每年举行一次。以2021年为例，此次工作坊由特里尔大学研究生教育中心（Graduiertenzentrum der Universität Trier）承办，持续两天时间，面向"博士教育质量圈"9个成员高校，每个学校可以有两人参加，总共18人，同时由来自不同高校的9位导师担任报告人。工作坊的内容涉及七方面，分别是"国内外博士培养趋势""导学关系的相互期望""博士学业的各个阶段及其挑战""博士培养中导师的角色""博士培养中的法律问题""发现和解决问题""经验交流分享"，具体日程安排如表2所示[①]。

表2 博士教育质量圈（QZP）2021年博士生导师工作坊日程安排

	第一天		第二天
上午	博士培养的国际国内发展趋势；博士培养的挑战与应对：导学关系的相互期望（1）	上午	博士培养中的导师角色；博士培养中的法律问题；当博士学业面临失败：发现和解决问题（1）

---

① Graduiertenzentrum Universität Trier.Workshop des QZP promotionsbetreuung［EB/OL］.［2021-08-02］.https://www.uni-trier.de/forschung/graduiertenzentrum-gut/betreuende/weiterbildung.

（续表）

	第一天		第二天
下午	博士培养的挑战与应对：导学关系的相互期望（2）； 博士培养的挑战与应对：博士生培养的工具	下午	当博士学业面临失败：发现和解决问题（2）

其他高校自主组织的博士研究生导师培训也多以工作坊的形式举行。例如，慕尼黑大学研究生教育中心定期举行博士研究生培养工作坊，同样也是面向博士后研究人员、青年教授，以及刚刚通过教授资格考试的青年教师。工作坊包括一天时间的集中培训和75分钟的一对一辅导，培训的主要内容与博士教育质量圈的工作坊相近，包括明确导师职责任务，导学关系中的相互期望、培养模式、博士学业各阶段任务、导学关系中的冲突解决，等等[1]。

与英国等一些国家的大学把参加导师培养作为初级学者入职的前提条件不同[2]，德国针对博士研究生导师的所有这些培训都是自愿参加，主要面向青年教授、博士后研究人员或者新晋教授，以学术人员之间的经验分享交流为主要形式，其影响和覆盖的导师群体较为有限。

（五）奖励和推广导师最佳实践

除了发布导师指南和举行工作坊，一些高校还通过对优秀导师进行评选和奖励的方式宣传推广博士培养中的最佳实践，促进导学关系的改善和博士培养质量的提升。法兰克福大学博士研究生教育的支持性组织"歌德青年学者研究院"（Goethe Research Academy for Early Career Researchers，GRADE）自2015年开始举行"最佳博士研究生指导奖"评选，迄今已评选3次。评选由博士研究生提名，由国际专家组成的评委参照国际标准进行评选，最重要的评

---

[1] LUM Graudatecenter.Promotionsbetreuung［EB/OL］.［2021-08-02］https://www.graduatecenter.uni-muenchen.de/veranstaltungen/betreuung/betreuung/index.html.
[2] 赵世奎，沈文钦.博士生导师制度的比较研究［J］.学位与研究生教育，2011（9）：71-77.

价要素是"科学卓越""与博士研究项目深入和紧密的联系""透明可信赖的沟通交流",以及"在科研经费、职业发展、学术出版等方面予以博士生的支持"。每次评选会从提名候选人中选出人文社科和自然科学领域各一名获奖人,奖金则被用于支持他们所指导的博士研究生[①]。同样是2015年开始,慕尼黑大学研究生中心与该校先进研究中心合作,面向青年导师开设"博士研究生培养最佳实践"工作坊,工作坊为期一天,主要以案例展示和同行交流的方式向参加成员分享指导博士研究生的方法和有益经验[②]。

(六)建立导学关系冲突调解机制

良好的导学关系是博士研究生培养过程中的关键因素,也正是因为这种高利害关系,实践中博士研究生导师和博士研究生常常因为个性、沟通方式、研究工作安排,以及科研本身存在的风险和不确定性等原因产生矛盾甚至冲突。为了更好地解决这些问题,德国很多高校都设置了专门的监察员机制。以弗莱堡大学为例,该校监察办公室针对博士研究生导学关系中出现的问题有一套完整的冲突调节机制,博士研究生和导师遇到相关问题可向监察办公室求助。该办公室有两名接受过相关培训、受雇于研究生院并有多年冲突调解经验的工作人员,他们会与当事人共同讨论分析冲突的情况和可能的解决方案,并帮助他们强化针对敏感和困难问题的沟通技巧。如果问题还不能得到解决,由该校资深退休教授担任的监察员将出面与寻求帮助的导师或学生进行一对一谈话,必要的时候则会组织所有相关当事人一起讨论解决方案,并形成最终的建议方案[③]。

---

① GRADE.Preis für beste promotionsbetreuung 2018 [EB/OL]. [2021-07-25]. https://www.uni-frankfurt.de/74937617/Betreuerpreis_2018.
② LUM Graudatecenter.Gute Praxis in der doktorandenbetreuung [EB/OL]. [2021-07-25]. https://www.graduatecenter.uni-muenchen.de/veranstaltungen/betreuung/betreuung/index.html.
③ Universität Freiburg.Ombudsverfahren für promovierende und betreuende [EB/OL]. [2021-07-30]. https://www.frs.uni-freiburg.de/de/ombudsstelle? set_language=de.

三、讨论和借鉴

德国具有大学自治和教授治校的强大传统，联邦《基本法》明确规定了科学、研究与讲学均属公民自由，各州的高校法也明确赋予了教授指导博士研究生、评定博士论文的资格；而导师聘任博士研究生作为学术和科研助理开展研究工作，也是高校人事制度和科研项目管理制度赋予教授和项目负责人的基本权利。在这样的制度框架和学术文化下，只要导师获得博士论文评定资格，博士研究生达到申请博士学位的基本要求，导师对博士研究生的指导就属于其完全自主的学术工作范畴，没有额外地针对博士研究生导师设置统一的资格认定、责任监督和强制性培训机制。本文所梳理的德国高校优化博士研究生导师指导质量的各种措施体现了科学自治传统下学术共同体的自律和自我监督，例如博士研究生导师指南由高校教授自发撰写，博士培养工作坊虽然由研究生院组织，但导师完全自愿参加。这些举措的目标都是规避博士研究生指导和导学关系中存在的风险和问题，通过博士研究生导师有意识地自主学习、提升强化其针对科研后备力量的学术责任，最终促进学术人才的成长和学术共同体的发展完善。

在此基础上，德国博士教育改革也参考英美模式，以结构化为主线，通过更加明确的规制，更清晰的框架，来提升博士研究生培养的透明度，强化对导师指导的外部软性监督，促进导师的专业化发展。通过修订博士考试条例、明确导师身份等进一步明确界定导学关系的法律边界；通过研究生院的相关议程、指导协议，以及指南文件来为导师提供明确的"任务清单"，对博士学业的时间和各阶段重点提出要求；督促博士研究生导师为博士研究生构建包括经济资助、学术资源、学术发展等方面的支持框架；通过专业化的冲突解决机制来化解导学冲突。这种外部监督并非直接干预，也不涉及博士研究生指导在专业层面的学术问题，更多是通过第三方竞争性项目、结构化改革专项设置的附加条件，以及协议性规制来进行柔性的引导和监督。

此外，这些改革措施主要在部分学校特别是新建的结构化培养项目和研究生院项目中实施，并非覆盖德国所有高校和博士研究生导师的全面改革。但是，在"增量"部分实施的这些举措对促进德国博士研究生教育制度改革和质量提升具有很好的示范效应。一方面，"以点带面"，通过第三方竞争性经费支持的培养项目推进，同时也与人事聘任改革等其他改革议程绑定，逐步塑造一种"更好"博士研究生指导模式的样貌。另一方面，首先对青年教师群体产生影响，以此逐步强化学术共同体对改革模式的认知和接纳，并对相关决策议程产生影响。学术自治与外部软性监督相结合，"增量"改革与传统模式并行是德国博士研究生教育改革的特色，也是其能够稳步推进的重要保障。

从世界范围看，主要国家博士研究生教育都是在19世纪德国大学的科研训练模式基础上发展演变而来，尽管形成了多种的制度形式，但都保留了"科研学徒制"的本质特征；即使是在引入导师委员会或双导师、多导师制度的美国、英国、澳大利亚等国，也都有第一导师或主导师承担指导博士研究生的主要责任。尽管导师指导对博士研究生教育质量至关重要，但鉴于导师和博士研究生所处理知识问题的高度专门化，以及指导形式的个性化，外部管理者往往很难介入，也难以用统一的标准进行规制。从这个意义上看，德国优化博士研究生导师指导的"增量"改革，尽管没有全面铺展的强力举措，但也凸显了博士研究生指导作为一种高度专门化的学术工作的特殊性。在各国都全面强化博士研究生教育问责的今天，德国案例对理解博士研究生培养的本质特征有独特意义。在实践层面，德国强化博士研究生导师指导的举措，包括以契约协议形成软性约束，基于学术人员共识制定操作性指南，通过在第三方资助项目中设置附加条件，以及奖励优秀导师等树立"最佳实践"范例等，对其他国家强化博士研究生教育质量保障也具有一定参考借鉴意义。

{原文刊载：秦琳.传统模式中的增量改革——德国强化博士生导师指导的新举措[J].学位与研究生教育，2022（9）：86-93}

（作者简介：秦琳，副研究员，中国教育科学研究院比较教育研究所副所长）

德国高校跨文化教育历史溯源、实践路径与现实启示

联合国教科文组织于1992年在43届国际教育大会上发布了《教育对文化发展的贡献》建议书，其中第一次正式提出了"跨文化教育"（Intercultural Education）的概念。该建议书特别对"文化教育""跨文化性""多元文化教育"等相关概念做了详细阐释。特别是将"跨文化教育"（包括多元文化教育）理解为是面向全体学生和公民设计的、促进对文化多样性的相互尊重，理解丰富多彩的教育，具体包括了为全体学习者设计计划、课程或活动，而这些计划、课程或活动，在教育环境中能促进文化的多样性，增强对不同文化的理解。此外，这种教育还能够促进学生的文化融入和学业成功，增进国际理解，并促使与各种歧视现象作斗争，从理解本民族文化发展到鉴赏相邻民族的文化，并最终发展到鉴赏世界性文化。[1] 随着移民的大量涌入，全球化进程的加剧，德国逐渐成为一个多元文化国家，由此产生的文化冲突与社会矛盾也愈发突出。自20世纪60年代起，联邦政府一直致力于多元文化的融合与社会和谐建设，如何通过跨文化教育实现少数族裔群体的文化融合与社会适应成为社会讨论的重要议题。德国高校通过多种形式、不同类型的跨文化教育，有效推进了不同文化背景群体之间的融合与交流，并积累了丰富的经验，这对我国跨文化教育的开展与实施，各民族团结

---

[1] 赵中建，全球教育发展的历史轨迹：国际教育大会60年建议书[M]. 北京：教育科学出版社，1999：498-499.

统一，树立中华民族共同体的意识具有一定现实启示。

一、概念界定

2006 年，联合国教科文组织在《跨文化教育指南》（UNESCO《Guidelines on Intercultural Education》）中表述了关于跨文化教育的 3 个基本原则：其一，跨文化教育应当顾及每个学习者的文化身份，并为之提供一种在其文化敏感性接受范围内的教育；其二，跨文化教育以促进每个学习者积极、充分参与社会生活为目的，向他们传授文化知识、培养文化态度和文化技能；其三，跨文化教育为所有的学习者提供了学习文化知识、文化态度和文化技能的机会，使他们能够在不同人群中，不同的民族、社会、文化和宗教群体，以及国家之间相互尊重、相互理解、彼此团结。[①] 这 3 个基本原则也充分体现了跨文化教育的基本宗旨。

跨文化教育不同于留学生教育、移民教育，以及多元文化教育等其他相似的概念，而是主要聚焦在不同文化之间的相互关系、相互作用，并有效促进不同文化在社会中平等交融，以及各种文化群体和睦相处。留学生教育与移民教育都是相对国别而言，强调来自其他国家（文化）的学生或者移民等实施的教育。这样两种形式的教育，虽然受教育者接受教育的内容可能涉及异文化，也可能不涉及异文化，或者说都是来自另外一种文化，所以从广义上讲，跨文化教育实际上包含了留学生教育和移民教育。因此，基于以上的辨析与理解，跨文化教育指的就是一种在多元文化背景下提出的、不同于传统教育模式的新型教育模式，它力求可以通过多语言、多文化的互动学习达到不同国家、民族、群体之间相互尊重、相互理解、和睦共处的教育目的。[②]

二、德国跨文化教育的历史溯源

跨文化教育在德国的发展已有 40 余年时间，虽然当前的德国学术界在确

---

① UNESCO.UNESCO Guidelines on Intercultural Education [M]. Paris：United Nations Educational Scientific and Cultural Organization，2006：33–37.
② 陈正. 德国"跨文化教育"的发展及对中国的启示 [J]. 高校教育管理，2011（2）：53–57.

定跨文化教育的研究对象、明确跨文化教育与欧洲教育的区别、制定跨文化教育的发展任务等方面仍存有争论,但是在教学目标、教学课程设计,以及师资力量培训等方面基本作了明确的规划。[①] 回顾德国跨文化教育发展史,归纳起来有 4 个主要阶段:从 20 世纪 60 年代末开始,德国先后经历了从"外国人教育""文化整合教育""反种族主义教育"到现在的"跨文化教育"(表 1)。

表 1　德国跨文化教育的历史发展过程[②]

1990 年				跨文化教育, 目标人群:所有人; 学习目的:使他们具备跨文化的交际能力
1980 年				
1970 年		文化整合教育, 目标人群:外国人和本国人; 学习目的:增进不同社会群体的融合	反种族主义教育, 目标人群:本国国民 学习目的:认识不同文化的差异性	
1960 年	外国人教育, 目标人群:外国人; 学习目的:通过语言学习,促进交流			

第一阶段:20 世纪 60 年代。第二次世界大战结束后,德国在 20 世纪 60 年代围绕"是采用现代化的设备还是引进外国劳动力"这一问题曾有过激烈的争论。最后选择了主要不靠增加设备投资,而靠引进外国劳动力这一条道路进行战后重建。[③] 当时的劳工主要来自土耳其、意大利和希腊等国。这些移民劳动者的出生国大多数是在政治和经济两方面对欧洲先进工业国有较强依赖关系的国家。随着大量"外来劳工"的涌入及其家庭的出现,其子女的教育问题引起了人们的关注。外国人教育是作为教育的一种补偿形式出现的。为使劳工子女更好地融入德国中小学,德国政府在政策上和教育科研上都给予了很大的扶持,并有针对性地开设了一系列课程,比如外语补习班、对外教学法研究等。

第二阶段:20 世纪 70 年代。由于外国人教育在第一阶段中通常被视为"特殊教育"或"同化教育",因此这一观点在 20 世纪 70 年代开始遭到社会

---

①② AUEMHEIMER, GEORG. Einführung in die Interkulturelle Pädagogik [M]. Darmstadt: Wissenschftlche Buchgesellschaft, 2003:119-124.
③ 王军. 德国的跨文化教育 [J]. 民族教育研究, 1997(2):69-73.

各界的广泛批评。德国学术界对此也展开了激烈的讨论,讨论的重点是"德国是一个劳工输入国家还是一个移民国家",工作重点也向青年教育和社会教育转移,文化整合教育应运而生。整合主义的观点基于将德国理解成为一个移民国家,国外的移民希望可以形成德国文化的习俗,以换取国籍。这样的方式得到了包括绿党政治家、政治学者和保守主义进步派系的支持,德国被理解为一个多元文化的社会。①在此背景下,就有学者提出了针对外国年轻人进行职业教育的想法,同时也开展了国际性的移民问题研究。随着社会多元化的发展,德国社会对外国移民的认同度不断增大,跨文化教育以及相关领域逐渐得到业界的关注。

第三阶段:20世纪80年代。为了增进多元文化社会中各文化群体的相互理解、和睦共处,德国在20世纪80年代提出了反种族主义教育。其关心的主要问题有:是"文化中心主义"还是"文化相对主义";如何看待和接纳外来移民,尤其来自东欧的移民;如何重新审视文化差异问题;如何解决各移民群体在融入德国社会文化中产生的问题。反种族主义教育是一种针对德国所有国民的教育,其倡导的主要理念是每个个体都应该尊重、包容不同的文化,并在具体行为实践中得以深入贯彻。

第四阶段:从20世纪90年代开始至今。随着全球化和国际化进程的不断加快,各个现代国家都必须不同程度地面临多元文化现象。②鉴于此,联合国教科文组织也于20世纪90年代正式对"跨文化教育"进行了界定,从此以后,跨文化教育开始成为一个独立的研究领域。学者们开始对跨文化教育进行大量质性或量化研究。1996年,德国文教部长联席会议(KMK)上也第一次开始使用跨文化教育这个字眼。在这一文件中,跨文化教育被看作是面向所有人的普通教育中的必要部分,不仅是指用1949年联邦共和国宪法中

---

①② GERD R HOFF. Multicultural education in Germany:Historical development and current status.Chapter 47 in the "Handbook of Research on Multicultural Education" [M]. New York:Macmillan Publishing USA,1995:828.

阐述的尊重与宽容精神来对待移民。①跨文化教育的目标人群也由以前的某类人群变成所有社会成员。跨文化交际能力成为每个社会成员综合素质能力中不可或缺的组成部分，如何使其具有跨文化交际能力成为跨文化教育研究者重点关注的问题。

三、德国高校跨文化教育的实践路径及其特点

德国跨文化教育的发展可以最早追溯到 20 世纪 60 年代，经过几十年的理论研究与实践探索，逐渐形成了一系列彰显社会特征与时代特色的教育模式。纵观德国高等教育阶段跨文化教育的开展与实施，也同样可以总结归纳出一些切实有效的举措，这些新举措有效提升了学生群体的跨文化交际意识，整体促进了不同文化背景族裔群体的社会融合，实现了高校对培养跨文化人才的重大贡献。综合分析，德国高校跨文化教育实施的具体举措包括以下 4 个主要方面。

（一）在通识课程中设置跨文化学习模块与主题课程

为有效处理跨文化教育背景下教育异质性的问题，大多数高校都在通识类课程体系中开设有跨文化教育主题的课程或者活动，且大多是以独立课程模块的形式设置。

一般来说，各高校多是针对人文社科专业的学生开设相关的模块，但随着大批外来劳工及其子女群体、海外留学生进入德国高校，因社会多元文化而产生的问题与冲突也逐渐暴露，高校内部的跨文化教育变得越发必要，相关领域的课程设置也逐渐扩展到理、工、医等其他学科。例如，柏林工业大学 2002 年就开始为工科、商科等其他学院的学生提供跨文化教育课程——跨文化能力与国际合作。②相关课程主要包括基础模块、实践应用两大模块。学生不仅需要学习跨文化交际的基本概念与技巧，例如文化、交际、能力等，还需

---

① 王薇. 德国学校的跨文化教育 [D]. 上海：华东师范大学，2013.
② 陈正. 德国"跨文化教育"的发展及对中国的启示 [J]. 高校教育管理，2011（2）：53–57.

要通过多种类型的实践活动形式（小组讨论、情景模拟、角色扮演、社会调研等）真实体验、训练自身跨文化交际能力。此外，基于实践应用模块，学生一方面需要灵活运用理论模块学习的理论知识；另一方面，还需要基于校级已有的合作项目平台，与国外合作院校的国外学生共同参与学习与项目讨论，就具体学科领域的研究问题展开深度合作，提交研究报告。①

为提升大学生的社会软实力，很多德国高校都开设有跨文化教育课程，以及跨文化工作坊或者训练营，旨在帮助学生在学习本专业课程之外，形成符合社会发展需要的跨文化能力。这不仅包括外语语言能力，更包括跨文化情境下社会生存与交际能力。例如，不莱梅大学开设的"跨文化训练"（Intercultural Training）课程。基于学校整体的课程设置，2022年夏季学年安排有6期跨文化训练课程，每期工作坊为期2天，课程不仅提供理论知识的授课，也试图通过不同类型的活动，调动学生主动参与交流与沟通的能力，促进个体跨文化经验的形成。②一些高校还专门针对不同文化背景的学生，开设有"全球化教育"课程项目，旨在促进留学生对德意志文化特征与风俗的了解。课程设置包括德意志文化概论、联邦德国政治体制、历史、文学、文化习俗等内容。除了理论课程，该项目还特别设置了形式多样的研学旅行活动。学生可以前往德国的不同城市进行短期学习与交流，沉浸式体验德国的风土人情，并将其自身跨文化学习经验融入专业学术活动中，实现文化的互通与交流，促进跨文化交际能力的提升。

德国高校除了设置跨文化课程项目或者模块，还非常强调在学生主修专业课程体系中融入跨文化的知识，或是基于跨文化情境下的教学内容设计。特别是在一些专业基础课程中增加关于文化、历史、政治体制、社会背景与焦点等内容。通过教师设计的相关活动，有效促进学生从不同文化、政治、经济体

---

① MORAWSKI ANDRÉ.Vermittlung Interkultureller Kompetenz an der TU Berlin［M］//Das Andere lehren：Handbuch zur Lehre Interkultureller Handlungskompetenz.Münster：Waxmann，2010：63-70.
② Universität Bremen.Intercultural Training［EB/OL］.（2022-06-13）［2022-08-21］.https://www.uni-bremen.de/en/studies/starting-your-studies/international-studies/intercultural-certificate.

制维度综合分析专业问题,从而帮助学生形成跨文化研究的视角,以便更加系统、客观地认识国际社会发展与文化构建的特征,并对社会发展的具体样态有更加全面的认识。

(二)课程体系融入跨文化与可持续教育内容

日益严重的欧洲难民问题、难以调和的种族矛盾,以及多元文化之间的融合问题,使多元文化背景下的异质性逐渐成为德国各级各类学校教育亟待解决的重要问题之一。《德国教师教育标准:教育科学》(*Lehrerbildung in Deutschland Standards: Bildungswissenschaften*)中也明确提出,"处理学校异质性""处理文化异质性""种族异质性""可持续发展理念整合到课程体系""跨文化能力的提升""保障学校未来的发展"等主题应当成为新一轮教师教育课程改革的重点,并着重突出了专业发展对于教师可持续发展意识、掌握跨文化交际能力的具体要求。[①] 为此,2016年5月,州文教部长联席会议明确要求:各高校职前教师教育体系应以发展教师专业行动能力为目标,将可持续发展与跨文化教育内容融入课程设置。可持续发展教育依靠不同学科知识的联系与融合,因此课程设置中将终身学习能力、跨文化知识、处理多文化的异质性、文化多元性、媒体教育一一融合到课程设置中。[②]

为了进一步落实跨文化与可持续教育发展的具体要求,不少高校还开设有专门的跨文化学习模块,用以提升准教师的可持续发展意识与跨文化教学能力。如奥斯纳布鲁克大学就专门开设有社会、宗教、跨文化背景、政治、可持续发展、环境发展等相关类型的课程,与其他学科课程平行设置,并在学生的专业学科课程中融入跨学科、跨文化情境下教学等相关内容。为了更好地应对跨文化社会环境的新要求、新挑战,汉堡大学自2014年为该校所有师范专

---

① Kultusministerkonferenz: Standards für die Lehrerbildung: Bildungswissenschaften [EB/OL].(2015-05-25)[2022-08-21]. http://www.kmk.org/fileadmin/veroeffentlichungen_beschluesse/2004/2004_12_16-Standards-Lehrerbildung.pdf.
② 于喆,曲铁华.博洛尼亚进程背景下德国职前教师教育改革研究[J].外国教育研究,2015(2):99–107.

业的本科学生，研制并设置"专业教师行为促进"计划框架下的综合模块课程（ProfaLe），重点设置有四项学习行动，具体包括"学科与教学融合""处理语言与文化异质性""融合教育""跨学科之间合作"。

为有效落实高校课程体系对跨文化交际能力的具体要求，提升准教师实施跨文化情境教学的能力，柏林自由大学新设置了"K2teach"（know how to teach）课程体系，专门开设了跨专业学习模块，将教育科学、文化社会学、专业教学论等跨文化教育内容融入教学的实践与互动中。课程涉及移民学生学习问题、德语作为第二语言的教学、社会教育、移民家庭沟通技巧、跨文化交际学等，强调夯实自身关于不同文化背景的基础知识，并训练处理学校、学生、教学异质性的教学策略。[①] 奥斯纳布吕克大学与海外多所大学合作开发了"国外核心实习项目"，使职前教师可以选择在国外实习学期完成核心实习项目，即在国外中小学担任教师，通过海外实习锻炼自身的跨文化交际能力，并提升教师处理因文化多样性和差异性产生的教学问题。[②] 慕尼黑工业大学则开设了跨学科合作学习模块，训练教师建立解决涉及社会各领域关键性问题的能力，有效培养运用多种语言，跨文化知识、社会文化多元知识进行教学交际，以及跨文化环境处理学校、学生、教学过程异质化的能力。为了提升职业学校教师跨文化教育的能力，汉诺威大学专门开发了"教师前景即机遇与挑战"职业教师专业技能培养计划，旨在以未来职业学校教师发展所需的专业技能入手，研制、发展、探索、评估信息时代下新的教学原则，努力激发教师终身学习的强烈愿望，进一步提升工程科学、职业技术学科教师的专业资质。[③]

---

① K2 teach–know how to teach［EB/OL］.（2018–01–18）［2022–08–20］. https://www.fu-berlin.de/sites/ k2teach/index.html.
② Forschungsforum in der Abteilung Schulpädagogik an der Universität Osnabrück［EB/OL］.（2018–06–28）［2022–08–21］. https://www.paedagogik–cms.uni-osnabrueck.de/? id=2321.
③ Außerschulisches Praktikum［EB/OL］.（2018–04–03）［2022–08–21］. https://www.philos.uni-hannover.de/ausserschul.html.

（三）设置专业机构统筹跨文化教育实施

德国大多数高校国际事务部或者国际合作部门都设立了专业的跨文化项目组织或者团队，负责全校范围内涉及跨文化教育活动与国际交流合作的开展与实施，包括针对多种语言、文化的培训课程，以及定期的国际学生交流与联谊活动、城市（校园）游览研学活动、企业实践活动、社会实践活动等，目的在于系统推进来自不同文化背景的国际学生与本土学生的交流与互动，推动国际交流与研究项目的实施。此外，该组织还负责与地区、国别学生联谊会之间的交流与合作，例如就当下新冠疫情的防控展开合作，以及线上课程教学等环节进行系统协调，并就各协会团队日常工作的开展与实施提供指导与建议。

这其中比较有影响力的就是不莱梅大学康帕斯（Kompass）团队。作为大学国际事务部重要的直属部门，该团队目前主要负责3个主要领域的工作。①留学生的学业指导与职业资格培训：职业技能培训与就业指导、跨文化技能（证书）、留学生海外就业规划项目（目前主要针对土耳其、俄罗斯、波兰籍学生）、留学生家庭适应与文化适应。针对留学生学业学习与职业技能方面可能存在的跨文化领域问题，康帕斯团队由专业导师或者专业人员负责协调相关机构从而解决问题，例如由专人协助学院为学生提供学术支持与咨询。②跨文化交际：语言学习伴侣项目、跨文化训练、文献资料库。③多种类型的文化体验活动：指南针曲奇、文化之夜、欢乐时刻、国际咖啡馆、国际化校园开放日、城市游览与探索，等等。[①]康帕斯团队为了有效促进本校留学生与本土学生的交流与互动，会定期举办新生见面会、校园开放日、国际风情节等活动，为留学生更好融入德国高校学习、职场、日常生活提供个性化支撑。

德国大多数综合类高校都设置有类似功能的组织与团体，如汉堡大学的

---

① Universität Bremen. Our Profile［EB/OL］.（2022-04-28）［2022-08-21］. https://www.uni-bremen.de/en/university/profile/international.

外国留学生融合促进项目（PIASTA）团队，最早可以追溯到1988年的汉堡大学"国际融合教育促进项目"。不同于其他高校的跨文化组织，PIASTA团队会定期设置"跨文化教育奖学金"，从大学中招募具有跨文化交流旨趣的德国本土学生或者留学生担任相关活动负责人，由其来设计、组织、安排不同类型的活动，例如新生欢迎会、欢迎周、跨文化交流之夜、文化与休闲活动、研讨会与工作坊、语言咖啡馆、学业与职业咨询讲座等。①该团队的目标是，第一，有效加强不同文化、传统、教育背景大学生们之间深度交流与互动；第二，促进高校人才培养与学科建设的国际化；第三，积极培养学生形成关于不同文化的国际视野；第四，有效提升学生学习的能力以及跨文化交流的敏感性。②该中心还需要对接不同国家学生联合会的工作，对协会工作的开展提供一定的指导与支持，尤其需要协调由于不同文化背景与传统差异有可能造成的问题与困难。

（四）政府、文化机构协同参与高校项目实施

众所周知，德国是一个典型的移民国家，除了主体民族的德意志人，土耳其人、波兰人，以及东欧地区的人都是主要的移民群体，近些年来不断涌入的难民，使原有的社会群体人口构成变得更加复杂与多样。政府部门无论是从宏观层面跨文化教育政策的制定，以及微观层面针对学校、教育机构、社会组织等机构都开展了一系列行之有效的策略与行动，如通过德语语言学习、融合课程开设、职业技能训练与主流文化学习与体验，积极促进少数移民群体的社会融入与交流，构建相对和谐统一的共同体形态与认同意识。为此，德国联邦政府不仅整体规划了高校未来国际化发展的目标与计划，而且也积极参与高校跨文化教育项目的实施与管理，为留学生提供专业、全面的学习、生活与文化融合服务。2003年3月14日，德国联邦政府发表《2010年议程》（*Agenda 2010*），特别就德国高校接受国际学生提出了具体的方案，决定重点建设一

---

①② Was ist PIASTA？Universität Hamburg［EB/OL］.（2021-07-21）［2022-08-04］. https://www.uni-hamburg.de/piasta/ueber-uns/piasta-info.html.

批高水平大学。① 同时，为了改善国际学生在德国高校缺乏有效支持的现状，2008年末，德国联邦教研部决定在未来4年，分3个不同阶段，每年出资170万欧元与德国学术交流中心（DAAD）合作一起实施"促进国际学生融入计划"（PROFIN），② 主要目的就是提高国际学生的综合能力和"跨文化背景下合作的能力"。该计划自2008年实施以来，4年内共资助了高校内部130多个针对国际学生的交流与合作项目，切实有效地提升了德国高校国际事务的工作质量与服务水平，大大改善了高校的国际形象。

为有效缓解大批难民难以融入德国社会的现实问题，德国联邦教育与研究部和学术交流中心于2015年年底，联合设置了"难民融入专业学习"（Integra）项目，具有典型的对主体民族的文化和传统习得以及接纳功能。③ 该项目一个最重要的功能就是针对难民，以及入学有困难群体提供了与德国高中毕业能力相当的预备课程与资质评估，以便获得德国高校录取的机会。这一举措有效解决了难民背景的高中毕业生因为入学难、融入难、深造难所造成的社会动荡问题，也为少数族裔的集体认同、民族交流、族群互通提供了系统支持。此外，包括2017年4月启动的"难民入读德国高校的路径"（WeGe）研究项目，以及"支持学生研究开端的项目"（Welcome Program），都将重点定位在难民和入学困难的少数族裔群体在主流民族环境下的融合状况及保障手段上，同时也高度关注其在高校求学期间的成长及发展状况，以便及时调整政策及导向，从而确保少数族裔群体的受教育权益及文化融入程度。政府相关机构参与高校跨文化教育项目的开展与实施，有效地推动了不同族群与德意志民族之间的融合与交流，也一定程度上打破了长期以来因语言文化形成的壁垒，并有助于少数族裔群体形成符合德国社会主流的核心价值观，加深了对国家整体

---

① Agenda 2010［EB/OL］.（2018-07-27）［2022-08-21］. https://www.bmbf.de/pub/Agenda 2010_dt.pdf.
② Bewährte Vielflat PROFIN Bilanz zum Programm zur Förderung der Integration ausländischer Studierender［EB/OL］.（2018-10-14）［2022-08-20］. https://www.unitrier.de/fileadmin/international/cai/Bilder/2012_Profin_Bilanzbro-schuere_online_version_profin_20_11_12_2_.pdf.
③ Sontag Katrin. Refugee Students' Access to Three European Universities: An Ethnographic Study［J］. Social Inclusion, 2019（1）: 71-79.

的认同感。①

此外，一些社会机构也非常热衷参与涉及高校、各大研究机构的跨文化交流与研究项目。这其中比较知名的有德国学术交流中心、德国研究基金会（DFG），还有一些企业、非政府组织机构、科学研究机构，包括洪堡基金会，莱布尼茨科学研究会，马克斯－普朗克研究协会、汉斯·赛德尔基金会、阿德纳基金会等。特别是成立于1925年的德国学术交流中心，作为德国最大的国际性学术交流中心，目前涵盖德国有大约231所高校和128个大学学生会，并面向所有的国际学生提供各种形式的奖学金，用以资助学生、科研工作者进行全方位的学术交流。

四、启示与结语

综上所述，可以发现德国高校采取了一系列促进跨文化教育的政策与举措，有效地推动了社会多元文化之间的融合以及价值认同，效果明显。随着时代的发展，中国正面临着新的历史机遇，在当前后疫情时代和百年未有之大变局的背景下，借鉴德国高校跨文化教育实施的具体路径与育人模式，对探索具有中国特色跨文化教育的理论与实践具有重要现实意义。

第一，切实加强理论学习，建设彰显中国特色的跨文化教育理论。为深入贯彻落实中共中央《关于加强和改进中外人文交流工作的若干意见》《教育部等八部门关于加快和扩大新时代教育对外开放的意见》及《加强和改进国际传播工作，展示真实立体全面的中国》等重要文件和讲话精神，进一步做好新时代教育对外开放工作，应积极建设彰显时代特色的跨文化教育理论。跨文化教育作为一个新兴的学科门类，涉及很多不同类型的学科，如教育人类学、民族学、政治学、社会学等，因此，如何基于新的时代背景、中外人文交流工作的部署、教育对外开放的新动向，实现理论创新，确立新的理论方向，形成新的理论体系就显得更为重要。因此，应当切实加强理论学习，坚持以马克思主

---

① 陈志伟.德国高校跨文化教育推进民族团结的路径及其启示［J］.民族教育研究，2019（1）：71-79.

义作为指导，继承中华民族在构建民族共同体意识认同层面的经验，立足于国家发展的现实需求，积极融合其他学科建设的有益经验，为讲好中国故事，树立中国形象，建设符合时代特征的跨文化教育理论，努力践行"一带一路"的伟大倡议，为中华传统文化的传播与世界交流提供理论支持。

第二，高校应该为跨文化教育的开展与实施提供全方位的支持与保障。德国高校为有效提升学生、教师、管理层的跨文化交际水平，采取了一系列行之有效的策略，不仅包括开设相关主题的课程或者活动，并在学科专业教学中增设相关情境的融入，还专门设置有特别机构与组织负责跨文化教育活动的开展与实施。我国高校在通识教育类课程中并未专门设置跨文化教育相关课程，建议增设相关主题类课程，积极挖掘不同学科的知识内容特点，建设覆盖面广、跨学科的，有机融合政治、经济、社会、文化等内容的跨文化课程，开发跨文化情境的教学案例、教学活动、社会实践项目，创新以往学科知识框架内部的教学模式。通过相关情境式教学的开展，帮助大学生潜移默化地建构起跨文化学科视野，有效提升个体跨文化的交际能力与水平。各高校同样需要在机构设置、人员配备、资金支持等方面，给予跨文化教育系统化的支持与保障，从而使高校内部的跨文化教育活动顺利开展，并积极探索符合我国现实国情高校跨文化教育、民族团结教育的新模式。

第三，鼓励政府与其他组织与机构参与高校跨文化教育的设计与实施。德国高校组织内部不仅设置有专业机构统筹管理学校国际化教育与跨文化教育，而且积极与联邦政府、地方政府、科教文化基金会合作，构建起协同育人的有效机制。我国教育部设置有多种类型的奖学金、针对不同国别设立有科学研究基金，以及与众多国外高校、研究机构有着良好合作，这些举措有效地促进了中国与世界其他国家的交流与合作。但相比德国众多文化机构、企业、非政府组织基金会参与的跨文化交流项目，我国参与跨文化教育的组织与机构相对还是比较单一。如何有效调动、推动多方主体与组织机构参与跨文化人才的培养，参与相关项目的开展，应当成为未来我国中外教育交流的一个重要方向。随着众多中国企业直接或者间接参与国际市场竞争，实施"国际战略"，驻外企业员工的职业培训也显得越来越必要，因此，企业也应当主动参与到跨文化人才培养，以及跨文化环境下经济发展、国际贸易领域中。此外，一些文化交流协会与组织，以及基金会也应该主动参与到国家对外合作与交流的工作中，搭建一个更加立体、多样化的跨文化教育与交流网络，有效促进中西方文化的交融与互通，朝着共建人类命运共同体的伟大目标做出应有贡献。

（作者简介：任平，广州大学教育学院课程与教学研究中心副主任，副教授；陈正，国家教育行政学院教育领导与管理国际比较研究中心主任，教育部中外人文交流中心特聘专家，副教授）

特色办学篇

跨学科与实践性：德国劳动教育教师培养模式探析

近年来，我国政府对劳动教育的重视程度不断提高，已经出台了一系列用来推进劳动教育工作的政策。因为专业化的教师是落实好劳动教育的关键，所以培养劳动教育教师便成为推进劳动教育工作的重中之重。2020年3月，国务院出台了《关于全面加强新时代大中小学劳动教育的意见》，明确要求"高等学校要加强劳动教育师资培养，有条件的师范院校开设劳动教育相关专业"[①]。在这一背景下，如何设计好劳动教育师资培养模式，培养专业化的劳动教育教师，便成为我国高校目前迫切需要解决的现实问题。德国自20世纪70年代便开始在大学培养专职的劳动教育教师，到现在培养模式现已比较成熟。这对我国高校开展劳动教育师资培养具有一定的参考价值。为此，本文围绕德国如何培养劳动教育教师这一核心问题从招生录取、课程设置、实习见习、毕业考试等方面分析了德国劳动教育教师的培养模式。

一、德国的劳动教育及其教师培养基本情况

（一）德国劳动教育概念与形式

劳动教育的概念有广义和狭义之分。广义的劳动教育指一切有助于发展和提高人的劳动知识与能力，以及培育积极的劳动态度和价值观的教育活动。它既发生在学校内，也发生在学校外，既是普通教育的一部分，也是家庭教

---

① 中新网.中共中央 国务院关于全面加强新时代大中小学劳动教育的意见［EB/OL］.（2020–03–20）［2021–07–29］. http://www.gov.cn/zhengce/2020–03/26/content_5495977.htm.

育、职业教育和社会教育的重要组成部分，而且贯穿人的一生。①狭义的劳动教育则专指大中小学开展的、作为普通教育组成部分的劳动教育。本文分析的德国劳动教育属于狭义的劳动教育范畴。

在德国，劳动教育主要以"劳动学"（Arbeitslehre）为载体开展和实施，且主要集中在中等教育的第一阶段。根据德国学者库普泽（Paul Kupser）的定义，劳动学是一门涵盖了手工实践活动、基础技能教育、经济与政治教育、职业预备教育、信息技术基础教育等领域的综合性学习领域。②

德国中小学的劳动教育虽然就历史渊源而言可以追溯至18世纪的工业学校运动，以及20世纪初的劳作学校运动③，但是当前形式的劳动教育始于20世纪60年代。1964年，德国教育体制委员会（Deutscher Ausschuss für das Erziehungs-und Bildungswesen）建议将劳动学课程引入主体中学④。⑤1987年，文教部长联席会议（Ständige Konferenz der Kultusminister）通过了一份决议，将劳动学的学习领域确定为技术、经济、家政和职业4个部分，将教学对象从主体中学的学生扩展为全体初中生，并允许各州的学校根据自身需求确定课程形式和课时。⑥此后，各州根据这一决议在中学第一阶段开设了劳动教育课程，或作为独立设置的科目（即劳动学），或作为多科目的组合（即综合科目，如劳动—经济—技术），或作为现有其他科目的一个组成部分。⑦

---

① 孙进，陈囡. 德国中小学的劳动教育课程：目标·内容·考评 [J]. 比较教育研究，2020（7）：73-81.
② PAUL KUPSER. Arbeitslehre zwischen Anspruch und Wirklichkeit [M]. Bad Heilbrunn：Klinkhardt, 1986：11.
③ FRANZ-JOSEF KAISER.Arbeitslehre：Materialien zu einer didaktischen Theorie der vorberuflichen Erziehung [M]. Bad Heilbrunn：Klinkhardt, 1971：19, 27.
④ 主体中学（5—9年级或7—9年级，在实行10年制普通学校义务教育的州还包括10年级）是德国中等教育中主要面向职业教育系统输送毕业生的学校，提供基础性的普通教育和职业预备教育，学生毕业可获得"主体中学毕业证书"。
⑤ DIETMAR KAHSNITZ, GÜNTER ROPOHL, ALFONS SCHMID.Arbeit und Arbeitslehre [C] // Dietmar Kahsnitz, Günter Ropohl, Alfons Schmid.Handbuch zur Arbeitslehre.München：Oldenbourg Wissenschaftsverlag, 2014：4.
⑥ OSKAR ANWEILER, HANS-JÜRGEN FUCHS, MARTINA DORNER, et al. Bildungspolitik in Deutschland 1945-1990：Ein historisch-vergleichender Quellenband [M]. Opladen：Leske+Budrich, 1992：330-334.
⑦ HEINZ DEDERING. Handbuch zur arbeitsorientierten Bildung [M]. München：R.Oenbourg Verlag, 1996：265.

（二）德国劳动教育教师培养形式

为了培养专职的劳动教育教师，德国大学在 20 世纪 70 年代相继开设了与劳动学相关的师范专业。不过，受联邦制的影响，加上德国大学享有较大的自主权，所以各州之间，甚至同一个州内各高校的培养模式并不完全相同。由于缺乏统一的标准，再加上课程不具有可比性，以及缺少相关教学设备，劳动学专业在有些高校曾一度面临被取消的危机。[①] 好在随着博洛尼亚进程的推进，德国的教师培养模式得到了整体改革。德国在全国层面出台了一系列政策，如《教师教育标准·教育科学》《各州通用的对教师教育的学科专业和学科教学法的内容要求》，对包括劳动学专业在内的教师教育标准作出了统一规定，以保证各州高校的教育质量及其所颁发的教育证书的可比性。[②] 劳动学师范专业也得到了重新设计和发展。

根据玛丽安·福里泽（Marianne Friese）的研究，德国有 35 所高校开设了与劳动学相关的师范专业。不过，这些专业在名称和课程结构方面并不相同。与中学阶段的劳动教育课程形式相似，德国高校的劳动学专业也大体上有 3 种不同的开设形式。一是作为独立的、以劳动学命名的专业开设；二是作为综合性专业开设，把几个与劳动学相关的领域组合在一起（Fächerverbund），如劳动—经济—技术专业；三是把劳动学的内容融入自然科学、技术、经济学、家政学/纺织品、营养学、社会科学、职业教育学、社会教育学等专业科学（Fachwissenschaften）之中，作为该学科教师教育的一部分。[③]

鉴于将劳动学设立为独立专业的教师培养模式具有更好的可操作性，与我国的发展方向较为契合，所以，本文便以采用这一形式的黑森州为例，介绍德国劳动教育教师的培养模式。黑森州目前有 5 所具备教师教育资质的学校。其中，只有卡塞尔大学（Universität Kassel）和吉森大学（Justus-Liebig-Universität

---

[①] MARIANNE FRIESE. Arbeitslehre.Klaus-Peter Horn, Heidemarie Kemnitz, Winfried Marotzki, Uwe Sandfuchs.Klinkhardt Lexikon, Erziehungswissenschaft［M］. Bad Heilbrunn：Julius Klinkhardt, 2012：61.
[②] 孙进．德国教师教育标准：背景·内容·特征［J］．比较教育研究，2012（8）：30-36．
[③] MARIANNE FRIESE. Reformprojekt Arbeitslehre.Entwicklungen, Konzepte und Handlungsbedarfe［EB/OL］.（2011-09-26）［2021-07-29］. http://www.bwpat.de/ht2011/ft02/friese_ft02-ht2011.pdf.

Gießen）开设了劳动学的师范专业。下面，重点以这两所大学为例进行分析。

劳动教育教师培养的目标是让未来的教师掌握在中小学开展劳动教育所需要的专业知识、能力、态度，以及向学生传授相关知识和能力的专业教学法。在德国，劳动教育教师培养的过程包括两个阶段：一是大学学习阶段（含实习），主要是在大学进行，从招生录取开始，到第一次国家考试完成结束；二是见习阶段，从进入见习学校开始，到第二次国家考试完成结束。这两个阶段的学习与国家考试共同构成教师培养的 4 个核心环节（图 1）。

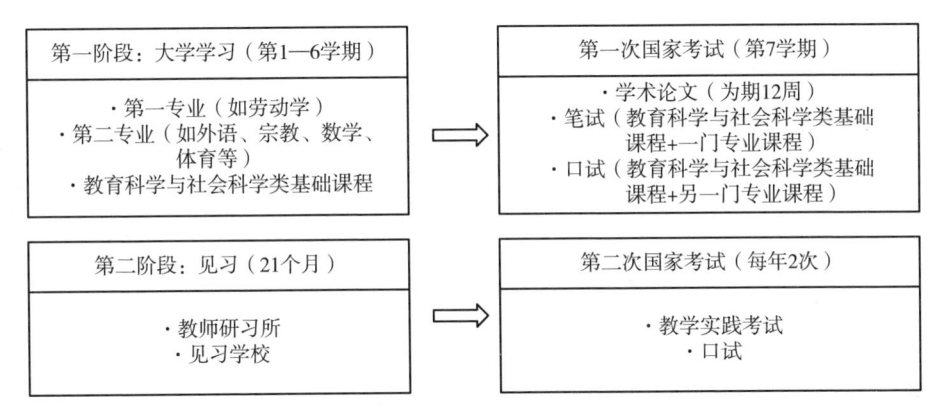

```
┌─────────────────────────────────┐      ┌─────────────────────────────────┐
│ 第一阶段：大学学习（第1—6学期）  │      │ 第一次国家考试（第7学期）        │
│ ·第一专业（如劳动学）            │ ═══> │ ·学术论文（为期12周）            │
│ ·第二专业（如外语、宗教、数学、  │      │ ·笔试（教育科学与社会科学类基础  │
│   体育等）                       │      │   课程+一门专业课程）            │
│ ·教育科学与社会科学类基础课程    │      │ ·口试（教育科学与社会科学类基础  │
│                                  │      │   课程+另一门专业课程）          │
└─────────────────────────────────┘      └─────────────────────────────────┘

┌─────────────────────────────────┐      ┌─────────────────────────────────┐
│ 第二阶段：见习（21个月）         │      │ 第二次国家考试（每年2次）        │
│ ·教师研习所                      │ ═══> │ ·教学实践考试                    │
│ ·见习学校                        │      │ ·口试                            │
└─────────────────────────────────┘      └─────────────────────────────────┘
```

图 1 德国黑森州劳动学教师培养的两个阶段和 4 个环节

二、大学学习阶段：德国劳动教育教师培养的第一阶段

教师培养的第一阶段以招生录取为起点。由于德国没有全国统一的高考，高校的招生取决于学生中学毕业所获得的各类入学资格。通常情况下，申请劳动学师范专业的学生只要满足普通师范专业的招生要求即可，即通过了文理中学毕业考试（Abitur），获得了普通高校入学资格（Allgemeine Hochschulreife）或绑定专业的高校入学资格（Fachgebundene Hochschulreife）。此外，不具有高校入学资格，但具有相关职业教育和实践经验的学生也可以提出申请。[①] 除了这一申请条件，申请者原则上还须在大学开学前完成为期 4 周的定向实习

---

① Universität Giessen.Lehramt an Haupt– und Realschulen（L2）[EB/OL]. [2021–07–29]. https://www.uni–giessen.de/studium/studienangebot/lehramt/l2.

(Orientierungspraktikum)。未能提前完成这一实习的学生须在进入大学后补充完成，时间上要求最晚在大学组织学校实习活动前完成。在录取之后，第一阶段的教师培养主要包括大学学习和第一次国家考试这两个核心环节。

（一）大学学习

德国中学的教师需要同时讲授两个科目，所以，师范生在大学学习期间至少要学习两个专业。除了这两个专业的课程，所有的师范生都还要学习教育学、心理学、社会学和政治学等领域的基础课程。这样就形成了一种"2+1"的学业结构。考虑到不同学科的性质、学时规定、开课时间等情况，也为了保证学生能够在标准学习时间内完成所有课程，大学会为学生推荐一些专业组合。如在卡塞尔大学，在选择劳动学作为第一专业的情况下，第二专业推荐选择英语、宗教、法语、艺术、数学、音乐或体育。[①] 在吉森大学，劳动学专业的课程因为会与音乐或艺术专业的课程同时开设，在时间上存在冲突，所以一般推荐劳动学与这两个专业之外的其他专业进行组合。[②] 当然，学生有权根据自己的兴趣自由搭配想学的专业，只是有些组合可能会导致学习期限的延长。在黑森州，劳动学师范专业的标准学习时间为 7 个学期，其中最后 1 个学期是考试学期。在学时规定上，学生在校期间应修满 180 学分，每 1 学分对应 30 学时。下面对劳动学专业课程与基础课程这两个部分进行分析。

1. 劳动学专业课程

劳动学专业课程是为那些选择劳动学作为两个专业之一的师范生开设的。卡塞尔大学和吉森大学都有各自的劳动学专业课程体系，其课程目标都是让学生掌握从事教师工作所需要的知识与技能，如专业科学、专业教学法、专业实

[①] Universität Kassel.Unterrichtsfächer und Fächerkombinationen［EB/OL］.［2021-07-29］. https://www.uni-kassel.de/uni/studium/alle-studiengaenge/lehramtsstudium/unterrichtsfaecher-und-faecherkombinationen.

[②] Universität Giessen.Fächerkombinationen［EB/OL］.（2012-05-02）［2021-07-29］. https://www.uni-giessen.de/mug/7/pdf/7_80/7_82/8_82_00_anl4_11_ae.

践方面的知识、能力和方法，以及进行科学研究的能力。① 由于劳动学涵盖了多个不同的领域，具有跨学科的性质，因此，劳动学师范生需要学习和掌握多个领域的专业知识、教学法和校外实践等方面的技能。② 表1③ 展示了这两所大学所开设的劳动学专业课程模块。

表1 卡塞尔大学、吉森大学劳动学专业课程模块一览

学校	课程模块	主要内容	学分	性质
卡塞尔大学劳动学专业课程模块	模块1：劳动学基础	劳动学的教学法、概念、原则和行动领域，以及劳动学各领域的基础知识	12	必修
	模块2：劳动学的实践形式I	如何开展综合实践活动	6	必修
	模块3：与劳动领域相关的研究	学校实习、企业实习的准备、组织、落实、跟进	5	必修
	模块4：专业科学与专业教学法	劳动学相关的领域（如经济、技术、社会生态学）及其架构，以及与劳动学相关的方向及其教学原则	12	必修
	模块5：劳动学项目	在课程框架内开展跨学科互动的项目，并对各种活动和项目进行评价	6	必修
	模块6：讲授劳动学	劳动学教学和方法论基础、对课程计划的设计和反思、对校园事故的预防、60学时的学校实习	9	必修
	模块7：劳动学的实践II	机器、工具和材料的使用，尤其是木材和金属材料	6	选修
	模块8：实践学期	学校实习、前期研讨课和强化研讨课	7	必修

---

① Universität Giessen.Lehramt an Haupt– und Realschulen und Lehramt an Sonderschulen – Wahlfach Arbeitslehre［EB/OL］.（1998–11–23）［2021–07–29］. https://www.uni-giessen.de/mug/6/html/72–02–1.html.
② Universität Kassel.Modulprüfungsordnung der Universität Kassel für den Teilstudiengang Arbeitslehre für das Lehramt an Hauptschulen und Realschulen［EB/OL］.（2014–11–27）［2021–07–29］. https://www.uni-kassel.de/uni/index.php?eID=dumpFile&t=f&f=1947&token=4f76f0e7459a1b9b20a1f5cf1c3a4cf7585e7433.
③ Universität Kassel.Modulprüfungsordnung der Universität Kassel für den Teilstudiengang Arbeitslehre für das Lehramt an Hauptschulen und Realschulen［EB/OL］.［2021–07–29］. https://www.uni-kassel.de/uni/index.php?eID=dumpFile&t=f&f=1947&token=4f76f0e7459a1b9b20a1f5cf1c3a4cf7585e7433；Universität Giessen.Studienverlaufsplan Arbeitslehre–L2［EB/OL］.［2021–07–29］. https://www.uni-giessen.de/mug/7/pdf/7_80/7_82/Anlage2/SVP/arbeitslehre/7_82_00_ANL2_SVP_AL_34ae；Universität Giessen. Arbeitslehre Module［EB/OL］.［2021–07–29］. https://www.uni-giessen.de/mug/7/pdf/7_80/7_82/Anlage2/Module/arbeitslehre/7_82_00_ANL2_Module_AL_34ae.

（续表）

学校	课程模块	主要内容	学分	性质
吉森大学劳动学专业课程模块	模块1：劳动教育的基础/劳动学教学法	劳动学的相关知识，劳动学的教学法、课程概念与课程方法	10	必修
	模块2a：行动领域——劳动、职业、生活世界	劳动课的主题、目标群体、教学场地、教学计划、课程架构等内容，校外活动的设计方案	6	选修
	模块2b：行动领域——职业康复与融入	特殊教育学理论，残疾人和弱势群体的职业培训、职业康复、职业融入的教学方法	6	
	模块3：企业实践研究与设备使用许可证①	材料科学知识，机器操作，加工木材、金属，安全和事故预防条例，为期4周的企业实习	8	必修
	模块4：劳动教育的行动领域和实践形式的深化/劳动学教学法	劳动学知识和教学的深化，独立策划、组织、实施项目	6	必修
	模块5：技术导论	物理和化学两个领域的基本知识，进行相关实验，能够在实际生活中运用这些知识	6	必修
	模块6：国民经济学导论/微观经济学（面向辅修专业学生）	劳动分工；市场供给与需求；国家干预；竞争、垄断和寡头市场；公共财产等	6	必修
	模块7：消费者政策	政策的基本理论、工具、行动领域；反思消费者在消费过程中应负的责任	6	必修
	模块8a：技术的深化	了解信息技术、原材料、生产周期等与技术有关的内容；参与设计一个技术项目	6	选修
	模块8b：综合管理I（面向辅修专业学生）	服务流程（采购、生产、销售和获利）；管理（目标、战略、人员、组织、国际化）；工具（统计、信息和通信系统）；价值创造与分配	6	
	模块8c：宏观经济学I（面向辅修专业学生）	国民经济核算；凯恩斯收入—支出模型；IS-LM模型②；AD-AS模型；供应条件、通货膨胀和失业问题	6	
	模块8d：家政日常管理	居住环境与条件；家庭分工条件下的时间管理；财务管理；家庭预算	6	
	模块9：学校实践研究	为期5周的学校实习；旁听或回看教学录像等方式，分析劳动课课程的各方面，包括课程结构、计划、能力要求、考核评价等	12	必修

---

① 只有持有设备使用许可证（Maschinenschein）的教师才能操作和使用学校车间内的各种机器设备开展教学活动，这也是一种安全的保障。
② IS-LM模型是宏观经济分析的一个重要工具，是描述产品市场和货币市场之间相互联系的理论结构。后文的AD-AS模型是总需求—总供给模型，它是用于分析国民收入的一个工具。

两所大学都对劳动学专业的课程（包括学校实习和企业实习）进行了模块化设计，确定了各模块的学习目标、模块内容、授课形式、考试形式、学分、授课时间等，并且区分了必修和选修模块。从内容上看，两所学校的专业课模块基本上都覆盖了工作与职业、家政与营养、技术、纺织、经济等劳动学的相关领域，内容符合文教部长联席会议在《各州通用的对于教师教育的学科专业和学科教学法的内容要求》中对劳动学教师培养提出的要求。[①]就学分要求而言，卡塞尔大学的规定是第一专业要达到63学分，第二专业要达到57学分。因为劳动学专业的必修模块总计为57学分，因此，选择劳动学作为第二专业的学生就不必再修选修模块。吉森大学则要求两个专业都要修够60学分。劳动学专业的必修模块总计为54学分，这意味着学生还需再修6学分的选修模块

2. 教育科学与社会科学类基础课程

除了劳动学专业课和另一门专业课，所有的师范生还需要学习教育学、心理学、社会学和政治学等领域的基础课程，其学分要求在数量上与两门专业课大体相当（在卡塞尔大学都是60学分），足见其重要性。这类课程在卡塞尔大学被称作"教育科学与社会科学核心课程"，在吉森大学则被称作"基础科学"。两者名称虽然不同，但是所包括的学科领域基本相似，其目的都是想让师范生掌握在学校工作所需要的反思能力和行动能力。通过对这些相关学科领域的学习，师范生可以掌握教育学的基础知识和普通教学法，能够更好地理解与分析儿童和青少年的心理特征及其家庭背景，根据学生的个体情况因材施教，能够认识到影响学校发展，以及教学活动的文化、历史、社会、政治等因素，以专业的方式设计和实施教学活动，参与和推动学校变革。

下面以吉森大学为例加以说明。吉森大学的"基础科学"被划分为教育科学、政治学、心理学和社会学4个领域（表2[②]），同样要求学生修满60学

[①] KMK.Ländergemeinsame inhaltliche Anforderungen für die Fachwissenschaften und Fachdidaktiken in der Lehrerbildung［EB/OL］.（2019-05-16）［2021-07-29］. https://www.kmk.org/fileadmin/veroeffentlichungen_beschluesse/2008/2008_10_16-Fachprofile-Lehrerbildung.pdf.

[②] Universität Giessen.Module Grundwissenschaften-L2-Erziehungswissenschaft, Politikwissenschaft, Psychologie, Soziologie［EB/OL］.［2021-07-29］. https://www.uni-giessen.de/mug/7/pdf/7_80/7_82/Anlage2/Module/grundwi/7_82_00_ANL2_GW_Module_25ae.

分。其中，4个领域内的必修模块共计36学分。选修模块任选两个，共计12分。①此外，学生还需要完成一个相关的实践模块"学校实践研究与普通学校实习"（12学分）。这一实践模块要求学生在第二学期或第三学期完成，包含前期的预备研讨会和中期进行的为期5周的学校实习。在实习期间，师范生须在教师的指导下完成两堂课，并进行14次独立的教学尝试。实习期结束后，师范生还需要在一个评估会议上对实习的整体表现进行反思和总结。②这说明，实习并不是一个孤立的环节，而是与大学的课程学习有机地融为一体。

表2 吉森大学基础科学课程模块一览

领域	模块名称	学分	性质
教育科学	学校教育科学	9	必修
	教学法思想与行动	6	选修
	青少年与学校	6	选修
	学校发展与学校改革	6	选修
政治学	政治学基础模块	9	必修
	政治学扩展模块	6	选修
心理学	心理学基础（基础模块）	9	必修
	学校课堂中的自主学习与合作学习	6	选修
	使用媒体的教与学	6	选修
	心理学基础（扩展模块——学业成就的共性和差异性心理因素）	6	选修
	学习的促进	6	选修
	行为障碍	6	选修
社会学	社会学基础（基础模块：社会学概论和学校日常生活中的社会冲突领域）	9	必修
	社会学扩展模块（社会科学视角下的学校实践）	6	选修
学校实践研究与普通学校实习		12	必修

除了模块化的课程这一特点，德国教师培养所采用的教学形式也具有多

---

① Niversität Giessen.Grundwissenschaften–Studienverlaufsplan［EB/OL］.（2016-02-10）［2021-07-29］. https://www.uni-giessen.de/mug/7/pdf/7_80/7_82/Anlage2/SVP/grundwi/7_82_00_ANL2_GW_SVP_25ae.
② Universität Giessen.Allgemeines Schulpraktikum–Module［EB/OL］.（2015-02-12）［2021-07-29］. https://www.uni-giessen.de/mug/7/pdf/7_80/7_82/Anlage2/Module/allgs/7_82_00_ANL2_SchulPra_21ae.

样化的特点，包括宣讲课、初级学术讨论课、高级学术讨论课、项目式教学、练习、实验室练习、学校实习、企业实习、车间实习等。①

（二）第一次国家考试

第一次国家考试是大学学习阶段的毕业考试，也是进入教师培养下一阶段（见习）的前提。考试的目的是检测学生是否已经通过大学阶段的学习，是否掌握了从事教师工作所需要的专业科学、专业教学法，以及教育科学与社会科学领域的知识和能力。国家考试由州政府专门的教师培养与管理部门负责。在黑森州，这一负责机构是黑森州教师学院（Hessische Lehrkräfteakademie）。教师学院在具有教师教育资质的大学设置国家考试点（Prüfungsstellen），并任命一个考试委员会负责实施第一次国家考试。考试委员会的主席由黑森州教师学院的特派委员担任。考试委员会的其他考官分别来自考生所学习的专业科学、专业教学法，以及教育科学与社会科学领域，每个领域有一名考官。考官既可以是高校的教师，也可以是中学的教师。②

国家考试包括学术论文、笔试和口试3个组成部分。根据《黑森州教师教育法》第20条的规定，申请笔试和口试的前提5个：①完成了学校要求的模块课程；②通过了中期考核③；③必修模块的考试成绩不低于5分；④完成了学校实践研究（实习）或实践学期；⑤学术论文不得低于5分。这也意味着，学术论文应在笔试和口试之前完成。④

从国家考试的内容来看，笔试的测试科目为基础科学的选定领域和所学两个专业中的一门，口试的测试科目为基础科学的其他领域和所学的另一门专

---

① Universität Giessen.Studienverlaufsplan Arbeitslehre L2 ［EB/OL］.（2018-09-27）［2021-07-29］. https://www.uni-giessen.de/mug/7/pdf/7_80/7_82/Anlage2/SVP/arbeitslehre/7_82_00_ANL2_SVP_AL_34ae.
②④ Bürgerservice Hessenrecht.Hessisches Lehrerbildungsgesetz in der Fassung vom 28.September 2011 ［EB/OL］.（2011-09-28）［2021-07-29］. https://www.rv.hessenrecht.hessen.de/bshe/document/jlr-LehrBiGHE2011V6P59.
③ 卡塞尔大学的师范生需要参加中期考试（Zwischenprüfung），时间是在第三学期结束时，学生应修满至少60学分，其中劳动学专业课要达到22学分，才有资格参加中期考试。吉森大学只要求文理中学师范类的学生参加中期考试，对主体中学和实科中学师范类的学生未做要求。

业。笔试和口试的内容不能重复，以保障考查的全面性。以吉森大学为例，其基础科学的考核包括教育科学、教育心理学、社会学、政治学4个部分。当考生在笔试中选择了基础科学的社会学、教育心理学领域，那么在口试中只能选择基础科学的其他部分，如教育科学和政治学。同理，若在笔试中选择了第一专业，在口试中只能选择第二专业。① 下面具体看一下劳动学专业的情况。在吉森大学，劳动学专业的考核领域包括专业科学领域和专业教学法领域，具体内容如表3② 所示。

表3 第一次国家考试中劳动学专业的考核内容

a组：专业科学领域	［1］技术 —— 技术的概念和系统化的可能性 —— 特定技术系统的功能和结构原则 —— 技术方法，一般工艺和制造技术以及特殊技术 —— 技术发展、技术系统应用的基本问题，在工作和日常生活中的应用条件和后果 ［2］经济 —— 生产 — 市场 — 消费 —— 工作场所 — 企业 — 劳动力市场与职业发展 —— 国民经济的过程和结构（包括经济秩序） —— 工作过程中社会伙伴的权益代表③ ［3］社会生态 —— 劳动的社会、法律、心理和身体维度 —— 劳动的生态条件和后果 —— 劳动与个性 —— 职业选择和职业教育
b组：专业教学法领域	［1］劳动学的课程目标 ［2］劳动学的历史 ［3］劳动学的概念 ［4］课程原则、课程形式、课程模型、媒体 企业实习与企业参观

---

① Hessische Lehrkräfteakademie.Struktur und Inhalt der Ersten Staatsprüfung für das Lehramt an Haupt– und Realschulen ［EB/OL］.［2021-07-29］. https://lehrkraefteakademie.hessen.de/sites/lehrkraefteakademie.hessen.de/files/content-downloads/Erste_Staatspruefung_Lehramt_an_HR.pdf.
② Universität Giessen.Verordnung über die Ersten Staatsprüfungen für die Lehrämter L1–L5 ［EB/OL］.［2021-07-29］. https://www.uni-giessen.de/mug/7/pdf/7_70/7_70_00_1.pdf.p.49-50.
③ 社会合作伙伴一般指工会和雇主两方，两方通常会就薪资、劳动条件等问题进行谈判。

劳动学的笔试时间为 4 小时，内容既可以出自专业科学领域，也可以出自专业教学法领域，也可以是两者的综合。劳动学口试时长是 60 分钟，每场考试设有两名考官，其中一位为主考官。考官和考生最迟在考前一周从教师培养与管理部门接到书面通知，获悉考试时间和地点。考生可以在 a 组内的技术、经济、社会生态中任选一个部分回答，或是在 b 组的教学法领域选择两个部分回答。①

在学术论文部分，考生可以从所学的两个专业中或者从基础科学领域中选择一个题目。论文的主题由考生和考试委员会的一名成员共同商定。考生最多有 12 周的时间完成论文，逾期不交视为该项考试未通过。②从内容要求上看，考生的学术论文应呈现出科学的论断、科学的研究方法和清晰有序的陈述，论文需用德语撰写。此外，考生还需提交一份独创性声明，并严格遵守学术诚信和道德规范。

就国家考试的成绩构成而言，第一次国家考试的总成绩由就读大学期间的部分课程成绩（占比 60%）和国家考试的成绩（占比 40%）综合而成。在课程成绩部分，学生可以从基础科学、第一专业和第二专业中各选 4 个得分最高的模块成绩计入国家考试总成绩。在国家考试部分，学术论文占比 10%，口试和笔试占比 30%。在笔试和口试成绩中，基础科学占比都是 6%，所学两个专业占比都是 9%。③这些组成部分会以不同的权重计入总成绩。在德国的评分体系中，1.0 分是"优秀"，考试总成绩要达到 4.0，才算是通过了第一次国家考试。④从成绩构成比例来看，相比国家考试成绩，平时的学习成绩占有更大的比重。在国家考试内部，学术论文所占的比重低于口试和笔试。这种设计有助于督促学生在整个学习期间重视各门课程的学习。

---

① Universität Giessen.Verordnung über die Erste Staatsprüfung für das "Lehramt an Hauptschulen und Realschulen"［EB/OL］.（1989-07-12）［2021-07-29］.https://www.uni-giessen.de/mug/7/pdf/7_70/7_72_00_1.

② Hessische Lehrkräfteakademie.Hinweise zur wissenschaftlichen Hausarbeit［EB/OL］.［2021-07-29］.https://lehrkraefteakademie.hessen.de/lehrerausbildung/erste-staatspruefung/wissenschaftliche-hausarbeit.

③ Universität Giessen.Module für die Staatsprüfung［EB/OL］.（2018-07-11）［2021-07-29］.https://www.uni-giessen.de/mug/7/pdf/7_80/7_82/anlage%203/7_82_00_ANL3_34ae.

④ Universität Giessen.Verordnung über die Erste Staatsprüfung für die Lehrämter im Landes Hessen［EB/OL］.（2002-10-01）［2020-12-11］.https://www.uni-giessen.de/mug/7/pdf/7_70/7_70_00_1.pdf.

三、见习阶段：德国劳动教育教师培养的第二阶段

第二阶段的劳动教育教师培养主要在见习学校和教师研习所进行，其核心环节包括在学校的见习和第二次国家考试。

（一）见习

见习是德国教师培养的第二阶段。只有通过第一次国家考试的学生，才有资格向各州政府的教师培养与管理部门（在黑森州是教师学院）申请见习（Vorbereitungsdienst）。见习主要在见习学校（Ausbildungsschule）和教师研习所（Studienseminar）里进行。[①] 在见习学校里，有指导教师对见习生（也被称为见习教师或预备役教师）的课堂教学进行专业的指导，见习生通过亲身的教学实践，强化在大学期间所学的专业科学、专业教学法与教育科学方面的知识和能力。一般来说，见习生每周要完成 10—12 课时（在考试学期降至 6—8 课时）的教学任务。[②] 教师研习所是一个专门负责见习事务的机构，一般设有一名正职负责人和一名副职。负责人由州文教部指派，负责自己所在区域的研习所事务，包括联络见习学校，将见习生指派到不同的见习学校。[③] 见习生通常每周要抽出一天或一天半的时间，参加教师研习所的活动与课程学习。见习生须在研习所专职教师的指导下学习多个课程模块，回顾、反思自己在见习学校的教学实践，进一步完善自己的教学方式。这说明，德国在见习阶段的教师培养也具有一定的双元制特征，见习学校负责教学实践的训练，教师研习所负责理论反思和学习。在黑森州，每年有两次申请见习的机会，分别在 5 月初和

---

① Hessische Lehrkräfteakademie.Pädagogischer Vorbereitungsdienst［EB/OL］.［2021–07–29］. https://lehrkraefteakademie.hessen.de/lehrerausbildung/vorbereitungsdienst.
② Bürgerservice Hessenrecht.Verordnung zur Durchführung des Hessischen Lehrerbildungsgesetzes Vom 28.September 2011［EB/OL］.（2011–09–28）［2021–07–29］. https://www.rv.hessenrecht.hessen.de/bshe/document/jlr-LehrBiGDVHEV5P38.
③ Gewerkschaft Erziehung und Wissenschaft Hessen.LiV Spektrum für Lehrkräfte im Vorbereitungsdienst 2019［EB/OL］.［2021–07–29］. https://www.gew–hessen.de/fileadmin/user_upload/veroeffentlichungen/liv_spektrum/1905_liv_spektrum2019_web.pdf.

11月初。见习期共计21个月,分为4个阶段:入门阶段(3个月),第一学期(6个月),第二学期(6个月),考试学期(6个月)。[1]

在见习期间,见习生除了要在见习学校参与实践,还要在教师研习所学习8个模块的课程,内容涉及学科专业知识和基础教学理论,具体包括:①教育与咨询;②诊断、促进与评价;③教学过程的多样性;④教学过程的创新设计;⑤第一专业a模块;⑥第一专业b模块;⑦第二专业a模块;⑧第二专业b模块。下面重点介绍劳动学专业的情况。劳动学专业的两个模块,分别在第一和第二学期完成,其主要内容如表4[2]所示。

表4 卡塞尔地区见习课程模块内容——劳动学

模块a	[1]该教学科目的教育使命	以劳动与职业为导向的教育
	[2]专业的诊断与促进方案	个性化的学习过程指导——促进计划与学习协议 利用实习报告/职业导向过程记录进行过程观察
	[3]面向能力导向式教学的专业教学法方案和原则	家庭中的共同生活、操持家务和劳动——工作与生活的平衡 学校的职业指导方案 设计情景式的学习任务[3] 规划、实施和反思以能力为导向的课程
	[4]成绩测量和评价方案	过程评价和结果评价 长期的任务
	[5]学校法的规定	将安全教育和事故预防作为普遍原则 校外学习地点
模块b	[1]专业的诊断与促进方案	利用工作任务和记录进行过程观察 通过项目活动提高(跨)专业能力
	[2]面向能力导向式教学的方法和媒介方案	通过计划、实施和记录工作任务来培养专业的行动技能 恰当使用数字化信息和通信技术 学会利用学校内外的各种学习和体验场所 面向能力导向式教学的专业教学法方案和原则 规划、实施和反思以能力为导向的课程

---

① Hessische Lehrkräfteakademie.Pädagogischer Vorbereitungsdienst[EB/OL].[2021-07-29]. https://lehrkraefteakademie.hessen.de/lehrerausbildung/vorbereitungsdienst.
② Hessischer Bildungsserver/ LAKK Studienseminar für GHRF in Kassel.Module für den pädagogischen Vorbereitungsdienst[EB/OL].[2020-12-11]. https://sts-ghrf-kassel.bildung.hessen.de/ausbildungsmodule/index.html.
③ 情景式学习是指学习者在生活和社会情境中进行学习的方式,它强调学习者与情景、学习者与学习者之间的互动。

（续表）

模块 b	[3] 能力导向式任务类型和练习原则	在选定的设备、机器和工具的帮助下完成工作任务 调查和探究 生活计划和职业规划 反思和评估教学与学习过程的专业标准 分析工作过程质量和产出质量 展示与记录
	[4] 学校法的规定	将安全教育和事故预防作为普遍原则 与企业以及职业咨询机构合作

（二）第二次国家考试

第二次国家考试是见习阶段的毕业考试。考试旨在检验见习教师是否具有了独立的教学能力，只有通过这次考试的学生才有资格担任相应科目的教学工作，成为正式的教师。申请者必须修完见习阶段的所有课程，并由教师研习所的负责人判定申请者是否可以参加第二次国家考试。

第二次国家考试每年举办两次，时间上通常是 4 月 15 日至 7 月 31 日，或 10 月 15 日至次年 1 月 31 日进行，具体日期由教师培养与管理部门根据教师研习所负责人的建议确定，并最迟于开考前 4 周通知考生。考试委员会的成员由一名培养教师与管理部门的官员、一名见习学校的领导成员、两名见习学校的指导教师构成。[1] 第二次国家考试包括教学实践考试和口试，两场考试须在同一天内完成。

教学实践考试包含两场现场的试讲，主要考查见习生今后要讲授的两门教学科目，一般在见习生较为熟悉的班级里进行，每次试讲约 45 分钟，也可以选择把两门课合在一起试讲。在每门课的试讲前，考生须向考试委员会提交一份不超过 8 页纸的教案，在试讲结束后，考生要就课程的设计与实施做出陈述，陈述时间不超过 45 分钟，考试委员会也可以提问，并综合考虑试讲情况和个人陈述进行打分。

---

[1] Bürgerservice Hessenrecht.Hessisches Lehrerbildungsgesetz in der Fassung vom 28.September 2011 [EB/OL]．（2011-09-28）[2021-07-29]．https://www.rv.hessenrecht.hessen.de/bshe/document/jlr-LehrBiGHE2011V6P59.

口试安排在教学实践考试之后进行，主要针对专业教学法、普通教育学、学校法律和学校管理等内容进行考核，时长约为60分钟。考生在开考前拿到口试题目，有30分钟的准备时间。考试开始后，考生要针对题目完成个人陈述，陈述时间约15分钟，之后是考官与考生之间的问答环节，约45分钟。①

第二次国家考试的总成绩由3部分构成。其中，见习阶段所修读的课程成绩占比60%，第二次国家考试的教学实践考试占比30%，口试占比10%。根据《黑森州教师教育法》的规定，总成绩要达到4.0以上才算通过。②通过第二次国家考试，见习教师就有资格成为正式教师了。

四、结语

德国的劳动教育与我国的劳动教育存在一些区别，如前者侧重职业和工作导向，后者侧重劳动价值观的培养；前者主要限于中等教育阶段，后者则覆盖了大中小学。不过，就劳动教育的师资培养而言，德国在设计和组织方面具有以下4点值得关注的实践经验。

第一，劳动教育涉及不同的学科和领域，内容十分宽泛，容易造成操作和实施上的模糊性问题。在德国，劳动教育以及劳动教育师资培养都以"劳动学"这一载体开展和实施。德国通过《各州通用的对教师教育的学科专业和学科教学法的内容要求》对劳动学的各个学习领域，以及教师培养的目标和内容作出了明确的规定，将其清晰化和具体化，也由此为大学模块化的课程设置，以及劳动学专业的认证与评估确定了全国统一的可比性标准。

第二，劳动教育本身的跨学科性要求劳动教育教师具备跨学科的专业素养。德国要求师范生掌握"2+1"的专业知识结构，即师范生需要学习两门专业科学（含专业教学法），同时还要学习教育科学（含普通教学法）与社会科

---

① Bürgerservice Hessenrecht.Verordnung zur Durchführung des Hessischen Lehrerbildungsgesetzes Vom 28.September 2011［EB/OL］.（2011-09-28）［2021-07-29］.https://www.rv.hessenrecht.hessen.de/bshe/document/jlr–LehrBiGDVHEV5P38.

② Bürgerservice Hessenrecht.Hessisches Lehrerbildungsgesetz in der Fassung vom 28.September 2011［EB/OL］.（2011-09-28）［2021-07-29］.https://www.rv.hessenrecht.hessen.de/bshe/document/jlr–LehrBiGHE2011V6P59.

学方面的基础课程。其中，劳动学专业本身的学习会让师范生熟悉工作与职业、家政与营养、技术、纺织、经济等知识和实践领域。这种培养模式让师范生获得了宽广而扎实的专业素养，符合劳动教育对教师跨学科专业素养的要求。

第三，劳动教育教师应该具备过硬的实践能力。对实践能力的培养，在德国主要通过实习、见习和国家考试等培养环节来加以保证，贯穿教师培养的整个过程。首先，学生需要在申请入学前完成一个定向实习。其次，大学学习期间设置了作为必修模块的实习和实践学期，而且对劳动学师范生来说，除了学校实习，还需要完成企业实习，获得设备使用许可证书。再次，长达21个月的见习让见习生在学校得到充分的实践锻炼。之后，其教学实践能力还会通过在教师研习所的理论反思和学习得到进一步提升。最后，国家考试重视考查教学实践能力，如第二次国家考试中安排的教学实践考试。

第四，劳动教育的质量在很大程度上取决于教师的质量。德国通过规范而严格的国家考试制度保证了教师培养的质量。从一名劳动学师范生到一名真正的劳动教育教师，要经过大学学习和见习两个阶段的长时间学习，并通过两次严格的国家考试。通过对考试领域和方式等环节的精心设计，两次国家考试可以真实地检验出学生是否具备了从事教师工作所需要的理论和实践方面的专业素养，筛选出合格的教师。此外，因为大学期间及见习期的课程成绩，也被计入两次国家考试的总成绩，学生须在整个学习期间一直重视学习。这有助于保障教师培养的过程质量。

正是这些制度和实践让德国的劳动教育教师培养模式，可以很好地满足劳动教育对教师跨学科知识结构和高水平实践能力的双重要求，有助于培养出合乎需要的、专业化的、高水平的劳动教育教师。

{原文刊载：孙进，陈囡.跨学科与实践性：德国劳动教育教师培养模式探析[J].比较教育研究，2021，43（9）：39-49.}

（作者简介：孙进，北京师范大学国际与比较教育研究院教授，博士研究生导师；陈囡，教育科学出版社编辑）

德国学习工厂产教融合的特点及启示

中国进入新发展阶段，对高等教育的人才培养质量提出更高要求。自2017年《国务院办公厅关于深化产教融合的若干意见》等政策出台以来，产教融合逐步上升为国家教育改革和人才开发的整体制度安排，成为中国高等教育分类发展、内涵发展、转型发展、协同发展的基本方式。[1]然而，教育界与产业界间存在藩篱，产教融合政策在实施过程中遇到较多困难。该政策难以发挥作用的重要原因涉及校企合作难以深入，教学与生产的组织过程难以实现跨界精准对接，企业对开展校企合作缺乏动力；产业界的数据不能规模化地传导到教学实践层面，导致教育界供给与产业界需求错配。[2]

近年来，德国学习工厂在产教融合方面崭露头角，面向工业4.0的未来产业发展，研究如何使生产更智能、更快捷、更高效，在机械自动化、过程优化和节能增效等方面培养了大批高素质人才。对其展开研究，有助于发挥学习工厂产教融合特殊优势，为中国高校提升实践教学水平、加强产教融合型基地建设、培养产业转型升级需要的技术技能人才提供一定借鉴。

---

[1] 李校堃，李鹏.地方高校推进产教融合的策略与思考——基于温州大学的分析[J].国家教育行政学院学报，2018（4）：53-57.
[2] 秦咏红，郑建萍，王晓勇.产教融合实训基地的技术教学论基础与建构方案[J].高等工程教育研究，2020（5）：95-100

一、德国学习工厂的定义与兴起背景

德国学习工厂有两个来源：一是雏形源自20世纪80年代末在斯图加特市建造的计算机集成制造设施，用于相关产业的从业人员提升信息技术技能水平；二是术语源自1994年美国宾夕法尼亚州州立大学设立的名为学习工厂（Learning Factory）的教学场所，用于学生学习工程教育相关课程并获取实践经验。[①] 随着德国一批著名工业大学、企业、研究机构、行业协会等成为学习工厂的主办方，其内涵和外延不断得到深化与拓展。它逐步从静态的教学培训实践设施和场所向基于设施场所开展生产及管理的动态实践学习过程延伸，所承载的功能从教学培训向研究和服务工业生产扩展，应用区域也从德国向整个欧洲推广。"欧洲学习工厂倡议（Initiative on European Learning Factories）"[②] 在2013年把学习工厂明确定义为一种基于真实的生产及管理过程，面向高校、企业和研究机构的集多种功能于一体的实践学习场所。[③]

德国学习工厂的兴起有特定的时代背景。从产教关系视角看，学习工厂主要解决了产业发展过快引发的产教失衡失配问题。21世纪以来，德国社会经济、生产条件和顾客需求发生显著变化，知识、教育和由此产生的创新因素成为促进发展的关键资源。[④] 随着新技术、新产品、新工艺不断涌现，制造业的产业基础和发展环境随之发生剧烈变化。与工业4.0产业转型升级的速度相比，德国教育界对技术技能人才的培养规格、质量和数量需求反应滞后，高校亟待创新学习方法以便高效快速地培养产业界所需的人才。然而，德国当时的

[①] ABELE E, METTERNICH J, TISCH M, et al. *Learning factories concepts, guidelines, best practice examples* [M]. Cham: Springer, 2019: 82.

[②] 学习工厂第一次会议于2011年5月20日在德国达姆施塔特市召开，一批来自德国、瑞典、希腊、奥地利等国家学习工厂的大学教授联合发起"欧洲学习工厂倡议（Initiative on European Learning Factories）"，旨在就学习工厂议题达成欧洲合作。2017年，该倡议决定把学习工厂扩展到各大洲，并更名为"学习工厂国际协会"。

[③] Hessen Digital. Kompetenzorientierte gestaltung von lernfabriksystemen und –trainings für die schlanke produktion [EB/OL]. (2016-07-28) [2019-04-26]. https://kompetenzzentrum-darmstadt.digital/uploads/files/Regionalkonferenz_Gestaltung_Lernfabrik_Tisch.PDF.

[④] ABELE E, METTERNICH J, TISCH M, et al. *Learning factories concepts, guidelines, best practice examples* [M]. Cham: Springer, 2019: 14.

大学重视传授新知识，疏于培养学生在实践中解决真实问题的能力，对产品生产和客户需求的变化并不敏感。德国一家工业大学所做的调研表明，作为未来劳动者的毕业生，所欠缺的是过程知识与方法知识、生产系统建设和调适的技能、制造中的工作流程观念和工作热情。[1] 不仅高校培养的人才不能适应产业变革，企业工程技术人员的职业能力也滞后于产业发展需求，他们必须不断接受继续教育与培训，及时更新知识、提高能力，获取新职业资格，而要解决这些问题必须强化对工业生产流程、产品、服务和技术等方面的教育培训和研究。因此，2010年以来，一批德国工业大学开始创建学习工厂，以探索新的教学模式，面向未来产业培养高素质人才。它们依据工程实践确定学习内容、实施教学转化、建构学习情境，在组织结构上实现了工业生产与高校教学的有机整合，为工程教育产教融合积累实践经验，打通产教融合的"最后一公里"。[2]

德国学习工厂易与校企"双元制"混淆。二者都涉及校企合作，强调理论与实践紧密结合，但二者不同之处主要在于以下4方面。一是从学习地点看，学习工厂与工作地点融为一体，通过特定的学习组织方法开展一体化多功能的实践教学；"双元制"中的学校与企业均为独立的实体机构，分属两个异质性学习场所，学徒在学校和企业两个场所轮换学习，通过时间配合和内容安排达到校企合作育人的教学效果。二是从实践周期看，前者的学员通常在同一个地点开展持续数周，少部分可以长至数年的实践；后者的学徒通常在企业与职业学校两个地点之间交替轮换，以数天或数周为周期持续数年。三是从合作主体看，学习工厂主办方除了企业，还有各种类型的中高等学校、行业协会、咨询机构等；校企"双元制"以企业为主、学校为辅，且以中等职业教育学校居多，大学数量较少。在特殊情况下，校企"双元制"也可以由行业协会主办的跨企业培训中心来承担，帮助不具备条件但希望参加"双元制"的中小企业

---

[1] 赵文平. 德国工程教育"学习工厂"模式评介［J］. 比较教育研究，2017，39（6）：28-34.
[2] 鄢彩玲，李鹏. 德国"学习工厂"的经验与启示——兼论如何打通产教融合的"最后一公里"［J］. 国家教育行政学院学报，2020（10）：70-77.

实现育人功能。四是从学习者身份看，学习工厂的学员主要包括中小学生、本科生、硕士研究生、博士研究生，以及无技能雇员、学徒、半熟练工人、熟练工人、个体户、失业人员等其他社会成员。[①]

二、德国学习工厂产教融合的特点

德国学习工厂既是产教融合的需要，也是产教融合的载体，具备多种特点。在不同设计要求的影响下，学习工厂实现的具体功能也各有差异。然而，无论是哪种主办方运营的学习工厂，都至少包含教育培训，以及来自产业界的研究或服务等实践内容，发挥产教融合的功能。

（一）学习工厂产教融合的功能耦合具有整体性

德国学习工厂开展多主体跨界功能耦合、价值链择优与知识链整合。它在同一个实践场所的学习过程中模拟真实企业的运营环境，嵌入产教两界对人才的需求目标，满足多所学校与企业不同的教学或生产等需求。

首先，学习工厂在同一实践场所实现多主体跨界功能耦合。学习工厂跨越产业与教育边界，耦合以下3个主要功能。一是教育培训功能。学习工厂建立实验室和工作室，为学校教育和企业培训提供平台，开展实践教学。二是研究功能。学习工厂训练学生如何精细化组织、规划及开发新的生产技术，支持学生和企业将其设计转化为现实产品。三是服务工业生产功能。学习工厂进行新技术和新方法的研究与实验，利用高新技术开发将研究与生产对接。学校与企业同地点合作，便于实现从图纸到产品原型机的"一条龙"开发。这些原本属于产业界或教育界的不同功能在同一个实践场所不仅跨越了学科边界，也跨越了教学与生产之间的鸿沟，突破了教育与产业之间的藩篱。例如汉诺威大学生产系统与物流学会主办的学习工厂为跨功能决策与改进创造了空间，用整体的方法贯通精益生产与管理，帮助学员实现了对跨学科的理解，把工业工程、

---

① 秦咏红，陈正. 德国学习工厂的特点及启示［J］. 中国高等教育，2019（23）：62-64.

人机工程学、工厂规划、工厂生产、生产管理等学科内容的传授融入相符的培训环境。①

其次，学习工厂在价值链上对多家企业生产功能进行择优。学习工厂以适宜学校教学的方式展现企业的生产情境，设置企业生产过程中遇到的真实问题，再现和模拟学校的教学功能、企业生产功能，进而实现产教融合。其中，"学习"与"工厂"是在抽象意义上对学校与生产型企业功能的表征，它可以移植真实企业完整的生产线，萃取不同行业企业的实践场景或同一行业内不同企业的部分生产流程等，进行组合、重构、优化和创新，形成对现实中工厂情境的真实再现。例如达姆施塔特工业大学的学习工厂在500多平方米空间内再现了工业企业完整价值链（value chain）的实现过程，学员可以深度参与从原材料进场加工一直到成品包装运输的完整生产流程。②

最后，学习工厂在知识链上对多种学校育人功能进行整合。一般而言，德国工业大学擅长基于学科体系的功能开展工程教育，企业善于基于行动体系的功能进行技术开发和技能培训。过去，工程师、技术技能人才培养过程通常是先在学科体系内灌输知识，随后再到行动体系内培训技能，或者反过来。由于时间和地点的分隔，育人路径迂回曲折、效率较低，一些学员学了后面的忘掉前面的，难以做到知行合一。学习工厂根据教学论将上述两种体系整合起来，在解决问题的实践行动中持续学习知识、提高技能、完善能力。学习工厂在产教之间重构完整的知识链，在实践中整合过程知识和方法知识，不仅传授显性知识，也为隐性知识的传播提供了路径。例如，布伦瑞克工业大学的学习工厂整合三类学习工厂的育人功能为各种类型知识的传播营造了学习环境：一是致力于研究成果的传播和不断衍生新研究问题的研究式工厂（Forschungsfabrik）；二是致力于将重点领域的研究方法和工具转移到工科学生教学和进一步培养专家的体验式工厂（Experimentierfabrik）；三是致力于技

---

① GOERKE M, SCHMIDT M, BUSCH J, et al. Holistic approach of lean thinking in learning factories [J]. *Procedia CIRP*, 2015（32）: 138-143.
② ABELE E, METTERNICH J, TISCH M, et al. *Learning factories concepts, guidelines, best practice examples* [M]. Cham: Springer, 2019: 432.

术和工业培训的培训式工厂（Ausbildungswerkstatt）。[①]

（二）学习工厂产教融合的多元协同具有可持续性

德国学习工厂在资金筹措、资源整合及多元主体参与方面，注重产教融合的可持续性发展。无论是学校还是企业主办的学习工厂，在运营时都注重围绕目标开展多元协同行动，取得新成果后再反哺学习工厂，形成"目标—实践—新目标—新实践"的良性循环。

首先，学习工厂的多元共建把产教界分散的资金汇聚起来。在构建学习工厂过程中，德国联邦州政府、行业协会、企业与学校紧密合作，多渠道、多形式筹措资金，整合资金使用效能以发挥最大作用。一般来说，政府会定期召集行业协会、企业和学校各方代表，共同探讨未来行业发展的方向和目前亟须解决的问题，在建厂条件还不成熟的情况下，通过学习工厂模拟整个生产过程，以满足产教界各方需求。政府示范引导、企业跟进投资以支持学习工厂建设与后续发展的流程，充分保证了学习工厂运营资金的可持续性。例如，德国英飞凌科技公司功率半导体和电子制造4.0学习工厂（下文简称SemI40）作为欧洲最大的工业4.0项目之一，不仅获得了来自5个参与国家政府、欧洲电子元器件与系统计划联合企业，以及其他企业高达6 200万欧元的资金预算，而且汇集了这些合作伙伴的功能优势、专业知识、战略、技能等资源，通过合作进行创新、培训和资格认证，为迈入工业4.0应用发展的新阶段共同开展研究。[②]

其次，学习工厂的多元共育把产教界分散的资源集成起来。德国学习工厂整合了生产、教学、培训、科研等学习功能。学习工厂不仅为学生提供学习、测试和实施新生产方案的教学培训环境，而且为企业提供生产实验、理

---

① Die Lernfabrik：Die Säulen der Lernfabrik［EB/OL］.（2020-01-10）［2021-05-22］. https://www.tu-braunschweig.de/iwf/die-lernfabrik/.
② Innovation boost for "Learning Factory"：European research project "SemI40" generates path-breaking findings［EB/OL］.（2019-12-10）［2020-10-28］. https://www.infineon.com/cms/en/about-infineon/press/market-news/2019/INFXX201912-015.html.

论创新的科研平台。在教学过程中，学习工厂有针对性地传授相关知识和技能，使学生在学习传统技术内容的同时，强化其在智能生产过程中的学习、训练，并最终掌握新技术。例如，SemI40 开发出的各种评估模型被用来分析工业 4.0 为生产岗位带来的技术、商业和社会变化，这进一步触发了后续研究项目的跟进。在项目中期，研究团队启动了集成开发 4.0（DiDev40）新项目，以进一步探索人工智能及其从业人员的培训和资格认定工作。[①] 学习工厂一边把产业界的新技术和新需求集成到教育界，转化为新教学资源；一边把大学和研究院产生的新知识和新工艺集成到产业界，转化为新生产资源。在双向集成过程中，学习工厂实现了技术的更新和持续改进，完成了人员知识结构的调整和优化。

最后，学习工厂的多元共享为产教界多元参与者提供共同学习机会。德国学习工厂通常得到政府拨款及企业等机构的资助，并与研究院、行业协会等形成联盟，协助企业改进生产过程，提升运营能力，促进产业转型升级，提供领先行业的教学培训、研究或社会服务，并为多元利益相关者的深度交流创造机会，以促进人员在产教之间流动，不断共享知识和提升能力，从而保障学习工厂产教融合的可持续发展。学习工厂是教育培训与生产环境整合的产物，企业、院校和学生之间相互联系，资源共享。其在顶层设计与具体实施上，既保证多元利益相关者的协同参与，又注重产业需求与教育系统组织的紧密融合，以最大限度保障产教融合的可持续性发展。例如，位于巴符州巴林根的学习工厂对工科大学生开放，里面配备费斯托（Festo）学习工厂的最新工业技术模块，涉及数控机床、液压和机械电子等领域。[②] 学习工厂不仅让学生学到了工业 4.0 相关知识和技能，使中小企业雇员有机会"充电"以更好地适应新岗位，而且作为未来特定生产工艺和新技术的展示场所，向社会提供了观摩工业 4.0 发展的"窗口"。

---

① Innovation boost for "Learning Factory": European research project "SemI40" generates path-breaking findings [EB/OL].（2019-12-10）[2020-10-28]. https://www.infineon.com/cms/en/about-infineon/press/market-news/2019/INFXX201912-015.html.
② ABELE E, METTERNICH J, TISCH M, et al. Learning factories concepts, guidelines, best practice examples [M]. Cham: Springer, 2019: 361.

（三）学习工厂产教融合的构建路径具有前瞻性

学习工厂产教融合功能的发挥离不开技术专家在教学论理念基础上，针对制造业未来发展趋势进行预判。能力导向的教学论为学习工厂产教融合功能的发挥奠定了良好的教育科学基础。其设计的教学方法路径便于新技术知识在产教两界之间流动，使学习者在新技术知识呈指数级增长时，仍能够获得满足产业未来发展所需要的职业能力。德国学习工厂提出的应用能力理念和相应教学设计方法，已在达姆施塔特工业大学工业生产中心运营的学习工厂（以下简称 CiP）中得以实施和评估。①

首先，学习工厂预制能力提升路径，面向产业发展需求，教育培训高素质人才。其根据教学论原理，通过前瞻性的科学规划和整体设计，把来自组织环境和目标的预期能力设计并落实到学习工厂的技术和教学基础设施、教学课程模块、具体学习情境之中，体现在教学媒介、学习方法等的配套上，内化到学习者学习进程中，成为其当下或未来的职业能力。例如，CiP 以能力为导向，构建了从宏观层级的学习工厂到中观层级的课程模块再到微观层级的学习情境，通过教育界和产业界的合作，实现技术、教学、生产与环境的整合；②亚琛工业大学数字能力中心的学习工厂以提升企业员工的数字化能力为教学宗旨，培养学员的自主行动能力和对专业知识的应用，通过定制化的工作坊和培训，帮助企业迎接工业 4.0 的挑战。③

其次，学习工厂预设知识传递路径，消解产教两界的藩篱、降低技术认知难度。在设计具有产教深度融合特点的学习工厂时，德国基于教学论方法，把源自产业界的海量新知识在教学中加以简化，方便学习者理解并掌握复杂

---

① PITTICH D，TENBERG R，LENSING K.Learning factories for complex competence acquisition［J］. European journal of engineering education，2019（1）：1-18.
② TISCH M，HERTLE C，ABELE E，et al.Learning factory design：a competency-oriented approach integrating three design levels［J］. International journal of computer integrated manufacturing，2016，29（12）：1355-1375.
③ NIEMEYER C L，PRASS N，陈颖.以亚琛数字能力中心为例浅析学习工厂 4.0 的教学方法［J］. 应用型高等教育研究，2020，5（2）：58-65.

的技术知识。德国教学论设计了两条方法路径：一是构建了"内容—逻辑"方法路径，并与构建学科体系相结合，实现陈述性知识和显性知识在产教之间的双向传递，预防学习者因知识过于"碎片化"而无法在产业界灵活使用新技术知识；二是构建了"情境—语境"方法路径，并与构建行动体系相结合，实现程序性知识、隐性知识在产教之间的双向传递，预防学习者因知识过于"抽象化"而无法在生产过程中动手解决实际问题。① 学习工厂基于教学论综合两条方法路径，开发模块化的课程体系，设计相应学习情境活动。学习工厂根据教学内容对应的真实生产的整体运作场景，按照工作逻辑和业务流程对需要学习的知识内容课程和行动活动课程进行一体化设计；根据不同行业企业的工作场景构建学习环境，进行理论实践一体化的教学。这既减轻了学员理解复杂技术知识和功能的困难，也降低了教师上实践课程的难度。

最后，学习工厂把来自产教界的环境目标设计并落实到共同的基础设施中，对所处的环境施加影响。学习工厂的主要目标群来自教育界，通常包括教育培训、研究和/或服务功能；辅助目标群来自产业界，通常包括工业生产、创新转化、环境测试和导入、新产品展示推广等功能。② 学习工厂的产教融合没有把产教两界的不同目标混为一谈，而是保持各自的相对独立性，把产教领域的各自需求目标群融入共同的教学和技术基础设施，以及实践学习过程。从教育上看，学习工厂把知识传授融于实践教学，建立实验室和工作室，提供真实的教学案例和操作平台，多渠道地培养产业所需的各种专业人才。从培训上看，学习工厂提供基于真实生产过程与场景的生产线和配套的设施、标准，以便学习者练习和操作，使其获得与工作岗位直接相关的知识、技能、资格和能力。从研究上看，学习工厂训练学生如何精细化地组织、开发新生产技术、实验新方法，支持学生和企业将其产品设计转化为现实。③ 从服务上看，学习工厂为产教两界提供了流程

---

① ZINN B, TENBERG R, PITTICH D.Technikdidaktik eine interdisziplinäre bestandsaufnahme [G]. Stuttgart, Franz Steiner Verlag, 2018：275-277.
② ABELE E, METTERNICH J, TISCH M, et al.Learning factories concepts, guidelines, best practice examples [M]. Cham：Springer, 2019：108.
③ 陈正. 工业4.0背景下德国大力发展"学习工厂"——以巴登-符腾堡州为例 [J]. 世界教育信息，2020，33（4）：57-59.

管理、技术创新、产品展示的场所，促进参与者知识、能力、价值的提升。

三、德国"学习工厂"对中国高校的启示

中国近年来高新产业迅猛发展，产业转型升级面临巨大压力，高校亟待深化产教融合创新育人机制，以不断培养出大批量、高素质的技术技能人才。产教融合要求高校与企业相互融入，共同介入人才培养全过程，实现高校与企业"双主体"育人，提高科学研究、办学资源，以及人力资源与企业活动的相互融合水平。[1]

（一）注重多功能耦合，解决企业主体育人合作缺位问题

德国学习工厂着力构建真实场景、真实实践教育的新空间，以促进校企的利益融合、技术融合、资源融合、文化融合、人员融合、管理融合、制度融合。[2] 中国要解决企业育人主体地位缺失导致的产教融合不深、校企合作"两张皮"问题，需要从3方面入手。一是融入学习场所。中国需要破除长期以来视高校为"象牙塔"的积习，建立开放的办学环境，立足校园构建新学习实践场所，把生产现场融入其中，把企业车间、工作坊等的生产功能融入学习场所的实验室、实训室，吸收多种类型和层次的学校、行业企业，以及科研院所等组织的相关功能。二是导入学习情境。中国高校要注重从产教融合的教育供给侧出发，主动追踪产业需求侧的发展趋势，瞄准新技术、新产品、新工艺的变化，把生产过程导入实践学习的教学内容之中，结合学习场所的设施开发教学模块，把对真实企业生产环境、装备、流程、产品等的模拟或实物导入到新的学习情境中，使学生置身于符合真实企业生产情境的在校学习活动中，获得身临其境的实践学习感受，以在一定程度上弥补因缺少企业实习导致的学生实践经验不足。三是实施跨界链接。中国高校应该围绕产业和企业发展所需的紧缺专业、未来发

---

[1] 柳友荣，项桂娥，王剑程. 应用型本科院校产教融合模式及其影响因素研究[J]. 中国高教研究，2015（5）：64-68.
[2] 陈正. 工业4.0背景下德国大力发展"学习工厂"——以巴登-符腾堡州为例[J]. 世界教育信息，2020，33（4）：57-59.

展急需的战略性新兴产业的人才需求及时更新专业课程，在实践学习过程中贯通价值链择优与知识链整合，使教育链与产业链在功能耦合的实践学习场所完成链接。

（二）强化可持续发展，提升高校技术技能人才培养质量

德国学习工厂精心设计教学培训、生产管理和研究服务过程，以培养技术技能人才面向产业未来发展所需要的实践学习能力，进而提升高校培养技术技能人才的质量。中国高校应强化可持续发展理念，在人才培养过程中充分利用产教两界的资金和资源，做好专业建设与课程开发，重视培养学生的学习能力，以及专业能力、方法能力、社会能力，不断提升学校的教学质量与管理质量，以及人才培养的过程质量。一是深入调查研究。高校应进入企业了解产业升级对技术技能人才在知识与能力方面的新需求，把新的能力需求分解，例如合作能力、沟通能力、问题解决能力等，并及时地把来自产业界的新能力和新知识传递到教育界，落实到专业课程的内容和结构上，细化到具体的课堂学习情境中。二是强化教学改革。高校要把育人的重点从基于学科体系灌输专业知识转向基于行动体系培养学生胜任未来产业新工作的能力，不断提高教学过程的设计与实施的质量。不仅要加强专业能力的教学过程质量，而且要重视学生的社会能力、方法能力的培养，特别是学习能力的培养。三是突出研究服务。高校不仅要瞄准"卡脖子"的高科技领域开展创新研究，也要为缺少人才和设备的中小企业提供技术支持，培养数量庞大的技术技能人才。除了提升理论研究成果质量，也要持续提高技术转化质量，以及社会服务质量。

（三）聚焦前瞻性设计，提升产教融合实训基地创建水平

德国学习工厂产教融合的前瞻性设计为中国高校提升产教融合型实训基地的专业化水平提供了借鉴，其超前的设计理念如果要在中国"落地"，必须夯实基地建设的相关细节。一是真实性。产教融合实训基地设计须模仿真实工厂系统，使用全套或部分工业企业生产设备或工作流程，以完成企业经营的预

设目标。真实性是产教融合实训基地的基石。具备真实性的实训基地才能准确地反映来自产业界的真实数据,以帮助学生获得真实体验。二是安全性。产教融合实训基地要对来自企业的专用设施进行改造,便于预防事故发生,保障人身和设备安全。即便如此,安全性也最容易被校园文化所忽视。产教融合实训基地经常为学生开展实验和基于问题的学习探索,由于这些活动并非是正常生产或常规教学所面对的熟悉情境,容易带来安全隐患,所以必须高度重视,予以防范。三是灵活性。产教融合实训基地的生产流程设置应具有可变性,要把真实与虚拟、现场与远程结合起来,利用各种技术手段为学员提供功能多样化的实践场所,能够快速调整或更新场所内布置的相关设施,以便学生更好地对新技术、新产品和新工艺进行学习。四是过程性。产教融合实训基地应融入关于产品、序列、技术和工厂的生命周期理念,全方位再现企业完整的生产经营过程,便于实施基于生产过程的教学培训、研究和展示。值得一提的是,要把资源回收和再利用纳入该过程,以强化绿色环保等新发展观教育。五是高效性。产教融合型实训基地应根据教育培训和资格认证要求,针对具体工作岗位人为设置故障、问题并缩短育人周期,以提升基地场所、设施和原材料的利用率,更快、更好地规模化地培养能够满足产业发展需求的技术技能人才。

四、结语

德国学习工厂产教融合在多功能耦合、可持续发展、前瞻性设计等方面成效明显,这与德国实力雄厚的教学论研究基础、热心教育的企业文化,以及影响力强大的行业协会等因素密不可分。其中,多功能耦合、可持续发展是前瞻性设计的重要目标;前瞻性设计为学习工厂的多功能耦合、可持续发展的实现提供了重要保障,多功能耦合、可持续发展、前瞻性设计等互相联系、互相影响。中国高校借鉴德国学习工厂应该基于系统化的视角,全方位地领略其产教融合特点,加强教学理论方法研究,在校企两类功能与方法路径之间取得平衡和再结构化,实现高校人才培养的规格、数量、质量与产业发展需求相互匹配,不断促进产业与教育同步发展。目前,中国在产教融合方面已取得大量成就，高校在实践教学基地建设方面也硕果累累，在未来发展中，中国高校还需要"重心"下移，不仅与著名公司、大型企业开展校企合作，持续吸收新知识、培育新能力，更要为国内中小企业提供技术、人才培训服务。校企携手在构建产教融合的新路径、新场所和新平台上多下功夫，扎扎实实地开展实践教学，把协同育人工作做细、做实、做精。

{原文刊载：陈正，秦咏红.德国学习工厂产教融合的特点及启示［J］.高校教育管理，2021，15（4）：64-71.}

（作者简介：陈正，国家教育行政学院教育领导与管理国际比较研究中心主任，教育部中外人文交流中心特聘专家，副教授；秦咏红，南京工业职业技术大学副研究员、工程师）

行业自律：德国行会与教育规范建设研究

校外辅导与公立学校教育形影相随，是德国影子教育的重要组成部分，常常与"提高学生学习成绩的期待"紧密联系。[1] 随着人力资本理论和贤能主义原则在教育体系的筛选逻辑中发挥明显作用，校外辅导日益成为个人教育简历上的一支重要"侧翼"[2]。同时，校外辅导行业的规范建设问题也逐渐进入教育治理的讨论范畴。不同国家在规制类型上有不同的侧重。以德国为代表的大陆法系国家，往往因其完善的教育法体系，而容易使人形成国家立法、司法规制占主导性地位的印象。然而，在联邦或州的教育法领域，对德国校外辅导行业的法律、规制却极其有限。德国校外辅导机构因其"行业身份"，也并非像公立学校一样接受国家直接监督，而是更多依赖行业自主性规制。这对校外辅导行业的规范建设具有重要的借鉴意义。鉴于此，本研究关注的核心问题是，德国校外辅导行业的自主性规制有何特点？为什么这些特点能在一定程度上确保校外辅导行业规范化建设的良好效果？本文拟结合德国校外辅导行业发展概述、行会自律的社会文化传统，以及行业自发的机构认证行动来回答这些问

---

[1] LEMM K, HOLLENBACH-BIELE N.Nachhilfeunterricht in Deutschland：Ausmaß-Wirkung-Kosten [R]. Gütersloh：Bertelsmann Stiftung, 2016：11.
[2] BIRKELBACH K, DOBISCHAT R, DOBISCHAT B.Ausserschulische Nachhilfe.Ein prosperierender Bildungsmarkt im Spannungsfeld zwischen kommerziellen und öffentlichen Interessen [R]. Düsseldorf：Hans-Böckler-Stiftung, 2016：16.

题，以为我国校外辅导行业的规范建设提供参考。

一、德国校外辅导行业发展概述

（一）"家庭教师"从中心走向边缘

德国校外辅导行业起源于家庭教师。在古典时期，家庭教师被称为"孩子的训练者"（Kindertrainer），由家庭支付费用，负责教授基础性的"文化技术"（读、写与计算）并指导体育和音乐。[①] 在欧洲中世纪，尽管出现了教会学校，但"教师"依然以私人经济为基础，属于家庭需要的范畴。[②] 家庭教师（通常是"神职人员"[③]）授课也被视作贵族精英阶层再生产的工具，尤其以拉丁语为重要工具。[④] 此时，无论是在贵族阶层，还是在农民阶层，均没有出现公共的"正式学校"。[⑤] 宗教改革运动以来，随着德国早期专制国家的出现，学校和教师才逐渐被划入公共事务的范畴。[⑥] 然而，此时，公立学校的地位并不高，贵族家庭也尽量避免将其子女送入公立学校，而是更多地选择"家庭教师"（Privatinformator）。[⑦] 在这一时期，公立学校教师并非"独立的职业"（selbstständiger Beruf），而是常常被看作副业，其社会地位并不高，且在收入

---

① TERHART E.Geschichte des Lehrerberufs［M］. MARTIN R.Beruf Lehrer/Lehrerin.Ein Studienbuch. Münster：Waxmann，2016：18.
② TERHART E.Geschichte des Lehrerberufs［M］. MARTIN R.Beruf Lehrer/Lehrerin.Ein Studienbuch. Münster：Waxmann，2016：21.
③ KINTZINGER M.Forschung zur Geschichte und Entwicklung des Lehrerberufs vom Mittelalter bis zum Ende des 17.Jahrhunderts［M］. TERHART E，BENNEWITZ H，ROTHLAND M.Handbuch der Forschung zum Lehrerberuf.Münster：Waxmann，2014：22.
④ PAULSEN F.Geschichte des gelehrten Unterrichts auf den deutschen Schulen und Universitäten vom Ausgang des Mittelalters bis zur Gegenwart.Erster Band：Der gelehrte Unterricht im Zeichen des alten Humanismus 1450 - 1740［M］. Leipzig：Veit，Metzger & Wittig，1919：617.
⑤ KINTZINGER M.Forschung zur Geschichte und Entwicklung des Lehrerberufs vom Mittelalter bis zum Ende des 17.Jahrhunderts［M］// TERHART E，BENNEWITZ H，ROTHLAND M.Handbuch der Forschung zum Lehrerberuf.Münster：Waxmann，2014：22.
⑥ TERHART E.Geschichte des Lehrerberufs［M］. MARTIN R.Beruf Lehrer/Lehrerin.Ein Studienbuch. Münster：Waxmann，2016：21.
⑦ PAULSEN F.Geschichte des gelehrten Unterrichts auf den deutschen Schulen und Universitäten vom Ausgang des Mittelalters bis zur Gegenwart.Zweiter Band：Der gelehrte Unterricht im Zeichen des Neuhumanismus 1740 - 1892［M］. Leipzig：Veit，Metzger & Wittig，1921：158.

来源上受到家庭教师的冲击。①

  19世纪以来，普鲁士建立了国家教育管理体系，包括教育公共财政、教育框架规划、考试规章、国家颁发教育类合法头衔，以及保障义务教育，且将教育体系与公务员职业和军人资格相联系，比如中高层公务员和军官职位必须以中学教育和通过大学考试为前提。② 可以说，普鲁士教育体系成了"国家分配的服务"，即在这套体系内，如果要进入高级职位，必须接受高等教育，而要接受高等教育，必须通过国家统一考试。③ 此时，德国方出现了现代意义上的"教师职业"（Lehrerberuf）——通常被视为与公立义务教育学校相伴而生，且由国家培养和认证。由此，公立学校的地位得到了极大提升，而校外辅导教师提供的"私教课"（Privatstunden）则逐渐成为一种额外的补充；其首要作用是弥补学生知识缺口，支持公立学校教育。④ 此时，校外辅导教师须履行告知义务并得到国家许可，而校外辅导也日益成为"接受公共控制的事务"。⑤ 这一局面直到第二次世界大战后德国教育法体系的重建，才得以彻底改变。1949年，《基本法》明确了德国教育联邦主义原则，教育立法以各州为主体，而此时的校外辅导并未被纳入各州法律规制的范畴，其质量保障也不受国家控制。这为影子教育的"私有化"提供了基础，也使校外辅导和"家庭教师"被置于公共教育政策的边缘地带。⑥

---

① PAULSEN F.Geschichte des gelehrten Unterrichts auf den deutschen Schulen und Universitäten vom Ausgang des Mittelalters bis zur Gegenwart.Zweiter Band：Der gelehrte Unterricht im Zeichen des Neuhumanismus 1740–1892［M］.Leipzig：Veit, Metzger & Wittig, 1921：158.
② MÜLLER D.K.Der Prozeß der Systembildung im Schulwesen Preußens während der zweiten Hälfte des 19.Jahrhunderts［J］.Zeitschrift für Pädagogik, 1981（2）：245–269.
③ MÜLLER D.K.Der Prozeß der Systembildung im Schulwesen Preußens während der zweiten Hälfte des 19.Jahrhunderts［J］.Zeitschrift für Pädagogik, 1981（2）：245–269.
④ BIRKELBACH K, DOBISCHAT R, DOBISCHAT B.Ausserschulische Nachhilfe.Ein prosperierender Bildungsmarkt im Spannungsfeld zwischen kommerziellen und öffentlichen Interessen［R］.Düsseldorf：Hans–Böckler–Stiftung, 2016：23.
⑤ WEYDENHAMMER N.Wirksamkeitsfacetten von Nachhilfe in Deutschland und den USA：Eine ländervergleichende Studie［D］.Bayreuth：Universität Bayreuth, 2015.
⑥ BIRKELBACH K, DOBISCHAT R, DOBISCHAT B.Ausserschulische Nachhilfe.Ein prosperierender Bildungsmarkt im Spannungsfeld zwischen kommerziellen und öffentlichen Interessen［R］.Düsseldorf：Hans–Böckler–Stiftung, 2016：24.

（二）德国校外辅导行业的发展与"弱法律规制"

21世纪以来，德国校外辅导市场迅速壮大，商业辅导机构大量出现。德国联邦校外辅导学校联盟（VNN）网站数据显示，德国大约有4000所校外辅导机构。其中，2000所机构来自两家大型特许经营公司，约2000所为其他民办机构和小型连锁机构。在4000所机构中，大约有50000名辅导教师；此外，估计约70万名家庭教师活跃在"黑市"上。[1]有研究表明，德国辅导市场的发展活力并非仅在于国内需求增长，以及该商业模式本身"有利可图"，外国供应商涌入德国市场，以及由此带来的竞争压力，也是重要原因。[2]在此背景下，针对影子教育的全球性大规模增长及其负面效应，包括联合国教科文组织在内的不同国际组织发出了规制行业行为的声音。[3]德国联邦教研部也发布了关于校外辅导供需及影响的调研报告，涉及教育机会平等、教育质量保障等主题。[4]尽管如此，在联邦层面，德国依然缺乏对校外辅导的法律规制。商业市场上的校外辅导机构并非"学校"，不受《基本法》第7条"学校教育"约束。同时，依据《基本法》第12条"职业自由"的第1款"所有德国人均有自由选择职业、工作岗位和培训场所的权利"[5]，校外辅导行业甚至受到《基本法》保护。在州层面，各州《中小学校法》对校外辅导的规制也十分有限，仅规定"告知义务"。以柏林州为例，其《中小学校法》第104条第1款规定，"'非学

---

[1] 数据参见德国联邦校外辅导学校联盟网站 https://www.nachhilfeschulen.org/.
[2] BIRKELBACH K, DOBISCHAT B, DOBISCHAT R.Konjunktur des kommerziellen Nachhilfemarktes. Verstärkung oder Kompensation von Chancenungleichheit und die Notwendigkeit öffentlicher Verantwortung [M]// BOLDER A, BREMER H, EPPING R.Bildung für Arbeit unter neuer Steuerung.Wiesbaden：Springer VS，2017：102.
[3] MARK B.Confronting the shadow education system：what government policies for what private tutoring? [M]. UNESCO, 2009：1.
[4] DOHMEN D, ERBES A, FUCHS K, GÜNZEL J.Was wissen wir über Nachhilfe? – Sachstand und Auswertung der Forschungsliteratur zu Angebot, Nachfrage und Wirkungen [R]. Berlin：Forschungsinstitut für Bildungs- und Sozialökonomie，2008：1.
[5] BIRKELBACH K, DOBISCHAT R, DOBISCHAT B.Ausserschulische Nachhilfe.Ein prosperierender Bildungsmarkt im Spannungsfeld zwischen kommerziellen und öffentlichen Interessen [R]. Düsseldorf：Hans-Böckler-Stiftung, 2016：32.

校'教育机构,如果要进行商业化运作,且涉及未成年人,则要向学校主管部门履行告知义务";第3款规定,"第1款的规定不适用于4人以下同时授课(私人授课)"。① 此外,这部约束基础教育领域的关键法律,缺乏对校外辅导机构发展质量的专门规制。

近年来,在"在线教育"技术的催化下,德国大量校外辅导机构纷纷向"线上"转型,同时催生了线上教育"服务比较平台"这一商业副产品,加速了校外辅导市场的快速增长。总的来看,德国目前校外辅导机构有两种类型。一类是提供方和需求方的"中介",通过收取手续费的方式对接学生和辅导教师。另一类为提供实质性教育服务的课外辅导机构,其服务包括提供线上学习材料、学习平台、借助 Skype 等聊天工具的一对一辅导。不同类型的辅导机构也相互合作,部分市场领跑者还与出版社、教师招聘平台等不同机构合作。由此可见,在教育数字化时代,德国校外辅导行业迅速扩张。这在一定程度上推进了"知识的社会民主化"②,但也因其大规模线上扩张而带来新的问题,比如在国家法律规制缺位的情况下,如何保障其教育服务质量。德国联邦教育科学部2008年调研报告显示,"尽管家长和学生对课外辅导机构教师持积极态度,但也明确表示,难以判断这些教师的资质"。③ 有鉴于此,德国校外辅导行业采取了一系列质量保障措施,以增强校外辅导市场的透明度,提升质量保障的标准化水平。在此过程中,德国行业自律发挥了决定性作用。

二、软约束:"行会自律"的社会文化传统

社会文化传统通常作为一种软约束,在德国影子教育治理领域发挥了重要作用。德国校外辅导机构处于国家教育法律规制的边缘地带,在规范建设和

---

① DOHMEN D, ERBES A, FUCHS K, GÜNZEL J.Was wissen wir über Nachhilfe? –Sachstand und Auswertung der Forschungsliteratur zu Angebot, Nachfrage und Wirkungen [R]. Berlin: Forschungsinstitut für Bildungs– und Sozialökonomie, 2008:61.
② Deutscher Bundestag.Grundgesetz [EB/OL].(2020-09-29)[2021-07-07]. https://www.bundestag.de/gg.
③ Berlin, Abgeordnetenhaus.Schulgesetz für das Land Berlin [EB/OL].(2021-03-04)[2021-07-07]. https://www.schulgesetz–berlin.de/berlin/schulgesetz.php.

质量保障上，更多依赖"行会自律"这一社会文化传统。早在19世纪，德国就被称为"行业联合会统治"的国家。①尤其在工商业领域的行业细分过程中，出现了不同利益团体，反对"经营自由"以及要求建立行业统一联合体。以手工业为例，在"摒弃自由主义"（Abkehr vom Liberalismus）的手工业运动中，德意志帝国的首个手工业统一联合会于1873年成立，并提出了如下3项要求：①强制建立手工业行会，要求所有手工业从业者通过法律规则联合起来；②提供能力证明，对所有独立从事手工业活动的手工业者进行考试；③强制学习，只有参与培训并通过能力证明考试，才能从事手工业。②这些要求分别对应行会发展所依赖的3项基本要素，即"实现业内联合""提供能力证明"与"注重培训学习"。它们构成了德国"行会自律"的核心组成部分，保障了行业内部的组织纪律性。这一自律传统及其基本要素也影响了德国校外辅导行业，并表现在以下3方面。

（一）实现业内联合，颁布行业"荣誉法典"

实现业内联合是德国校外辅导行业自律的基本前提。德国联邦校外辅导学校联盟（VNN）成立于1998年，是德国校外辅导行业的唯一代表机构，并作为德国教育政策的对话伙伴。根据其章程第2条第3款和第4款，联盟成立的目的是"促进教育"，其主要任务是提高辅导机构的社会接受度并改进其质量。③根据行会所要求的"业内联合"原则，基于共同规则，该联盟专门制定了"荣誉法典"（Ehrenkodex）④，要求其成员对以下关键内容达成共识，包

---

① PIERENKEMPER T.Gewerbe und Industrie im 19.und 20.Jahrhundert［M］. München：Oldenbourg Verlag，2010：74.
② PIERENKEMPER T.Gewerbe und Industrie im 19.und 20.Jahrhundert［M］. München：Oldenbourg Verlag，2010：75.
③ Bundesverband Nachhilfe- und Nachmittagsschulen.VNN Bundesverband Nachhilfe-und Nachmittagsschulen e.V.Satzung［EB/OL］.（2020-09-26）［2021-07-07］. https://nachhilfeschulen.org/pdf/satzung.pdf.
④ 荣誉法典内容参见德国联邦校外辅导学校联盟网站 https://www.nachhilfeschulen.org/index.php?Selbstverpflichtung.

括①遵照联邦劳动法、税法和社会法；②明确远离"山达基"教会组织和任何破坏德意志联邦共和国国家安全及自由民主基本原则的政党和组织；③在广告信息或新闻公告中，只公开发布不损害其他成员及联盟声誉的观点；④服务对象主要为儿童和年轻人，因此要注重严肃性和正直性。最后，该"荣誉法典"明确了其自身性质，即"本协定是一项自我承诺"，只对联盟成员有约束力，违反本协定会被开除出联盟。可以说，该荣誉法典不仅要求依法从业，还涉及捍卫国家安全和价值观、遵守行业道德、遵循教育基本规律等方面，在原则问题上对校外辅导行业自律提出了根本性要求。

（二）统一行业标准，确立行业机构胜任力指标

统一行业发展标准，通过不同指标评估行业机构胜任能力，是德国校外辅导行业自律的重要手段。德国联邦校外辅导学校联盟在行业自律传统的约束下，采用组织管理、教育服务和教师聘用3项维度（表1）评估校外辅导机构的胜任能力。在组织运行方面，由于校外辅导机构数量庞大、结构复杂、管理链条过长，故而利用组织结构扁平化原则，强调管理层提供客户服务的重要性，从而加快信息传递，提高组织运行效率。在教育服务方面，除了准备教学材料和组织教学活动，专门强调"提供学校相关问题咨询"，必要时还可联系公立学校教师。可见，德国校外辅导机构不仅具有教育信息服务的"商业性"功能，也有通过与公立学校建立联系而附带诸如课后沟通，以及师生互动的"教育性"功能。在教师聘用方面，尤其体现出德国行业传统中注重"胜任力证明"的原则，且兼顾多维度证明方式，包括证书、考试和教学经验。此外，除了定性内容，该行业标准还突出了定量管理的思路，比如管理层每天开放至少3小时谈话时间，参与常规校外辅导的学生平均不超过4名。这一行业标准中的量化指标带有柔性规制的色彩，有助于进一步细化校外辅导机构发展要素，对提升管理和服务质量有积极的促进作用。

表1 德国联邦校外辅导学校联盟统一发布的行业机构胜任力指标

标准项目	主 要 内 容
组织运行	谈话服务：管理层每天开放至少3小时谈话时间，在管理层和教师之间开展谈话。教师有机会相互交流经验。 针对在线教育，周一至周五提供客户谈话服务，每天至少3小时
	合同管理：订立书面教学合同，写明业务条款，且在报名时做充分沟通。申请人收到申请副本及业务条款。合同取消期限短（不能超过3个月）。对在线教育，须申请人书面确认并签署合同
教育服务	提供与学校相关问题的咨询：至少有1名员工有能力就与学校相关的问题，向家长提供咨询。经商量，在短时间内提供面谈或电话谈话。应要求或必要时与公立学校教师联系（前提：在咨询过程中或应父母要求的情况下）
	准备教学材料：充分收集练习材料和书籍，以便在课堂上进行反思和练习
	组织教学活动：以书面形式记录教学活动的实施和内容。教学成果是可控的。参与常规校外辅导的学生平均不超过4名
	课程与教师选择：联盟成员应提供透明的价格表；联盟成员提供体验课，学生可以提出更换辅导教师的请求。对在线教育，所有平台提供免费体验课
教师聘用	审查所聘教师资质，通过证书、考试及教学经验来证明其胜任力

（三）以教师发展为核心，持续推进在职学习

对辅导教师的在职学习提出明确要求，是校外辅导行业自律的主要抓手。德国联邦校外辅导学校联盟有义务检查辅导学校教师的胜任力，包括专业知识及教学技能。在此基础上，辅导机构应为教师提供在职学习机会，发展其教学方法与技能。从在职学习类型上看，分为两类，第一类是辅导机构提供的内部培训。以"学习圈"（Studienkreis）机构为例，作为德国校外辅导市场份额的主要占有者，该机构开发了专门的"体验式学习理念"，并为辅导教师提供针对该学习理念的"资格证书学习"课程并进行认证。同时，针对线上教育，该机构为教师提供单独的"在线辅导资质课程"。第二类是第三方机构提供的辅导教师资格培训。以"辅导员观察"（TutorWatch）机构为例。经过培训的教师可凭借该机构颁发的证书，向家长或辅导机构证明自身的"胜任力"，以及对高质量教学的重视。从培训内容看，包括校外辅导市场知识、教学法、高效学习的前提、如何与对话伙伴（包括家长、公立学校教师）正确交流、课外辅

导的局限性等。[1] 总体而言，通过辅导机构内部与外部培训，将辅导教师的在职学习视为辅导行业发展的重要方面，反映出德国行业自律中"注重培训学习"的传统。这既有利于促进教师不断更新教学理念与方法，又是辅导行业实现可持续高质量发展的内在要求。

三、硬约束："行业自发"的机构认证行动

德国校外辅导行业的发展，虽然从整体上反映了德国行业自律的社会文化传统，但在发展过程中，依然存在"相对较高的市场不透明性""机构与产品混杂不清""信息漏洞较多"等问题。[2] 由于缺乏学校主管部门的认证，以及对产品内容的监管，对家长和学生而言，较难判断校外辅导行业的质量。[3] 这表明，该行业的规范建设仍须以"硬约束"为基础，而行业自发的机构认证行动，成为这一"硬约束"的核心组成部分。与成人教育和职业教育不同，德国校外辅导认证机制的建立并非由外部驱动（比如为了向教育举办者争取公共经费），而是由行业内的举办者自主发起。通过参与针对校外辅导的专业认证，可以传递"严肃性"和"品质保障"的信号，以确保其在行业内竞争中获得优势。[4] 同时，该认证的审计过程以其独立性和专业性，能在一定程度上弥补政府监管及法律规制的不足。可以说，参与认证已成为德国校外辅导行业的重要"行规"，并借助天然的行业内部竞争形成落实机制，且由德国联邦校外辅导学校联盟确认并监督实施。综合来看，德国校外辅导行业自发的机构认证行动，从机构类型、认证指标和认证程序3方面，完善了辅导机构的评估标准和

---

[1] TutorWatch 中有关教师培训的内容参见官方网站 https://www.tutorwatch.de。
[2] BIRKELBACH K, DOBISCHAT R, DOBISCHAT B.Ausserschulische Nachhilfe.Ein prosperierender Bildungsmarkt im Spannungsfeld zwischen kommerziellen und öffentlichen Interessen［R］. Düsseldorf：Hans-Böckler-Stiftung，2016：152.
[3] DOHMEN D, ERBES A, FUCHS K, GÜNZEL J.Was wissen wir über Nachhilfe？－ Sachstand und Auswertung der Forschungsliteratur zu Angebot, Nachfrage und Wirkungen［R］. Berlin：Forschungsinstitut für Bildungs- und Sozialökonomie，2008：61.
[4] BIRKELBACH K, DOBISCHAT R, DOBISCHAT B.Ausserschulische Nachhilfe.Ein prosperierender Bildungsmarkt im Spannungsfeld zwischen kommerziellen und öffentlichen Interessen［R］. Düsseldorf：Hans-Böckler-Stiftung，2016：154.

质量保障体系，有助于提高行业发展的规范化水平。

（一）以信息透明度和公众认可度作为认证机构选择标准

从认证机构的选择来看，重点以公众认可度和信息透明度为标准。目前，占主导地位的是德国 TÜV 集团，包括 TÜV Nord 和 TÜV Rheinland 两家认证机构。此外，还有组织"德国测试"（Deutschland Test）的 Focus Money 公司，以及按照 DIN ISO 29990 标准开展认证的 QUACERT 公司。以上公司均公开认证指标。值得注意的是，校外辅导机构的 TÜV 质量认证（TÜV-Gütesiegel），最早在 2005 年，由德国校外辅导市场份额的主要占有者"学习圈"（Studienkreis）发起，并由 TÜV Rheinland 认证机构独立完成。该认证机构在行业内之所以具有一定权威性，很大程度上在于它同时被德国联邦就业局用于认证成人教育机构。这反映出课外辅导行业向公众认可度较高的官方操作标准靠拢。从参与效果来看，目前"学习圈"下设的 800 多家分支机构完成了此认证。这一引领性举措，不仅被联邦辅导联盟视为校外辅导行业质量保障的核心手段，促使其他校外辅导机构主动参与认证，也是该行业通过主动接受市场监督而获得竞争优势的重要体现。

（二）以"学生为本"的评估理念指导认证指标设置

德国校外辅导行业的认证指标设置，以保障学生健康成长为基础，体现出以学生为本的理念。具体来看，以 TÜV Rheinland 认证为例，共涉及 8 项一级指标，即硬件设施、学生辅导、客户咨询、学习材料、合约、人事（领导层与教师）、组织管理、信息公开。每项一级指标又分为二级和三级指标。在三级指标中设置"关键指标"。在认证过程中，每项一级指标单独计分。为成功获得认证，每项一级指标须达到规定的最低分且"关键三级指标"全部达标。在 8 项一级指标中，"学生辅导"下设的指标最多且总体权重最高，是评估课外辅导质量的关键（表 2）[①]。该一级指标下设 5 个二级指标和 17 个三级指标，

[①] TÜV Rheinland.Zertifizierung gemäß "Qualitätsstandard Nachhilfe" [EB/OL]. (2018-03-07)[2021-07-07]. https://www.studienkreis.de/fileadmin/dateien/warum-studienkreis/180307-pruefliste-tuev-fruehjahr.pdf.

三级指标中又设置11项关键指标。这些指标不仅从入学测试、培养目标、课程建设、教学过程与反馈等方面，覆盖了学生辅导的整个过程，而且注重分析学生学习行为、平衡学习阶段（比如压力/放松阶段）、强调辅导教师与学校科任教师的交流等。可以说，这些指标内容确立了学生的主体性地位，为学生发展和成长提供了较为完善的条件。与此同时，其他7项指标中也有涉及与教育教学相关的内容。比如，"区位和设施"下设指标要求"营业环境不能让孩子直接接触赌场、色情场所、异教教派"；"组织管理"下设二级指标"课时安排"，具体要求"课时安排必须一目了然且实时更新"，"若加入体验课学生，则班级总人数不能超过5人"；"教师"指标要求"不能加入异教教派和违宪组织，不能有犯罪前科"，且明确要求"学生不能担任辅导教师"。由此可见，以上评估指标并未因为校外辅导机构的商业属性而淡化对教育教学的要求，而是围绕教育教学全过程，抓住了辅导机构质量提升中的核心环节。

表2 TÜV Rheinland 质量认证中关于"学生辅导"的二级指标

二级指标	三级指标	备注
首次咨询与认识学生：掌握学习情况	1. 掌握学生参与辅导前的学习情况 2. 入学测试（前4周内完成） 3. 学生分入合适的学习小组 4. 记录家长和学生的期待、目标及措施 5. 掌握主副科目成绩 6. 说明家长与机构之间的合作交流方式	第1、3、4、5项为"关键指标"（为成功获得认证，辅导机构必须保证完成关键指标）
个人辅导计划	1. 制订辅导计划要兼顾入学测试结果 2. 基于辅导科目设定学习目标，兼顾学生学习行为，明确学习策略	两项指标均为"关键指标"
辅导期间持续掌握学生学习情况	1. 定期记录辅导内容、目标和措施 2. 明确记录、评估学习进度（包括成绩、测试、课堂作业和错误分析） 3. 向家长反馈学习进度（每年至少2次）	3项指标均为"关键指标"
个人辅导过程	1. 开展同科目小组学习（最多5名学生）或1对1辅导 2. 提供所有科目及所有学校类型的辅导 3. 在学习过程中，平衡任务设置、运用/练习阶段、控制/纠错阶段、压力/放松阶段。其中，学习过程包括确定目标、学习/复习、确定目标完成情况、反馈 4. 根据情况开展集体学习 5. 使用合适的课外学习材料	第1项指标为"关键指标"

（续表）

二级指标	三级指标	备　注
联系学校教师（如果家长同意，则有义务完成）	在辅导开始时，针对学生强项和弱项展开交流，并做好记录（在课程开始后第一季度内完成且家长签署同意声明书）	该项指标为"关键指标"

（三）以完整性和公开性原则推进审计程序

从认证程序来看，注重审计的完整性和公开性，这是保障校外辅导行业监管效果的基本原则。以 TÜV Rheinland 为例，认证程序由该机构专门培训的审计员执行。审计员根据该认证机构针对校外辅导行业制定的标准清单，审查辅导机构执行认证标准的情况。为保证信息公开，该认证机构公开了指标清单。总体来看，该认证覆盖两类辅导形式。对辅导机构线下辅导的审计中，审计员除了与机构雇员面谈，还检查机构文件和数据库。审计方法包括区位巡视、现场听课，以及观摩咨询谈话。对在线辅导以及家庭辅导的审计，部分通过远程方式完成，比如听取在线课程或者远程巡视课堂空间。为了获得关于员工客服能力的数据，审计员会通过"匿名客户来电"方式完成。在审计完成后，校外辅导机构会获得审计报告。若辅导机构不符合标准，经整改后可再次申请审计。若符合标准，则获得有效期为3年的质量证明和质量编号。公众可凭借该质量编号在认证机构网站查询详细信息。这一审计程序极大地提升了校外辅导行业的透明性，为家长和学生选择辅导机构提供了有效的参考。

四、结论与启示

德国校外辅导行业的迅速扩张，除了受学生个人需求推动，还与教育领域内结构性因素有关，比如学校缩短学生在校时间、升学准入体系与就业准入体系"汇流"、就业市场在高等教育大众化时代对"高于平均水平资质"的重视等。①针对校外辅导行业的规范建设问题，近年来，德国出现了对"国家责任和监管"的呼吁，要求商业性课外辅导部分纳入公共审批、控制与质量保障过程与程序，促使校外辅导机构的建立程序不只包括履行告知义务，而是形成"正式化的审批程序"。②不过，从目前的发展来看，德国校外辅导行业主要依赖"行业自律"，采取了行业团体自主性规制的做法。该做法之所以有效，除了受德国行会自律传统这一"软规则"约束，还有德国校外辅导行业自主发起的机构认证行动，并借助天然的行业内部竞争形成落实机制，成为"硬约束"并发挥了关键作用。这使校外辅导行业的规范建设不仅是一种口号，还成为制度性保障。

在本研究中，认识并理解这一行业团体自主性规制模式，有助于探讨在法律规制有限的情况下，如何建立校外辅导行业规范有序发展的长效机制。我国正处于民办教育改革的关键时期，2021年7月，中共中央办公厅、国务院办公厅印发了《关于进一步减轻义务教育阶段学生作业负担和校外培训负担的意见》，从机构审批、培训服务行为、常态运营监管等方面，全面规范校外辅导行为。这反映出国家对建立健全校外培训行业规范的重视。与之相关的问题是，如何确保校外辅导机构教学质量与教师资质，如何有效协调政府监管与市场自主运行之间的关系，如何理解民办教育与公办教育之间的关系。21世纪以来德国校外辅导行业的规范建设过程可为我国提供如下参考。

（一）以"行规约束"为着眼点，持续推进行业自律

行业规范是行业联盟达成的共识性契约，不仅规范行业内组织和个人行

---

① BIRKELBACH K, DOBISCHAT B, DOBISCHAT R.Konjunktur des kommerziellen Nachhilfemarktes. Verstärkung oder Kompensation von Chancenungleichheit und die Notwendigkeit öffentlicher Verantwortung [M]// BOLDER A, BREMER H, EPPING R.Bildung für Arbeit unter neuer Steuerung.Wiesbaden：Springer VS, 2017：114–115.

② BIRKELBACH K, DOBISCHAT B, DOBISCHAT R.Konjunktur des kommerziellen Nachhilfemarktes. Verstärkung oder Kompensation von Chancenungleichheit und die Notwendigkeit öffentlicher Verantwortung [M]// BOLDER A, BREMER H, EPPING R.Bildung für Arbeit unter neuer Steuerung.Wiesbaden：Springer VS, 2017：117.

为，也确立了行业发展的基本秩序。结合德国经验来看，通过行业联盟达成的规制系统，从"荣誉法典"、行业发展标准、教师在职学习、机构认证等方面，形成行业自我约束，在规范行业行为和促进整个行业健康发展上，发挥了重要作用。我国校外培训机构治理政策经历了从无到有的过程，但仍存在动力机制过于单一、话语规则难以下移等问题，而校外培训机构治理作为一个"社会性问题"，其政策选择势必"经历从'一'向'多'"的过程。[①]这表明，除了国家政策规制，还应形成多方推动机制，而行业自主性规制是其中的重要方面。尤其在校外辅导基层行业治理上，应对"行规"持肯定态度。尽管作为一种非正式制度，"行规"却可以在一定程度上应对法律"滞后性"带来的问题，促进社会调解和政府治理之间的良性互动。

（二）以"教育服务创新"为抓手，综合改进校外辅导质量提升的核心环节

校外辅导属于社会需求，在商品经济和消费市场发展过程中，商业属性日益浓厚。同时，由于从事的活动本身具有教育属性，容易与"造成教育资源分配不均""不利于教育机会公平"[②]等批评挂钩，并且在我国还存在质量参差不齐的乱象。这容易导致校外辅导机构治理陷入"商业性"与"教育性"的二元争论，甚至出现否定校外辅导机构教育创新性的声音。结合德国的经验来看，校外辅导行业的确出现了教育服务创新的做法，比如"学习圈"机构与相关教育研究机构合作开发了专门的"体验式学习理念"，并在课程改革、教学辅导设计、教师在职培训等方面，围绕该模式做出了相应规定。可以说，教育服务创新促进了有关教育教学内容和程序的整体改进。我国在对校外培训行业治理的过程中，应看到民办教育所带来的教育多样化及教育服务创新潜质，并

[①] 祁占勇，李清煜，王书琴.21世纪以来我国校外培训机构治理政策的演进历程与理性选择[J]. 中国教育学刊，2019（6）：37-43.
[②] SOLGA H, DOMBROWSKI R.Soziale Ungleichheiten in schulischer und außerschulischer Bildung: Stand der Forschung und Forschungsbedarf [R]. Düsseldorf: Hans-Böckler-Stiftung, 2009: 36.

以此为抓手，改进行业内提升辅导质量的核心环节，从而提高社会认可度，推进行业可持续发展。

（三）以"协同育人"为目标，保持校外辅导行业的公益性价值追求

校外辅导机构所带来的"超前教育"问题，不能仅仅归因于商业机构"受利益驱使"，而是企业、家庭、学校和社会共同造成的结构性问题。校外培训需求激增背后，透露出教育发展不平衡、不充分这一根本性问题，而校外培训机构治理不能"一关了之"。[①] 有鉴于此，应重视校内外沟通，实现"协同育人"的目标，而其中一项重要措施是，加强校外培训机构与公立学校教师的交流与联系。结合德国的经验来看，在行业联盟发布的行业胜任力指标中，专门强调"应要求或必要时，与公立学校教师联系（前提：在咨询过程中或应学生父母要求的情况下）"。同时，在行业认证机制中，与"公立学校教师联系"成为"必做项目"，即通过"硬约束"，要求辅导机构"在辅导开始时，针对学生强项和弱项展开交流，并做好记录"。这不仅是关照学生个体教育的必然要求，而且有助于增进公办教育和民办教育在促进学生发展上开展平等合作，保持校外辅导行业对公益性价值的追求。

{本文系中央高校基本科研业务费专项资金资助，项目编号281500120009研究成果；原文刊载：巫锐，陈正.德国校外教育规范建设及其启示［J］.外国教育研究，2023（1）：69-80}

（作者简介：巫锐，北京外国语大学国际教育学院副教授；陈正，国家教育行政学院教育领导与管理国际比较研究中心主任，教育部中外人文交流中心特聘专家，副教授）

[①] 薛二勇，李健，张志萍.校外教育培训治理的形势、挑战与路径［J］.中国电化教育，2021（8）：1-8.

主要参考文献

一、图书

［1］徐国庆.职业教育原理［M］.上海：上海教育出版社，2007.

［2］徐理勤.现状与发展——中德应用型本科人才培养的比较研究［M］.杭州：浙江大学出版社，2008.

［3］细谷俊夫.技术教育概论［M］.肇永和，王立精，译.北京：清华大学出版社，1984.

［4］徐涵，谢莉花.德国职业技术教育研究［M］.北京：北京师范大学出版社，2021.

［5］秦琳.超越师徒制：德国博士教育的新模式［M］.重庆：西南师范大学出版社，2019.

［6］THOMAS ZWICK.Apprenticeship Training in Germany-Investment or Productivity Driven?［M］.Mannheim：Centre for European Economic Research，2007.

［7］HILARY STEEDMAN.Challenges and Change：Apprenticeship in German-speaking Europe［M］.London：the Institute for Public Policy Research，2011.

［8］ILIEVA J，KILLINGLEY P，TSILIGIRIS V.The Shape of Global Higher Education：International Comparisons with Europ［M］.British Council：Manchester，2019.

［9］ENDERS J.Differenzierung im deutschen Hochschulsystem［M］.Wiesbaden：Springer Fachmedien，2016

［10］PICHT G.Die deutsche Bildungskatastrophe［M］.München：Deutscher Taschenbuch Verlag，1965.

［11］JOHN HINDE. Modern Germany An Encyclopedia of History，People and Culture 1871-1990［M］. New York：Garland Publishing，1998.

［12］PICHT G.Die deutsche Bildungskatastrophe［M］.Olten und Freiburg im Breisgau：Walter-Verlag，1964.

［13］RALF DAHRENDORF. Bildung ist Bürgerrecht：Plädoyer für eine aktive Bildungspolitik［M］.Hamburg：Christian Wegner Verlag，1968.

［14］HANSGERT PEISERT，Gerhild Framhein.Das Hochschulsystem in der Bundesrepublik Deutschland［M］.Bad Honnef：K.H.Bock Verlag，1990.

［15］THOMAS ZWICK.Apprenticeship Training in Germany-Investment or Productivity Driven？［M］.Mannheim：Centre for European Economic Research，2007.

［16］GERD R HOFF."Handbook of Research on Multicultural Education"［M］.New York：Macmillan Publishing USA，1995.

［17］OSKAR ANWEILER，HANS-JÜRGEN FUCHS，MARTINA DORNER，et al. Bildungspolitik in Deutschland 1945‒1990：Ein historisch-vergleichender Quellenband［M］.Opladen：Leske + Budrich，1992.

［18］HEINZ DEDERING.Handbuch zur arbeitsorientierten Bildung［M］.München：R.Oenbourg Verlag，1996.

［19］PAULSEN F.Geschichte des gelehrten Unterrichts auf den deutschen Schulen und Universitäten vom Ausgang des Mittelalters bis zur Gegenwart.Erster Band：Der gelehrte Unterricht im Zeichen des alten Humanismus 1450‒1740［M］.Leipzig：Veit，Metzger & Wittig，1919.

［20］PAULSEN F.Geschichte des gelehrten Unterrichts auf den deutschen Schulen und Universitäten vom Ausgang des Mittelalters bis zur Gegenwart.Zweiter Band：Der gelehrte Unterricht im Zeichen des Neuhumanismus 1740‒1892［M］.Leipzig：Veit，Metzger & Wittig，1921.

［21］KYVIK S，LEPORI B.The Research Mission of Higher Education Institutions Outside the University Sector［M］.Wiesbaden：Springer，2010.

二、期刊论文

［1］高帆，赵志群.德国应用科学大学的学术化困境［J］.比较教育研究，2019（9）：74-81.

［2］孙进.德国应用科学大学的办学特色——类型特色与院校特色分析［J］.比较教育研究，2011（10）：66-70.

［3］王兆义.德国"卓越计划"结构性影响研究——基于应用科学大学的考察［J］.比较教育研究，2020（2）：97-104.

［4］HENDRIK L.应用科学大学50年：德国应用型高效的成功模式及其发展前景［J］.应用型高等教育，2019，4（2）：1-9+43.

［5］王世岳，秦琳.艰难的衔接：德国应用科学大学毕业生攻读博士的权利之争［J］.学位与研究生教育，2018（10）：65-71.

［6］张源泉.走出象牙塔——以德国双元制高等教育为例［J］.教育实践与研究，2017，30（1）：169-209.

［7］周丽华，李守福.企业自主与国家调控——德国"双元制"职业教育的社会文化

及制度基础解析[J]. 比较教育研究, 2004（10）：55-59.

[8] 王兆义. 市场化导向下的德国工程教育专业认证制度——以 ACQUIN 专业认证为例[J]. 教育学术月刊, 2020, 333（4）：107-113.

[9] 陈洪捷, 王兆义. 德国应用科学大学为何要进行博士生培养[J]. 教育发展研究, 2021（17）：1-8.

[10] 彭湃. 德国应用科学大学的50年：起源、发展与隐忧[J]. 清华大学教育研究, 2020, 41（3）：98-109.

[11] 郭赫男. 德国双元制新观察：我们到底应该向它学什么？[J]. 中国职业技术教育, 2020,（15）：57-62.

[12] 陈莹. 让学术道路更具吸引力：德国学术后备人才体系改革研究[J]. 比较教育研究, 2022（3）：61-68.

[13] 叶强. 德国高校青年教授职位设置的争议解决及其启示[J]. 中国高教研究, 2018（1）：69-74.

[14] 陈志伟. 德国高校跨文化教育推进民族团结的路径及其启示[J]. 民族教育研究, 2019（1）：71-79.

[15] 陈正. 德国"跨文化教育"的发展及对中国的启示[J]. 高校教育管理, 2011(2)：53-57.

[16] 于喆, 曲铁华. 博洛尼亚进程背景下德国职前教师教育改革研究[J]. 外国教育研究, 2015（2）：99-107.

[17] 孙进. 德国教师教育标准：背景·内容·特征[J]. 比较教育研究, 2012（8）：30-36.

[18] 赵文平. 德国工程教育"学习工厂"模式评介[J]. 比较教育研究, 2017, 39(6)：28-34.

[19] 秦咏红, 陈正. 德国学习工厂的特点及启示[J]. 中国高等教育, 2019（23）：62-64.

[20] NIEMEYER C L, PRASS N, 陈颖. 以亚琛数字能力中心为例浅析学习工厂4.0的教学方法[J]. 应用型高等教育研究, 2020, 5（2）：58-65.

[21] 陈正. 工业4.0背景下德国大力发展"学习工厂"——以巴登-符腾堡州为例[J]. 世界教育信息, 2020, 33（4）：57-59.

[22] 贺艳芳. 基于双元学习课程的德国本科层次职业教育发展研究——兼论我国本科层次职业教育发展的未来路向[J]. 职业技术教育, 2020, 41（22）：67.

[23] 郭赫男. 德国双元制新观察：我们到底应该向它学什么？[J]. 中国职业技术教育, 2020,（15）：57-62.

[24] 陈洪捷，徐宏伟，咸佩心，等.德国工业技术文化与职业教育（笔谈）[J].中国职业技术教育，2021，(36)：17-28.

[25] LEPORI B, KYVIK S.The research mission of universities of applied sciences and the future configuration of higher education systems in Europe [J]. Higher Education Policy, 2010, 23（3）: 295-316.

[26] VOGEL M P .The professionalism of professors at German Fachhochschulen [J]. Studies in Higher Education, 2009, 34（8）: 873-888.

[27] NEAVE G.Academic drift: Some views from Europe [J]. Studies in higher education, 1979, 4（2）: 143-159.

[28] JOHANNA W, MARIJK VAN DER W, Jeroen H.Blurring boundaries: how the Bologna process changes the relationship between university and non - university higher education in Germany, the Netherlands and France [J]. Studies in Higher Education, 2008, 33（3），217-231.

[29] SEGAL C P.Gorgias and the Psychology of the Logos [J]. Harvard Studies in Classical Philology, 1962（66）: 99-155.

[30] MICHAEL GESSLER.The Lack of Collaboration Between Companies and Schools in the German Dual Apprenticeship System: Historical Background and Recent Data [J]. International Journal for Research in Vocational Education and Training（IJRVET）, 2017, 4（2）: 164-195.

[31] GOERKE M, SCHMIDT M, BUSCH J, et al.Holistic approach of lean thinking in learning factories [J]. Procedia CIRP, 2015（32）: 138-143.

[32] PITTICH D, TENBERG R, LENSING K.Learning factories for complex competence acquisition [J]. European journal of engineering education, 2019（1）: 1-18.

[33] TISCH M, HERTLE C, ABELE E, et al.Learning factory design: a competency-oriented approach integrating three design levels [J]. International journal of computer integrated manufacturing, 2016, 29（12）: 1355-1375.

[34] MÜLLER D.K.Der Prozeß der Systembildung im Schulwesen Preußens während der zweiten Hälfte des 19.Jahrhunderts [J]. Zeitschrift für Pädagogik, 1981（2）: 245-269.

后　记

寒来暑往，从着手筹备到最后定稿，历经许久，本书至此终于暂告一段落。今年恰逢中德建交 50 周年，也是中德关系中具有重大意义的一年。中德教育合作与交流是中德全方位战略伙伴关系的重要组成部分，在此框架下，两国民间交往有了更多渠道，交流领域不断拓宽、合作内容日益深入。

回顾我的"留德十年"，从国家公派赴德读博到驻德使领馆做教育外事工作，一直都在对德教育交流一线。这期间德国人的严谨、认真、工匠精神也给笔者留下了深刻印象。虽然中德之间有这样或那样的差异，但只要我们求同存异，共同应对挑战，无论教育合作，还是文化交流，中德间都能架起许多友谊的"桥梁"。"国之交在于民相亲"。编撰这本书的初衷，主要是希望把国内"知德、懂德"的各位专家学者聚在一起，从学术视角发声，让中国读者更好地了解德国教育的全貌，共同做中德文化的探索者、两国友谊的促进者、跨文化理解的实践者，全方位为中德人文交流和教育合作夯基垒台。

受疫情影响，我们对书稿的沟通讨论大都在线上进行，特别感谢各位专家在百忙之中克服诸多困难共同参与本书的撰写工作。他们是北京大学陈洪捷教授，北京师范大学孙进教授，同济大学外办殷文副主任，浙江科技学院中德应用型大学研究院院长徐理勤研究员、王兆义副研究员，天津职业技术师范大学赵文平教授，南京大学王世岳副教授，同济大学谢莉花副教授，中国教育科学研究院秦琳副研究员，南京工业职业技术大学秦咏红副研究员，北京外国语大学巫锐副教授，广州大学任平副教授等。所有参与本书编写的专家都在德国教育领域深耕多年，不少人都是留德博士，对德国教育有着实际的了解和深入思考，他们系统专业的研究为本书的质量提供了保障。接到邀请后，他们在短时间内提交了高质量的文稿，并进行了多次细致地修改，为本书的完成作出重要贡献，在此要特别向他们致以诚挚谢意。

感谢国家教育行政学院于京天副院长、院学术委员会主任邢晖教授，中国驻法国大使馆原公使衔教育参赞马燕生，《世界教育信息》张力玮主编为本书的出版提出了许多建设性的建议。本书在编写过程中得到了中国科学技术出版社大力支持，特别是王晓义主任及编辑团队也为本书稿的顺利出版做出了很大贡献。在本书完成过程中，还得到了北京外国语大学杨静硕士在沟通联络、书稿整理等方面的大力协助，在此一并表达感谢。

由于时间和能力所限，本书还有很多不完善之处，欢迎各位读者的批评。

陈正

2022 年 12 月 26 日于北京

（本书受国家教育行政学院 2022—2024 年度一般课题"区域高等教育创新发展国际比较研究"支持）